2010年国家社科基金教育学一般课题(BJA100092)

中等职业学校人员编制标准研究

沈　希　胡斌武　等著

图书在版编目(CIP)数据

中等职业学校人员编制标准研究 / 沈希等著. —杭州：浙江大学出版社，2015.2

ISBN 978-7-308-14274-8

Ⅰ.①中… Ⅱ.①沈… Ⅲ.①中等专业学校—编制—研究—中国 Ⅳ.①G718.3

中国版本图书馆 CIP 数据核字（2014）第 303527 号

中等职业学校人员编制标准研究

沈 希 胡斌武 等著

责任编辑 李玲如
封面设计 雷小军
出版发行 浙江大学出版社
（杭州市天目山路 148 号 邮政编码 310007）
（网址：http://www.zjupress.com）
排　　版 杭州中大图文设计有限公司
印　　刷 临安市曙光印务有限公司
开　　本 710mm×1000mm 1/16
印　　张 17
字　　数 318 千
版 印 次 2015 年 2 月第 1 版 2015 年 2 月第 1 次印刷
书　　号 ISBN 978-7-308-14274-8
定　　价 48.00 元

前　言

教育是提高人民综合素质、促进人的全面发展的重要途径，是民族振兴、社会进步的重要基石，是中华民族伟大复兴具有决定性意义的事业。教育大计，教师为本。努力培养造就一支师德高尚、业务精湛、结构合理、充满活力的高素质专业化教师队伍，不断提高教师队伍整体素质，是我国教育事业发展的紧迫任务。职业教育是国民教育体系和人力资源开发的重要组成部分，是广大青年打开通往成功成才大门的重要途径。加快发展现代职业教育，是实施创新驱动发展战略，创造更大人才红利，加快转方式、调结构、促升级的现实抉择。

2010年，《国家中长期教育改革和发展规划纲要（2010—2020）》提出要扩大中等职业学校自主权，运用法规、政策、标准、公共财政等手段引导和支持教育发展。2014年，国务院《关于加快发展现代职业教育的决定》强调，到2020年，形成适应发展需求、产教深度融合、中职高职衔接、职业教育与普通教育相互沟通，体现终身教育理念，具有中国特色、世界水平的现代职业教育体系。按照《现代职业教育体系建设规划（2014—2020年）》，现代职业教育体系建设，必须加快制定符合职业教育特点、适应经济发展和产业升级要求的各类职业院校办学标准，建立健全职业教育标准体系，推动职业教育融入经济社会发展和改革开放的全过程，推动专业设置与产业需求、课程内容与职业标准、教学过程与生产过程对接，实现职业教育与技术进步和生产方式变革以及社会公共服务相适应，促进经济提质增效升级。

编制标准是对一切法定社会组织内部工作人员的定员、职位、结构等方面的规定。人员编制标准则是对法定社会组织内部工作人员的比例做出综合性规定。制定职业院校人员编制标准是现代职业教育标准体系的重要组成部分，是加快发展现代职业教育的必然要求，是加强职业院校教师队伍建设的基础性工作，也是加强职业教育基础能力建设的具体举措。然而，新中国成立六十五年来，国家层面没有统一的中等职业学校（包括职业高中学校、普通中等专业学校、技工学校、成人中等专业学校、职业中等职业学校）人员编制标准。由于缺乏国家层面的指导性文件，各省、自治区、直辖市在执行中等职业学校人员编制标准时形形色色，截至2013年，大体分为三类情况：第一类，安徽、福建、湖南、广西、河南、重庆、广东等省、自治区、直辖市单独制定了教职工编制标准；第二类，湖北、云南、甘肃、海南、江苏、山西、浙江等省先后依据国家《关于制定中小学教职工编制标准意见（2001年）》制定本省中小学教职工编制标准时，对职业中学编制标准进行了单独或特别说明；第三类，其余各省、自治区、直辖市参照《关于制定中小学教职工编制标准意见（2001年）》核定中等职业学校人员编制标准。这就造成不仅中等职业学校人员编制标准普遍低于普通高中编制标准，无法反映中等职业学校的培养目标，不能体现中等职业教育特色，而且不同地区编制标准制定的依据和标准差异较大，使得不同地区教师劳动不公平，师资队伍建设标准不公平，现代职业教育发展不公平，极大地束缚了中等职业学校师资队伍建设和职业院校的发展，桎梏了现代职业教育的体系构建。

是故，开展中等职业学校人员编制标准研究有其深刻的历史背景、政策困境和现实推动。中等职业学校人员编制标准课题研究，得到了原国家教委职教司司长杨金土、刘来泉，现教育部发规司副司长郭春鸣，以及教育部职成教司、教师工作司的大力支持、关心与指导，得到了全国职教师资培养培训基地、浙江省职教师资培训中心的大力协助。作为浙江工业大学创新团队课题研究的成果，本书由沈希提出设想并设计提纲、定稿。具体分工为：李晓博士、讲师（导言、第一章），刘晓博士、副教授（第二章），胡斌武博士、教授（第三章），李敏博士、副教授（第四章），张常洁副教授（第五章），沈希博士、教授（第六章）。李海宗副教授整理了附录。各章文责自负，最后由沈希、胡斌武统稿。

在课题研究与写作过程中，我们参阅了大量研究论文和著述，在此，向作者和出版单位表示诚挚的感谢。同时，要感谢浙江大学出版社对本书出版的重视、支持，以及责任编辑李玲如女士的辛勤劳作。

编　者

目　录

导 言

第一节 中等职业学校人员编制研究的意义

一、中等职业学校人员编制研究述评

当前，职业教育质量和均衡问题已成为社会转型升级和改善民生的战略性问题。一个科学、符合时代特点和发展趋势的教育标准、办学标准是确保教育质量，实现教育均衡的基础。学校人员编制标准是办学标准的重要组成部分。然而，新中国成立六十余年来，特别是改革开放以来，虽然中等职业教育有了很大发展，但至今仍缺少一个科学、系统，体现中职教育特点，符合中职教育发展规律的人员编制标准，这不仅不利于促进中职教育均衡科学发展，更不利于实现中职教育质量的提高。

中等职业学校人员编制标准处于学校编制管理研究的薄弱环节。在研究论文方面，作者分别以"学校编制"、"教师编制"、"生员比"、"师生比"、"工作量"、"班额"等为检索项，利用中国期刊网、维普等数据库对相关研究文献进行了检索，结果发现已有发表的相关期刊论文大都以高校或普通中小学为研究对象，缺乏对中等职业学校人员编制标准问题进行系统、全面的研究。目前，有少数研究者对中等职业学校人员编制问题进行探索，并发表了有关学术论文，如刘晓、李晓发表的《新中国成立以来中等职业学校教师编制核定工作的回顾与思考》，曹晔发表的《我国中等职业教育教师数量变化与生师比比较研究》、《中等职业学校生师比计算方法初探》，吴芳、汤生玲发表的《中职学校教

师队伍编制管理改革》、《试论中职学校编制标准的制定及其改革》，沈希、胡斌武等人发表的《中等职业学校编制标准制定策略——关于六省（区）的比较》等。这些文献着重分析了中等职业教育的特殊性，并在此基础上提出了中等职业学校人员机构设置、工作量计算办法以及编制核定标准等。

在学术专著方面，作者通过检索发现，有关学校编制相关著作基本以高等学校为研究对象。在研究课题方面，1997年，全国教育科学规划领导小组批准"教育系统人力资源配置与学校编制"课题，并列入全国教育科学"九五"规划国家教委重点课题，该课题组对大、中、小学、中等师范学校编制标准进行了深入研究，唯独没有研究中等职业学校人员编制。但是该课题组的研究设计、研究思路以及研究方法，尤其是数理计算方法的运用对本课题具有指导意义。从已有的关于人事制度改革、编制核定与管理等理论研究来看，关于普通高校人事制度改革的文献较多，关于职业院校人事制度改革的文献较少；关于高职院校人事制度改革的文献较多，关于中职学校人事制度改革的文献较少；关于人事制度改革的文献较多，关于编制核定与管理改革的文献较少。就中职学校编制核定与管理改革而言，目前只有汤生玲(2008)、曹晔(2009)等为数不多的几位学者及其研究生群体在进行试探性研究，研究一致呼吁应制定中职学校统一的编制标准范式，并探讨了影响学校人员编制标准的核心要素，如班级容量、教师工作量、理论课教学与实践课教学的折算系数、企业顶岗实习教学时数、短期培训教学时数的确定等，初步探讨了生师比的计算方法等。相比而言，其研究描述性及定性研究较多，数理统计、理论模型、实证研究较少。由于国情和教育制度的差异，国外尚没有直接探讨中等职业学校人员编制模型问题，但相关的研究有：其一，关于职业教育教师职业资格、教师素质的研究，如美国学者 Green Howard(2004)、Janet Henshall(2004)等人指出，教师的职业资格和职业标准是学校办学质量的关键环节；其二，关于教师配置问题的研究，如 Holmes Dwight 博士(2005)研究指出，教师资源配置对学生受教育机会均等产生深远影响；其三，关于生师比的研究，如美国学者 Card David 教授(2007)等人强调，生师比是教育机构进行自我评价和社会评价的重要指标，是教育质量评价的焦点。

就中职学校人员编制标准的实践探索来看，当前，中职学校人员编制核定分为三类情况：第一类，重庆(1999)、广东(2004)、辽宁(2007)、安徽(2007)、福建(2008)、湖南(2009)等省市单独制定了中职学校人员编制标准；第二类，湖北(2001)、江苏(2002)等省在制定本省中小学教职工编制标准时对职业中学进行了单独说明；第三类，其余省(市、区)参照《关于制定中小学教职工编制标准意见的通知》(国办发〔2001〕74 号)的标准执行。分析发现,全国各省编制核定的依据、指标体系、量值关系等差异较大,这样造成中职学校发展机会不均衡,严重制约了职业教育的均衡发展和办学水平的提高。在已经出台的编制标准方面,广西提出"实名编制、非实名编制",既满足了学校因办学规模、专业方向调整等变化对教职工人员结构的不同要求,又妥善解决了部分学校急需的实训教师难以进入学校任教的问题(《广西壮族自治区中等职业学校机构编制管理暂行规定》);广东根据在校学生数及分段员生比计算累加进行核编,主要考虑学校类别、学校等级和财力调节系数等因素对教师总额进行综合测算(《广东省中等职业技术学校机构编制标准暂行规定》);安徽结合学校规模、学校类型对教师编制进行核定(《安徽省中等职业学校机构编制管理暂行办法》),该文件主要针对中等专业学校和技工学校,职业高中仍参照中小学教师编制标准执行;福建在参照该省同级的普通高中城市或县级标准的基础上,每班增加 0.3 个编制的方式进行核定(除了体育类、艺术类学校外)(《福建省中等职业学校编制标准等问题的暂行意见》)。这些制度的出台兼顾了职业教育的特点,适应了区域经济社会发展的实际情况。"编制"是人事科学的研究对象,与人事编制问题研究相比,学校编制研究相对较少,而关于中等职业学校编制标准的研究又更显单薄,与职业教育发展的现实不合拍。

二、中等职业学校人员编制研究的价值

(一)职业教育改革发展的行动要求

《国家中长期教育改革和发展规划纲要(2010—2020 年)》第一次明确地提出了职业学校的基本办学标准问题,提出了要完善职业教育支持政策。学校人员编制标准是基本办学标准的基础内容,研究与制定科学的中职学校编制标准是极其重要的基础性工作。然而,当前我国中职学校人员编制的核定和管理凸显以下问题:(1)缺乏系统、深入的理论研究和全面、客观的实证分析。中职学校编制工作停留在简单套用、局部应对和经验修正等层面上,虽然职业教育的发展迫切需要系统化、科学化的编制标准,但国家层面上至今仍未建立能够反映中等职业教育特色的、符合中等职业教育发展规律和趋势的、具有指导意义的人员编制体系,成为了制约职业教育进一步发展的重要因素。(2)编制标准不符合职业教育的特点。职业教育旨在培养学生的专业技能、职业发展能力及社会基本适应能力等综合能力,因此其专业性、区域性、班级结构等差异很大,参照执行普通中小学编制标准造成一些发展中的学校编制严重不足,极大影响了职业教育质量的提高和教师的专业化成长。(3)编制内容

不适应新的发展形势。工学结合、校企合作、顶岗实习已成为职业教育人才培养模式和中等职业学校基本的教学制度，人才培养模式与教学模式的根本变化使得以往的教师编制标准难以适应新形势的需要与发展。(4)编制结构不合理。职业教育的专任教师包括公共基础课教师、专业课教师和实习指导教师，由于它们之间缺乏一定的比例关系，导致教师队伍结构失衡，“双师型”教师数量更是严重不足，兼职教师队伍缺乏制度层面的解决，学校没有一定弹性的编制管理自主权。所以中职教师配置结构性的失衡是当前中职师资配备过程中最主要问题之一。

职业教育早已被公认为经济振兴的“秘密武器”，得到各级党委和政府的高度重视，新一轮教育改革浪潮中，职业教育大发展迫切需要确定合理的编制标准。所谓“合理”具有两层含义，即符合职业教育实务运作实际(事理)和符合职业教育自身发展规律(道理)，一个只符合理论规律但不利于实际操作的标准不是合理的标准。中职编制标准的目的主要是为了满足中等职业学校完成其目标以及实现其价值(即实现中职学校功能)，职业教育改革发展的目标就是要为社会经济发展以及人才培养提供高质量的教育服务，这一目标的实现必然要通过中职学校的功能实现来完成。因此，确保中职学校履行职责以及实现功能的基础保障就是确定既符合职业教育实务事理又符合职业教育发展规律的学校标准。

(二)职业教育人力资源配置的中心环节

我国职业教育发展迫切需要按照职业教育办学规律建立一支结构合理、质量过硬的职业教育师资队伍。建设这么一支中等职业学校教师队伍，必须建立和完善中等职业教育人力资源配置体制和机制，而实施科学的学校编制标准是中心环节。从管理学原理看，所谓“科学”包含两层含义：一是指学校编制核定要体现科学管理思想，也就是通过学校人员编制标准制定提高人力资源利用率以及教师劳动生产效率，提倡标准化；二是指要体现人本管理思想，也就是注重组织氛围营造以及人的需求(激励、人际关系等)，注重个性化、兼顾个别化。而现代教育人力资源管理的目标就是“取得最大的教师人力资源使用价值”、“最大限度地调动教师的主观能动性”、“全面提高教师的综合素质”以及“创造理想的组织氛围，培养教师积极向上的作风，稳定教师队伍”等方面[①]。要实现上述目标，就必须实施“标准化”与“个性化”并重的编制办法，

① 申继亮：《教师人力资源开发与管理——教师发展之源》，教育科学出版社 2006 年版，第 9—10 页。

并作为实现教师人力资源管理目标整个过程的中心环节。如何发挥中职教师的潜能以及更大限度地提升中职教师的使用价值是一项复杂工程。首先,就中职教师职业本身而言,中职教师(尤其是中职专业教师)是多角色职业。从专业技术角度看,中职教师必须既懂理论又懂技术,既能承担专业理论课程教学又要承担部分技术实践课程教学,既要完成校内教学任务又要完成校外实习、职业技能竞赛指导等任务;从管理者角度看,由于职业学校生源素质参差不齐,中职教师必须掌握比普通高中教师更多的学生管理与沟通技能,承担更为繁杂的班级管理任务,花费更多的时间与精力在学生管理上,其劳动的时间和空间被无限地延长和延展。在学生顶岗实习阶段,教师还必须下工矿企业成为流水线的现场管理者,与企业指导教师一起承担指导员、管理员以及安全员等多重任务。因此,如何通过编制标准确保教师不因职业特殊性而产生职业角色混乱以及职业倦怠等负面心理现象是一个值得考虑的要素。其次,通过进修提高综合素质是每一位教师的权利,同时也是教师人力资源管理的重要目标之一,如何确保在保证职业学校正常运转的情况下最大限度地为教师提供职后培训,促进教师专业化发展也是编制标准要考虑的因素。第三,理想的组织氛围是提升工作效率、促进劳资和谐的重要因素,要以更好地服务中职学校功能实现为目标,科学设置领导职数以及组织架构,要避免机构臃肿、人员冗余等现象,营造积极向上的组织氛围。

(三)职业教育依法发展的必然要求

学校编制是国家依法管理学校的调节手段,是教育行政的手段之一。通过规范机构设置,合理界定职能,准确制定编制,建立体系健全的编制标准,是依法行政,科学决策的必然要求。教师人力资源开发是一项系统工程,学校人员编制同样也是一项系统工程,所谓"健全"包括三层含义:一是建立统一、具有包容性的学校人员编制标准体系,中小学、高等学校都有比较统一的人员编制标准,而中等职业学校目前还没有统一的编制标准;二是健全影响因素分析动态监测体系,综合考虑影响职业学校人员编制核定的多种因素并建立一套动态监测体系,确保中职学校人员编制合理配比;三是建立一套适合中职教育建设与发展的编制标准作为健全职业教育法制的基本途径。促进职业教育法制健全必然要求建立一套健全的编制标准作为学校发展的依据,《国家中长期教育改革和发展规划纲要(2010—2020)》提出"根据经济社会发展和教育改革的需要,修订教育法、职业教育法","制定有关考试、学校、终身学习等法律","加强教育行政法规建设。各地根据当地实际,制定促进本地区教育发展的地方性法规和规章",中职学校人员编制标准除了与上述法律法规有关外,还涉及劳动法、劳动合同法、劳动人事法律等多部法律。应把学校人员编制标准问题纳入相关法律条文,为教育行政部门、人事部门、中职学校依法行政以及依法治校提供法律依据和保障。

(四)职业教育科学发展的合理诉求

职业教育有自身的特点,体现职业教育自身特色的编制标准是职业教育科学发展的合理诉求。职业教育发展需要双师型教师、顶岗实习、兼职教师等特色内容,编制标准也必须体现职业教育发展的自身规律。制定科学、合理的职业学校编制标准是职业教育大发展提出的合理诉求。借鉴或参照中小学教师编制办法虽然体现了同等重要的价值理念,但是却忽视了职业教育自身的特点。据考证,在中等职业教育发展过程中,先后颁布了《中等技术学校暂行实施办法》(1952 年)、《中等技术学校(包括专业学校)试行组织编制规定》(1952 年)、《关于技工学校暂行办法草案》(1954 年)、《技工学校人员编制标准(草案)》(1961 年)、《全日制普通中等专业学校人员编制标准(试行)》(1985 年)、《技工学校机构设置和人员编制标准暂行规定》(1986 年),这些标准的出台很好地回应了当时社会经济发展以及职业教育自身发展的需求,也体现了中等职业教育自身的一些特点,推动和保障了职业学校办学发展。但是,上述编制标准与外部环境缺乏互动与适应,已经不能维持其满足中等职业学校功能实现的目标,甚至还阻碍了职业教育的发展。同时,作为中等职业教育的重要组成部分的职业高中一直参考普通高中人员编制标准,这种做法显然与实际情况不相符合。中职学校人员编制标准核定涉及影响因素较多(学校规模、地区差异、学校类型、专业构成、教学模式、行业发展、生师比等等),因此,必须着眼全局通盘考量,建立一个真正体现职业教育实务与规律的特色标准体系。

(五)进一步丰富和发展社会主义劳动理论

人员编制核定必须体现劳动规律特点,同时又是人力资源配置的依据,既有经济属性又有行政属性。教师劳动规律及特点是学校人员编制核定工作的逻辑起点,有人把教师劳动归纳为[①]:(1)教师劳动的个体性;(2)教师劳动的封闭性;(3)教师劳动的间接性;(4)脑体劳动双重特征。利用上述特点分析中等职业教育教师劳动特点,我们发现在教师劳动的个体性方面,中职教师的"劳动对象个体性"尤其明显。我们都知道,虽然职校生素质参差不齐,管理难

① 于静:《论教师的职业劳动特征》,沈阳师范大学出版社 2010 年版,第 16—32 页。

度比较大，但是每一个学生都是鲜活的学习个体，都需要教师的关心与帮助，这就要求教师更加耐心细致地做好不同类型学生的管理以及教育工作。因此在考虑中职学校人员编制标准划定时，既要考虑中职教师管理学生的劳动量，也要考虑给予学生管理部门配备足够的编制数。此外，中等职业教育是一种面向职业岗位需求的专业教育，是一种培训新型“工人”、“农民”、“服务员”的教育，这就要求教师能够把理论与实践结合，把教学与实训结合，因此，对中职教师脑体并用的要求比较高。我们认为，中职教师的劳动还具有多样性、易变性特点，由于职业学校专业设置、课程内容以及教学方法比较敏锐地反映社会市场的需求，因此，中职教师的劳动任务、劳动方法随着社会市场的变化有着多样性以及易变性的特点，其实质是中职教师劳动有着社会经济适应性特点。所以，要进行中职学校人员编制核定就必须对中职教师劳动特点及其规律有深入了解，结合特点与规律认真对中职教师（包括教辅人员、行政人员）的岗位进行工作分析，并根据中职学校功能实现科学组织设计。对上述问题的梳理与解决有利于中职学校人员编制核定标准的制定，同时，建立一套符合职业教育规律的中职学校人员编制标准也有利于提高中职教师的劳动积极性。有学者提出，为了“疏通企业人员向事业单位流动的渠道，促使企业具有实践工作经历、符合教师资格要求的专业技术人员、企业经营管理人员、高技能人才到职业学校担任专任教师”，建立固定编制和流动编制管理模式，如广西提出“实名编制、非实名编制”，契合中职教育的特点，既稳定了骨干教职工队伍，满足了学校因办学规模、专业方向调整等变化对教职工人员结构的不同要求，又妥善解决了部分学校急需实训教师难以进入学校任教的问题。[①] 上述探索与实践进一步丰富了社会主义劳动理论，推动了学校人事编制工作的精细化发展。

因此，开展中职学校人员编制的模型与实证研究，理论上可以丰富、充实职业技术教育学、人力资源管理学、教育管理学等学科的基本理论，体现研究的理论价值；实践上，为制定全国统一规范的、符合中等职业教育特点和发展规律的人员编制标准提供理论参考与决策咨询，以实现职业教育质量的提高和职业教育均衡发展，提高中等职业教育的办学效益。

---

① 广西出台的《中等职业学校机构编制管理暂行规定》，中国劳动资讯网，2011 年 6 月 2 日。

第二节 中等职业学校人员编制研究的必要性

教育大计，教师为本。有好的教师，才有好的教育。制定教职工编制标准①是加强教师队伍建设的基础性工作，是职业学校基础能力建设的重要组成部分，对于培养高素质劳动者和技能型人才，促进我国由人力资源大国向人力资源强国转变起到积极的推动作用。然而，新中国成立六十多年来，国家层面并没有统一的中等职业学校教职工编制标准（包括职业高级中学、普通中等专业学校、职业中等专业学校、技工学校和成人中等专业学校），这既与《国家中长期教育改革和发展规划纲要（2010—2020年）》（以下简称《纲要》）和新世纪第一次全国教育工作会议精神相悖，也极度地束缚了中等职业学校的健康发展。

编制标准是加强教师队伍建设的基本文件。如果缺乏切实可行的编制标准和符合实际的核定原则，就会使得有的地方长期不核编，致使一些发展中的学校编制不足，影响教学质量和学校发展；有的地方一味增加教师工作量完成工作任务，有编也不及时补编，极大地影响教师的身心健康和专业化成长；或者有的地方通过大量外聘教师来满足教学需要，使得教师队伍稳定性差，影响教学质量。总之，如果缺乏切实可行的编制标准和核定原则，将导致职业学校教师聘用、配置、使用等工作随意性较大，不利于职业教育的健康发展。六十多年来，中等职业学校教职工编制标准制定及其执行存在一些问题，亟须研究并加以解决。

一、国家层面中等职业学校人员编制标准缺失

新中国成立之初至20世纪80年代，关于中等技术学校（包括专业学校）教职工编制标准，1952年10月，教育部颁发了《中等技术学校（包括专业学校）试行组织编制》；1962年5月，中共中央批转了教育部党组《关于进一步调整教育事业和精简学校职工的报告》。关于技工学校教职工编制标准，1954年4月，国家劳动部颁布《关于技工学校暂行办法草案》；1956年2月，劳动部

---

① 此处编制指机构编制管理机关核定的行政机构和事业单位的人员数额和领导职数；人员编制是行政组织为了实现组织目标、履行法定职能，经过被授权的机关批准而确定的单位内部人员数额、结构、领导职数、员工数额等。编制标准指一切法定社会组织内部工作人员的定员、职位、结构等方面的规定，一般包括编制员额的规定、各职位的名称、设置以及领导职数的规定、各类人员的比例结构的规定、人员配备的质量要求；人员编制标准指一切法定社会组织内部工作人员的比例做出综合性的规定。

颁布了《技工学校编制标准定额暂行规定草案》;1961 年 5 月,劳动部制定了《技工学校人员编制标准(草案)》(〔61〕中劳配字第 175 号)。

20 世纪 80 年代中期,关于中等专业学校编制标准,1984 年 12 月,教育部颁布了《关于中等师范学校和全日制中小学教职工编制标准的意见》(〔1984〕教计字 239 号);1985 年 9 月,国家教委、人事部联合颁布了《全日制普通中等专业学校人员编制标准 (试行)》(〔85〕教职字 008 号)。关于技工学校编制标准,1986 年 4 月,劳动人事部门颁布了《技工学校机构设置和人员编制标准暂行规定》(劳人培〔86〕9 号)。关于职业高中编制标准,1986 年 6 月,国家教委《关于加强职业技术学校师资队伍建设的几点意见的通知》(〔86〕教职字 012 号)中指出:"职业高中教师的编制标准,可根据学校培养目标的不同,分别参照中专或技工学校教师编制标准,由各省、自治区、直辖市和国务院各部委自行制定";2001 年 10 月,《国务院办公厅转发中央编办、教育部、财政部〈关于制定中小学教职工编制标准意见〉的通知》(国办发〔2001〕74 号)指出:"特殊教育学校、职业中学、小学附设幼儿班和工读学校教职工编制标准可参照中小学教职工编制标准,由各地根据实际情况具体确定。成人初、中等学校的编制由各地根据实际值况具体确定。"

可以看出,20 世纪 80 年代以前,除"文革"十年外,中等专业学校、技工学校基本每隔十年左右调整一次教职工编制标准。20 世纪 80 年代中期后,国家层面再没有重新制定过中等专业学校、技工学校教职工编制标准。职业高中,从其产生到现在一直没有独立的教职工编制标准。也就是说,新中国成立六十多年来,国家层面没有中等职业学校统一的教职工编制标准。

二、省级层面中等职业学校人员编制标准的局限性

由于缺乏国家层面的指导性文件,各省制定的编制就缺少一定的科学性,存在局限性。

其一,通过比较广东、安徽、福建、湖南、广西、河南 6 省(自治区)单独制定的教职工编制标准,发现各省教职工编制标准问题在于:不仅各省编制标准普遍低于普通高中教职工编制标准,而且不同地区编制标准制定的依据和标准差异较大,同一地区标准也有差异,如属西部地区的广西的标准优于属东部地区的广东的标准;同样属东部地区,福建的标准优于广东的标准;同样属中部地区,湖南的标准优于安徽、河南的标准。编制不够科学使得不同地区师资队伍建设水准不公平,这也加剧了职业教育的不公平。

其二,没有单独制定中等职业学校编制标准。其中,存在两种区别:(1)湖

北省在依据《国务院关于基础教育改革与发展的决定》(国发〔2001〕21 号)制定本省中小学机构编制管理暂行规定中,以及云南、甘肃、海南、江苏、山西、浙江等省先后依据国家《关于制定中小学教职工编制标准意见(2001 年)》,制定本省中小学教职工编制标准时对职业中学编制标准进行了单独或特别说明。(2)其余省(市、区)没有关于中等职业学校教职工编制标准的具体规定或说明,一般地认为是参照《关于制定中小学教职工编制标准意见(2001 年)》执行。这类情况的主要问题在于:职业中学参照普通中学教职工编制标准,未能体现职业教育特色。由于中等职业学校要培养具有综合职业能力,在生产、服务一线工作的高素质劳动者和技能型人才。中等职业教育在人才培养目标、办学模式、专业分类、课程种类、教学方法、教学组织形式、教师资格与聘用等方面都与普通高中教育不同。参照普通中学教职工编制标准核定中等职业学校教职工编制,无法适应中等职业学校的培养目标,不能充分反映职业教育的特色。

三、中等职业学校队伍建设的紧迫性

从纵向看,1985—1992 年,中等职业学校的生师比普遍低于普通高中(见表 1 和图 1);1993—2000 年,中等职业学校的生师比普遍高于普通高中。2002 年,国务院颁发《关于大力推进职业教育改革与发展的决定》(国发〔2002〕16 号),2005 年,国务院颁发《关于大力发展职业教育的决定》(国发〔2005〕35 号),职业教育进入了一轮快速发展时期。2003 年后,中等职业学校生师比一路攀升并大幅提高:2013 年与 2003 年的 10 年相比,普通高中生师比减少了 18.5%,而中等职业学校的生师比却提高了 20.8%;2013 年与 1988 年的 25 年相比,普通高中生师比提高了 11.6%,而中等职业学校的生师比提高了 90 %,提高的幅度是普通高中的 7.8 倍。

表 1 中等职业学校与普通高中生师比

年份	中等职业学校生师比	普通高中生师比	年份	中等职业学校生师比	普通高中生师比
1985	12.41∶1	15.07∶1	1990	11.51∶1	12.76∶1
1986	12.20∶1	14.92∶1	1991	11.81∶1	12.61∶1
1987	11.86∶1	14.23∶1	1992	12.15∶1	12.24∶1
1988	11.66∶1	13.40∶1	1993	13.42∶1	11.75∶1
1989	11.55∶1	12.93∶1	1994	14.26∶1	12.16∶1

续表

年份	中等职业学校生师比	普通高中生师比	年份	中等职业学校生师比	普通高中生师比
1995	15.21∶1	12.95∶1	2005	22.17∶1	18.54∶1
1996	16.42∶1	13.45∶1	2006	23.43∶1	18.13∶1
1997	16.92∶1	14.05∶1	2007	23.95∶1	17.48∶1
1998	16.30∶1	14.60∶1	2008	24.03∶1	16.78∶1
1999	16.66∶1	15.16∶1	2009	26.05∶1	16.30∶1
2000	16.13∶1	15.87∶1	2010	26.37∶1	15.99∶1
2001	15.79∶1	16.73∶1	2011	25.00∶1	15.77∶1
2002	17.24∶1	17.80∶1	2012	23.99∶1	15.47∶1
2003	18.35∶1	18.35∶1	2013	22.16∶1	14.95∶1
2004	19.89∶1	18.65∶1			

数据来源：根据教育部各年度《全国教育事业发展统计公报》、《中国教育统计年鉴》的数据计算而得

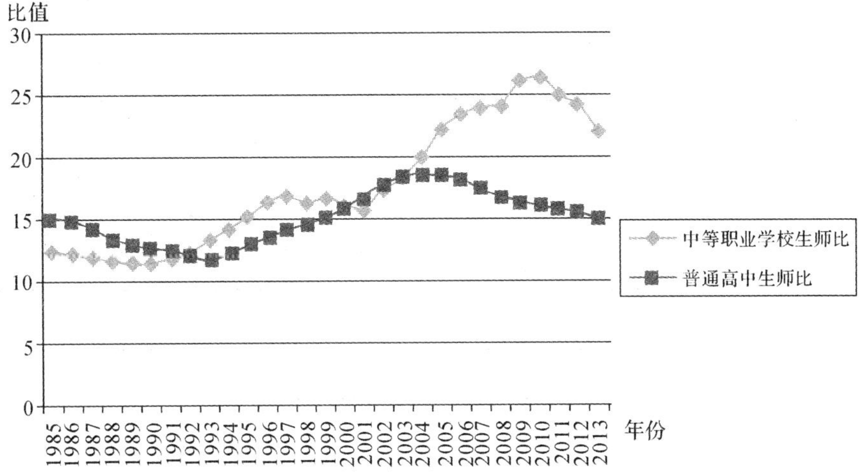

图 1　1985—2013 年中等职业学校与普通高中生师比

从横向看，根据教育部发布的《2013 年全国教育事业发展统计公报》，2013 年，全国普通高中 1.34 万所，在校生 2435.88 万人；全国中等职业学校 1.23 万所，在校生 1922.97 万人。中等职业学校规模占高中阶段教育半壁江山。然而，普通高中专任教师 162.9 万人，生师比为 14.95∶1；而中等职业学

校专任教师 86.79 万人，生师比为 22.16：1，生师比是普通高中的 1.48 倍。2013 年，全国小学生师比为 16.76：1，全国初中生师比为 12.76：1，普通高等学校生师比为 17.53：1，中等职业学校生师比在各级教育中最高。由于生师比过高，使得中等职业学校教师教学任务繁重，管理事务繁杂，职业倦怠现象明显，职业幸福感不高，严重影响了教师身心健康及专业成长，也影响了职业教育的吸引力。

在国际比较方面，从《教育概览 2013：OECD 指标》中统计的最新数据（2011 年）来看，我国高中阶段生师比普遍高于各主要国家（见表 2 和图 2）。

因此，中等职业学校队伍建设已是一个非常紧迫的问题。

表 2 2011 年各主要国家高中阶段生师比

位次	国家	生师比	位次	国家	生师比
1	墨西哥	26.8：1	14	德国	13.8：1
2	智利	25.4：1	15	瑞典	13.0：1
3	印尼	20.1：1	16	意大利	12.8：1
4	中国	18.4：1	17	匈牙利	12.4：1
5	荷兰	18.2：1	18	日本	12.2：1
6	土耳其	17.8：1	19	捷克	11.7：1
7	英国	17.3：1	20	冰岛	11.5：1
8	巴西	16.9：1	21	波兰	11.1：1
9	芬兰	16.3：1	22	比利时	10.1：1
10	韩国	15.8：1	23	法国	10.0：1
11	美国	15.3：1	24	西班牙	9.8：1
12	斯洛伐克	14.3：1	25	挪威	9.7：1
13	新西兰	13.9：1	26	葡萄牙	7.3：1

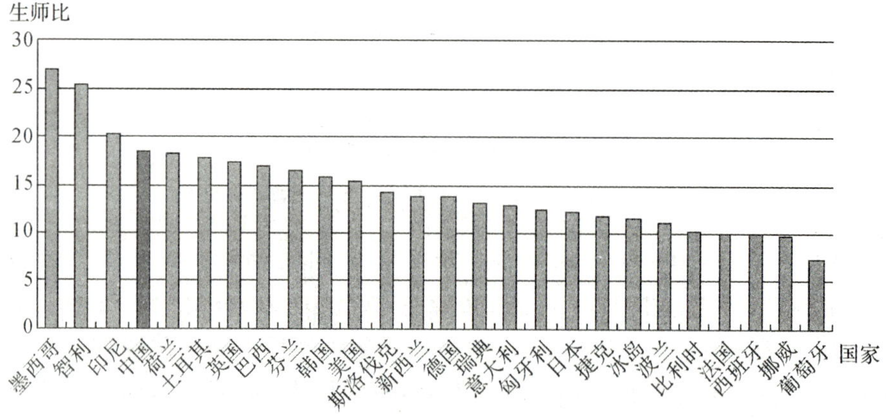

图 2 2011 年各主要国家高中阶段生师比

第三节 中等职业学校人员编制研究的内容

一、中等职业学校人员编制相关概念界定

中等职业学校：中等职业学校是指在高中阶段实施职业技术教育，培养高素质劳动者和技能型人才的专门机构。目前我国实施中等职业教育的学校有中等专业学校（含成人中专）、职业高级中学和技工学校，本研究暂不包括技师学院。

编制①：广义的编制是指各种机构的设置及其人员数量定额、结构和职务配置；狭义的编制，即人员编制，是指为完成组织的功能，经过被授权的机关或部门批准的机关或单位内部人员的定额、人员结构比例及对职位（岗位）的分配。

编制管理②：国家以法规、法令形式对有关组织的机构设置、组织形式、人员定额、职务配备等方面进行规定和控制的活动。狭义的编制，仅指国家对有关组织中人员配置和数额的规定。编制工作是国家行政管理的重要环节，是党和国家组织、人事工作的重要组成部分。科学地设置机构、配备人员，是提高管理效率的前提，也是其他许多工作的依据，如任命、配备人员，须在核定的人员编制内进行，工资总额的确定，也以人员编制为依据。在中国，编制管理有四个特点：

（1）服务性。编制工作服务于党和国家一定时期的总目标。在当前，服务于社会主义现代化建设。要求编制部门了解、熟悉各部门的工作任务和发展变化趋势，适时调整机构和人员编制，主动为各部门服务。

（2）科学性。机构和人员编制有其客观规律性，用管理科学指导编制工作实践。

（3）综合性。编制工作涉及政治、经济、文教、卫生等各方面，需要坚持“一盘棋”思想，综合适当，协调得法。

（4）法规性。编制一经确定，任何单位都不得随意增加或变相增加。

中国的编制管理，将机构分为九类：①党派机构；②政协机构；③国家机构；④群众团体工作机构；⑤机关附属机构；⑥咨询研究机构；⑦非常设机构；

---

①② 顾明远：《教育大辞典》（增订合编本），上海教育出版社1998年版。

⑧国家事业单位;⑨国家企业单位。对机构编制的管理办法:①限额管理,宏观控制;②严格执行审批制度;③加强各部门之间的配合。确定机构必须遵循任务—机构—编制—任用人员—核定工资总额和拨发经费的程序。

教职人员:目前编制研究的主要对象应为教师、职员和教学辅助人员,统称教职人员。工勤人员不再是编制标准研究的对象,主要通过社会化运作方式解决。

师生比:指定年份的教师人数与同年的学生人数之比.它反映在某年每位教师平均负责教育学生的人数。例如 1∶20(1 名教师∶20 名学生),比率低表示 1 名教师对应较多学生数。

员生比:指定年份的教职人员人数与同年的学生人数之比。它反映在某年每位教职人员平均负责教育学生的人数。

班额:指一个教学班中的学生数量,也是一名任课教师在某段教学时间内所面对的学生数量,反映的是学生的学习环境、教师的教学工作环境和工作量。

兼职教师:亦称“兼课教师”,兼任某学校课程教学或其他工作的教师。不占学校编制,不定教学工作量,以兼任的工作量取酬。在中国公办学校中,教师多属专任。但为扩展学术交流,提高人才培养质量,亦可聘任兼职教师。在社会群众团体办学中,兼任教师一般比例较大。本课题是指本着“不求所有,但求所用”的原则,多渠道从社会上特别是企事业单位聘请在职、离职待岗或退休的专业技术人员、高技能人才,充实到职业学校教学一线,承担专业课或实习指导教学任务。对于在相关领域具有丰富实践经验和特殊技能的能工巧匠也可经过必要的认定聘请到学校兼职任教。①

学校规模:1985 年国家教委劳动人事部颁布的《全日制普通中等专业学校人员编制标准(试行)》规定:“学校规模”(在校学生人数)系指按全日制普通中等专业教育事业计划统一招生的学生人数计算,不包括其他学生人数。有时也认为学校规模就是班级数,同时配有班额的限制。

二、中等职业学校人员编制研究目标与内容

(一)研究目标

我国中等职业学校人员编制标准需要进一步的制度突破,借鉴国际先进

---

① 《关于“十一五”期间加强中等职业学校教师队伍建设的意见》,中华人民共和国教育部网站,2011 年 11 月 24 日。

经验,能够更好地服务我国中等职业教育管理体制改革,促进中等职业学校教师队伍整体优化,进而提升中等职业教育质量,办好人民满意的职业教育。按照《纲要》和教育部关于中等职业教育的发展规划和总体思路,通过要素模型研究和实证分析,设计出科学合理的符合中等职业教育特点和发展趋势的人员编制标准,供编制部门、财政部门、教育决策部门决策参考。

(二)研究内容

研究内容是对研究目标的进一步细化,由需要通过研究解决的问题群所构成,根据研究目标,本研究主要要回答三个问题,具体如下:

第一,研究我国中职学校人员编制政策的历史沿革、特点以及存在问题。中职学校人员编制政策是我国教师政策以及职业教育政策体系的核心内容之一,直接关系到我国中等职业教育教师的身份与权益保障,对我国职业教育的健康可持续发展具有重要意义。我国中职学校人员编制政策经历了不同历史时期的发展,本研究力图通过对不同历史时期以及不同地区的有关编制政策进行梳理、归纳与综合分析,把握中职学校人员编制政策的历史嬗变过程,探索教育政策与国情和经济社会发展水平相互适应发展的内在规律,以特点的提炼、问题的发现为切入点,为新一轮政策出台提供历史依据,力求新标准具有历史继承性,又突破原有政策的历史局限,有所创新。

第二,研究中职学校人员编制标准应考虑的核心要素及其关系模型。编制核定工作具有整体性、关联性、动态性等特征,是一项系统工程。一方面,要充分考虑职业教育诸多内部因素,如学校规模、班额、专业类别、教师类别、内设机构数、领导职数等;另一方面,作为社会公共管理的一部分,它又受到职业教育诸多外部因素的制约,如经济发展水平、公共财政制度、国家或地方工作重心,等等。所以,在制定编制标准时,需要强化编制核定中的量化机制,论证、确定编制标准的核心要素及其量值关系,如专业类别、班额、办学规模、生师比、教学工作量等。

第三,研究制定科学、系统的中职学校统一的编制标准范式。研究将制定具有科学性、合理性、引领性的符合中等职业教育特点和发展规律的人员编制标准范式。研究符合中国特色的中等职业教育特点和规律,以体现科学性和规范性;符合全国不同地区经济和教育的状况,以体现合理性和可操作性;符合职业教育发展趋势和愿景,以体现引领性和示范性。研究将突出解决工学结合、校企合作、顶岗实习的人才培养模式与教学模式下的人员编制核定的难点和“双师型”教师队伍、兼职教师队伍等在制度层面上的盲点。

第四节 中等职业学校人员编制研究的方法

学校编制研究是一项系统工程，编制本身是内部属性复杂的事物，它兼备行政属性、法规属性、经济属性和技术属性四个本质特色。因此，学校编制研究需要多学科视角，但目前尚缺乏成熟的理论基础。作为中等职业学校教师编制管理，又必须兼顾职业教育的多样性、实践性等特点。目前本课题主要借鉴教育经济学、教育行政学、劳动经济学、人事管理学、职业教育学等学科理论。

一、研究特质

方法，是为问题解决服务的。方法与研究之间的适切性问题解决的好坏是影响研究质量的重要因素，针对问题分析本研究的性质有助于我们更好地选择有效的研究方法与工具。

中等职业学校人员编制标准"问题"具有层次性。研究问题本身具有层次性，因为研究自身也具有层次性，本研究的层次可以划分为宏观、中观和微观三个层面。我们在宏观层面将教育系统看做社会系统有机整体的子系统，本研究从经济社会发展的历程来研究我国中等职业学校人员编制发展，从历史演化的角度来探索我国中等职业学校人员编制政策的发展脉络，并在历史脉络的梳理中，比较不同时期职业教育政策与社会经济、政治文化等相互依存的关系问题。我们在中观层面主要是从学校和教师群体入手，主要通过叙事、文献与实物分析等方法探讨不同历史时期的编制政策对学校、教师群体的影响；我们在微观层面主要从个人或群体入手，运用口述史的写法重点突出不同的利益主体（教师、校长、学生以及教育行政管理人员）在对不同时期编制政策这一社会事实的认知、行为与态度。

中等职业学校人员编制标准研究具有"混合性"。我们认为，中等职业学校人员编制标准所涉及的问题具有综合性、层析性、基础性等特点，应该将"质的研究"与"量的研究"结合。本研究将历史研究、调查研究与理论研究进行混合使用。本研究的"混合性"还体现在研究逻辑起点的多样性，一些编制研究将研究的起点界定为"八小时工作制"，也有研究起点界定为"总工作量"，因此，本研究要兼顾不同影响要素的"交叉影响"，将其"混合"进行考虑。

中等职业学校人员编制标准研究"论证"体现交叉运用。在论证方面主要采取“归纳推理”、“类比推理”、“演绎推理”相结合的方式,全文整体(或主线)是通过深度调查法对我国中等职业学校人员编制政策的现状、特点与问题进行研究,形成我国新一轮编制政策制定的主要依据。同时,通过对国外发达国家中等职业学校人员编制政策的有关经验的比较,类比推导符合我国实情的做法。此外,还将通过比较其他学校教育领域的编制政策达到同样目标。

二、研究思路与策略

根据我们对本研究性质的认识,我们在研究过程中体现了理论研究与实证研究相结合,即采取“混合研究”策略。首先,通过文献研究、比较研究,基本掌握新中国成立以来我国中等职业学校人员编制标准的变化脉络和特点。其次,通过调查研究、实证研究,基本摸清当前全国中等职业学校人员编制核定的标准、做法和状态,以及存在的主要问题。再次,通过任务分析法、数理统计法等设计出科学合理的全国统一的中等职业学校人员编制模型。

近年来,在教育与心理研究中,研究者更倾向于采用混合的研究思路,这种研究思路既能获得可观的数值性数据,同时也会得到大量丰富的解释性数据[①]。阿巴斯·塔沙克里(Abbas Tashakkori)和查尔斯·特德莱(Charles Teddlie)总结了三种主要的研究类型:单一方法研究、混合方法研究和混合模型研究。其中混合模型研究就是 Creswell(1995)所界定的“混合方法论设计”,其界定如下:这种设计代表着最高程度的荤腥范式……研究者在研究的所有阶段或许多阶段将定性研究范式和定量研究方式的因素混合起来。阿巴斯·塔沙克里(Abbas Tashakkori)和查尔斯·特德莱(Charles Teddlie)认为:混合模型研究是实用主义范式的产物,是在研究过程中的不同阶段将定量路径与定性路径结合起来的学术努力。他们认为,在研究的各个阶段之中,可以运用如下多种方法:[②]研究设计,要求有田野实验和高密度的人类学访谈,同时以整合的方式展开研究;资料搜集,同时将以数值回答的封闭型选项和开放型选项置于同一项问卷调查之中;资料分析,包括对中等职业学校人员编制影响因素的问卷调查部分按照李克特量表(Likert Scale)所进行的因素分析等。

在单一研究项目中,既使用量的研究方法也使用质的研究方法。在大多

---

① 李文玲、张厚粲、舒华:《教育与心理定量研究方法与统计分析——SPSS实用指导》,北京师范大学出版社2008年版,第7页。

② 阿巴斯·塔沙克里、查尔斯·特德莱,唐海华译:《混合方法论:定性方法和定量方法的集合》,重庆大学出版社2010年版,第16—18页。

数情况下，研究者在描述质的和量的研究的时候是有区别的，他们会富有变化地写作：既使用质的方法也使用量的方法、既使用质的数据也使用量的数据、既使用质的研究也使用量的研究。这种策略关注多种方法之间的联系（三角互证）。混合方法强调解释两种方法的优点以及研究者是如何将两种方法融合到一起的。强调针对研究问题采用最实用的方法。混合方法采取了实用主义的姿态，允许将常规上来自两种不可协调的研究范式的方法融合到一起。同时，这种策略注重三角互证，从多个视角看待事物，可以在研究中使用多种研究方法、多种来源的数据，甚至是不同的研究者。三角互证背后的原理是如果能从不同的位置看待研究对象，研究者可以对它有更好的理解。

三、研究方法

任务分析法。又称工作分析法，也就是从学校办学标准、教学计划等工作任务出发，按照工作流程测定各阶段工作量发生数，再折合成平均工作单元来确定编制数。

数学模型法。选定数个相对具有代表性的对象，在实证的数据事实上，通过数理统计等技术手段，从个别到一般，归纳出中职学校的人员配置本质属性和基本规律。

调查研究法。通过访谈调查法和问卷调查法，深入职业教育管理部门、学校、人事、劳动、编制部门，走访教育厅（局）长、校长、教师，了解当前中职学校编制状况、经验、问题，听取意见与建议等。

文献研究法。本研究初期，我们搜集了大量有关中等职业学校人员编制方面的文件（包括通知、决定、规定等），这些文献蕴含了我们对于中等职业学校人员编制问题的认识过程与决策过程，体现了中职学校人员编制政策的价值取向的嬗变。通过文献研究，分析中职学校人员编制标准的历史沿革及其社会背景，把握基本规律，形成基本结论。通过这些工作，我们可以为本课题研究提供历史视角，掌握历史社会学的研究途径，确保本课题的研究能够立足现状，又能承接历史，更好地服务未来职业教育的发展。

比较研究法。这里的比较包括不同学制的比较、不同地区的比较以及不同国家的比较，如新中国成立六十年来中职学校人员编制标准及执行情况与普通中学编制标准及执行情况的比较研究；已经制定中职学校人员编制标准的五省与未制定编制标准的省份的编制执行情况进行比较研究；我国中职学校、普通中学编制标准与国外中职学校、普通中学编制标准的比较研究。

四、文献综合

搜集实物和文献。实物分析与历史文献研究法有着差别。本研究对两者方法进行综合使用。这里的实物或文献有两类：

一类是官方实物或文献和大众传媒文献，比如政府机构和有关组织的记录、报告、统计、计划、信函，以及报刊等。这里重点要了解三个方面的内容：一是尽量搜集到校长、教师或学生在经历中等职业教育变革过程中的有关编制标准的个人文献；二是搜集不同时期、国家（地区）的中等职业学校人员编制标准、方案，人事、教育、劳动等部门的有关工作计划与总结、工作手册等，学校人员编制方案、工作计划与总结等；三是搜集新闻媒介对中等职业学校人员编制标准颁布的有关报道。

另一类是原始实物或文献，主要是由亲身经历某一事件或行为的人所写的资料，包括个人的日记、自传、回忆录以及信件等个人文献，力求通过内容分析的方法，让文献"说话"，并对文献的内容进行社会分析、政治分析与心理分析。这类资料主要关注教师工作压力、工作时间管理等个性化体验，从中折射出与编制标准关联性较大的劳动时间、工作量计算问题。

寻找代表性个案。主要搜集国内外具有代表性的中等职业学校人员编制政策个案，以及地区个案。我们在大规模调查之前，采取点面结合的方式，以辽宁、河北、浙江、广东、河南、陕西、云南、重庆和宁波七省一市一计划单列市为面，以宁波（发达地区）和衢州（欠发达地区）等代表性地方为点，点面结合，充分调研。同时对广东、安徽、福建、湖南、广西、河南六省（区）等政策文件进行深度研究，便于对研究形成比较一致的假设，为研究的开展提供更为可靠的假设，在研究后期反复测算，以验证、修改、确定编制标准。

通过访谈调研。根据半结构式访谈提纲，在探索性研究阶段，通过直接或间接等方式先进行非正式访谈，然后根据访谈的反馈，分别形成对不同对象的访谈提纲。主要涉及的访谈对象有中等职业学校校长、各地市教育行政主管、中职学校专兼职教师以及学生，同时还包括人事、劳动与编制办管理人员。重点了解他们对我国中等职业学校人员编制政策及标准的现状、问题的理解与认识。对个别被访人进行"深度访谈"，侧重从口述史（生活史）的视角，让这些亲历中等职业学校人员编制政策的当事人"说话"，尤其倾听了一线校长、教师的声音，探索教育政策研究中的"国家和个人"之间的关系。

利用问卷调研。通过问卷法和因素分析法，对影响中等职业学校人员编制的因素进行分析，对如学校规模、班额、专业类别、教师类别、内设机构数、领导职数等数量关系进行定量化研究，为研究新编制政策提供依据。此外，还可以通过问卷法对教师工作压力影响源、教师工作量计算办法进行调查和研究，了解可以通过控制哪些因素（经由编制政策）减少教师压力，避免教师职业倦怠的形成。

辅助观察方法。谭光鼎等人（2006）认为“教育是缤纷社会现象的一环”，“教育及其他社会结构之间的关系或其他社会功能，以及结构或宏观因素之间如何穿透学校围墙，有意识或无意识地影响教师的一举一动”。[①] 因此，在可能的情况下，通过观察了解教师、学生与制度之间的互动关系。当然，在其他研究方法的使用过程中，也要始终保持着这种“敏感”。

资料分析以理论研究法为主，辅以量化的分析方法。有学者认为，在有关“教育研究方法”的讨论中，已有不少学者将“理论研究”作为独立的研究方法单列出来，“理论研究”又称之为“逻辑研究”。具体而言，理论研究又分为类比、比较和批判等三个具体的研究方法。[②]本研究除了使用类比、比较和批判等具体方法外，还力图用其他学科的理论对搜集资料所寓含的意义进行分析，比如社会学分析、政治学分析、经济学分析以及心理学分析。对于可以量化的资料尽量使用 SPSS 等软件进行分析。

---

① 谭光鼎、王丽云：《教育社会学：人物与思想》，华东师范大学出版社 2009 年版。

② 刘良华：《教育研究方法专题与案例》，华东师范大学出版社 2007 年版，第 238—279 页。

第一章
视域融合:中等职业学校人员编制标准的多学科分析

第一节　劳动生产活动、管理活动与教育活动

中等职业学校人员编制的多学科分析是一项基本工作,首先要对该项工作自身的属性特点进行分析,然后剖析相关活动的属性,才能有效地为其选择适切的理论基础。本节是总起节,对本章的其余章节起到统领的作用。中等职业学校人员编制工作既是一项管理工作,也是一种具有教育属性的社会活动。在本节中,我们主要论证的是管理活动、教育活动与劳动生产的天然关系,进而说明中等职业学校人员编制问题具有管理学、劳动学等相关学科的特质,为后续章节的深度分析提供"先行组织者"。

一、管理活动、教育活动产生于劳动生产需要

纵观人类历史的发展,管理活动可以说是一切社会性活动的基础。管理现象是人类社会发展到一定历史阶段而产生的,一般认为管理起源于人类社会劳动生产过程之中,由于个体人的能力有限,无法通过"原子式"的个体努力维持自身以及种族的延续,也就是一些生产活动需要通过个体之间协作等"集团式"的公共方式来完成,是"集体"劳动的需要。可以说,管理是人类维持自身生存的需要,更是指向人类走向完满生活的需要。

既然管理是人类生存和发展的需求,人类就不得不在劳动实践过程中总结管理经验,反思管理活动,提炼管理思想。通过人类自身的努力,管理活动

的范围越来越大，管理活动内容越来越丰富，大到国家、军队、社会，小到学校、家庭、作坊，都需要管理。因此，形成了不同的管理思想。只要有较大规模的共同劳动生产，就需要管理活动来进行协调以达到劳动生产的目的。

同管理活动一样，教育作为一种社会现象或者社会活动也是人类社会发展到一定阶段的产物。教育活动，作为管理活动的协调对象或内容，同样出于对自身生存和发展需要，年长的一代人就必须通过“协调”让一部分人将生存和发展的技能，也就是劳动生产经验以及劳动工具的使用方法传授给年轻的一代。最开始，教育过程与生产劳动过程是同一的，还没用专门的教育机构和专职的教师。也就是说，学校作为教育管理活动的执行机构，与其他社会组织一样，学校也不是从来就有的，一般认为当原始社会生产力发展到一定阶段以后，一部分老年人可以从繁重的生产劳动中“解放”出来，从事幼年儿童的抚养，这时候就出现了人类教育机构的胚芽——青年之家。因此，老年人成为“最早”的专职教师，青年之家成为“最早”的专职教育机构。但是，这仅仅是专职教师与专职学校的萌芽。从历史发展看，管理是对生产劳动的管理，而教育是对生产劳动的管理。因此，劳动生产活动、管理活动以及教育活动可以说是人类生存和发展的环环相扣的三个环节。

（一）管理是对生产劳动的“管理”

管理最早出现在生产劳动领域，生产劳动是人类社会生存和发展的基础，如果没有劳动产生，就没有吃穿住行各种其他活动的持续。因此，要维持人类个体生命以及种族的延续，人们必须首先通过劳动生产保障个体以及种族的存在，进而从事其他社会活动，正如马斯洛所说的人类首先必须满足较低层次的生理的需求，才可能产生更高级的社会性需求。所以，管理是对生产劳动的管理，目的是通过管理活动提高劳动生产效率，因为人类初期的劳动生产力极其低下，必须通过协调、控制等手段提高产品的数量以满足氏族成员的需要。正如马克思说：“一切规模较大的直接的社会劳动或共同劳动，都或多或少地需要指挥，以协调个人的活动并执行生产总体的运动——不同于这一总体的独立器官的运动——所生产的一般职能。一个单独的提琴手是自己指挥自己，一个乐队就需要一个乐队指挥。”[①]因此，从管理的起源看，管理和生产劳动密不可分，管理是对生产劳动活动的“管理”，旨在提升劳动生产力，为人类个体生命的维持以及种族的延续提供物质基础保障。

---

① 《马克思恩格斯全集》（第 23 卷），人民出版社 1972 年版，第 367 页。

时至今日,尽管科技繁盛、生产力极大提高,人类进入了现代化文明社会,不管人类社会组织呈现了何种多样化的模式,也不论管理思想经历了何种嬗变,但是管理的效率价值,也就是从某种角度将管理的对象看成是某种生产劳动活动的"假设"依然隐隐约约地左右着我们的管理行为。

(二)教育是对生产劳动的"教育"

人类在没能满足最低限的生存需求的时候,是很难有对其他更高水平的生活有所追求。可以说,在人类社会早期,也就是氏族公社时期,生产劳动教育是当时教育的主要特征,同时其他教育内容也同时为生产劳动服务。

在氏族公社时期,原始人类的劳动生产经验比较丰富,劳动工具的制造技术也比之前大为进步,磨制技术、取火用火技术、渔猎技术、种植技术、制陶技术等这些人类生活劳动技术需要通过某种活动传递给下一代年轻人,这就是教育产生的劳动生产需求。

同时,氏族社会的其他教育内容也是围绕和服务于生产劳动活动的。氏族社会的生活习俗的教育实质上是社会规范教育,通过生活习俗教育将氏族的生活观念、规范传递给下一代,使得年轻一代系统地社会化,并保持氏族社会内部和谐团结,让年青一代通过履行社会义务更好地承担繁重的生产劳动。原始的宗教教育也产生于劳动生产活动过程之中,深深烙印着不同的生产劳动方式的特点。正是通过自然崇拜、鬼魂崇拜、祖先崇拜等形式,原始宗教教育激发了氏族团结的情感,同时也传授了生产劳动的知识,为生产活动提供了思想保障。为了减轻劳动疲劳而产生的原始艺术,最初的形式是劳动号子。此外,体格和军事训练教育也是为了作为劳动者的社会成员能够有健康的体格应对恶劣自然环境的磨炼。①

随着人类历史的发展,进而出现了教育内容的分化、教育阶级的分化,出现了"什么知识具有价值"、"形式教育论还是实质教育论"、"教育以人为本位还是以社会为本位"、"教师和学生谁是教育活动的中心"等一系列教育思想的撞击、碰撞,知识传授一直是教育活动的主要线索,而劳动生产知识一直源源不断地通过教育活动传递给下一代,不论这种传递活动是正式的还非正式,也不论这种传递活动是正规的还是非正规的,如果没有教育作为生产劳动知识的传递活动,人类社会不会走到今日。因此,我们可以说生产劳动经验一直是教育活动的主要内容,教育是生产劳动的"教育"。

---

① 孙培青、杜成宪:《中国教育史》,华东师范大学出版社2009年版,第3—6页。

从“学会生存”到“学会关心”，是现代教育思潮的一次重大变革，现代教育已经从“生存型教育”走向“关心型教育”。构建一种和谐的社会关系需要一种和谐教育关系。但是不论何种社会关系其基础都是劳动生产关系，一方面受制于劳动生产力以及劳动生产关系，另一方面“关心型教育”必须以“生存型教育”为基础。现代社会生产分门别类，因此需要不同的专业教育与此相对应，高等教育和中等职业教育都是专门教育，都与社会劳动生产部门的划分相对应，高等教育或是中等职业教育通过各种劳动生产知识的传递为各类社会生产部门培养专业人才或职业人才，保障社会生产部门的正常运作，同时也保证了社会的正常发展。而且，高等教育或中职教育也更加重视工程伦理或职业伦理的教育。也就是说，教育对生产劳动的教育包含两个方面的内容：一方面是关于生产劳动知识和技术的传递，另一方面是传递关于生产劳动中如何处理人与他人、人与社会等道德问题的知识与价值。

二、管理活动、教育活动是劳动生产活动

从上述分析看，劳动生产活动、管理活动以及教育活动是交织在一起的，它们互相影响、不可分割地构成了人类社会生活的基础性环节，推动了人类朝向更美好的未来发展。我们认为，管理活动、教育活动是劳动生产活动，因为管理生产活动是它们的母体，同时它们也具有劳动生产性，就正因为此，管理活动及教育活动也体现了劳动生产规律。

（一）劳动生产活动是管理活动以及教育活动的“母体”

人类是有意识的被造物，这种意识包含了生存与发展的意识，人类正是在这种意识的推动下寻求生命的奇迹，寻找诗意的栖息地。人类通过这种孜孜不倦的“寻找”将世界分化为带有人类社会烙印的“人在世界”和纯朴的不断缩小的“自在世界”。这种寻找活动就是劳动生产活动。因此，劳动创造了人类自身，也创造了一个日益扩张的“人在世界”。

首先，管理活动以及教育活动有着共同的劳动起源。原本的劳动生产活动是单一的、也是单调的，是低效率的也是缺乏分工的。随着人类社会以及科学技术的发展，劳动生产活动逐渐成为一种专门化的活动，同时也出现了分门别类的子活动，也就是劳动生产部门内部的分工。一部分人脱离于一线生产活动，成为了管理者，从事所谓的管理活动，而另一部分人成为了教育者，从事教育活动，他们成为人类社会最早的生产管理者以及教育者。因此，作为生产活动的“子活动”——管理活动以及教育活动脱胎于劳动生产活动这一“母体”。换而言之，无论是管理活动还是教育活动都有着相同的劳动起源。

其次，管理活动以及教育活动都以劳动生产为前提。如果没有劳动生产活动就没有人类社会，因为劳动创造了人类自身。管理活动是劳动生产活动发展到一定阶段的必然产物，没有劳动生产活动也就没有管理活动，管理活动是劳动生产活动顺利进行的策略技巧，管理活动依附于劳动生产活动。同时，教育起源于人类自身发展的需求，也就是传递劳动生产经验、生产劳动工具制作技术的需要，当然，教育的传播也依赖于各种生产技术的发达，可以说劳动生产的每一次的发展都为教育打开了新天地，劳动生产技术对教育的内容、形态产生了重大影响。如果没有劳动生产力的发达就没有现代教育的繁荣。因此，管理活动以及教育活动都以劳动生产为前提。

(二)管理活动及教育活动具有劳动生产性

首先，管理活动具有劳动生产性。劳动生产活动不论在哪个社会发展阶段，都关注人类社会自身生存与发展问题。从根本上来说，劳动产生首要解决的问题是人类的吃穿住行的基本物质生产需要。但是在不同的历史阶段，劳动生产的成果被不同的阶级的人所掌握。这就构成了劳动生产资料被不同阶级占有的现象，产生了剥削阶级和被剥削阶级。剥削阶级为了获得更多的利润，雇佣专职的管理人员对劳动生产进行管理，近代科学管理应运而生。有人认为，管理也是生产力。英国著名经济学家阿尔弗雷德·马歇尔(A. Marshall)把管理(组织)作为与土地、劳动、资本并列的第四大生产要素；[①]同时，美国管理学者斯蒂芬·罗宾斯也把“优秀管理者的技能”比作“稀缺的商品”，这都说明了管理具有创造生产力的作用，也就是管理是一种产生力。[②]

其次，教育活动的劳动生产性。为了适应工业社会发展对人才的需求，教育为社会培养了整齐、划一的“教育产品”，这些“教育产品”成为社会生产大机器的零件，共同维持着社会生产的运作，推动人类社会的发展。不论这种教育活动是多么的机械、单调，甚至充满“反人性”的色彩，但是它们都在一定程度上维持了人类社会的稳定与发展。另外，教育活动首先是劳动活动，同时，教育活动也是知识再产生的活动。

(三)管理活动、教育活动体现劳动生产规律

管理活动、教育活动拥有相同的劳动生产要素。管理活动的要素是管理

---

① 宋晶、郭凤侠：《管理学原理》，东北财经大学出版社 2004 年版，第 6 页。

② [美] 斯蒂芬·罗宾斯，黄卫伟等译：《管理学》(第四版)，中国人民大学出版社 1997 年版，第 15 页。

主体—管理者、管理客体—管理对象与管理环境、管理媒介—管理机制与管理方法。以上三类要素构成了整个管理体系。[①]

而对教育活动而言，一般认为构成教育活动的基本要素是：教育者与受教育者；教育内容与教育物资。[②]也有人认为，教育要素由教育者、受教育者以及教育中介构成，并进一步将教育中介划分为教育目的、教育内容、教育方法、教育手段、教育组织形式及教育环境等六个因素。[③]劳动生产的核心是生产力，其构成要素不外乎是劳动者、劳动对象、劳动资料（二者构成生产资料）[④]。

由表1-1可见，三者之间拥有相同的活动要素，无论是管理、教育活动还是劳动生产活动本质而言都是社会实践活动。同时，管理活动与教育活动都是社会生产活动的一部分，它们脱胎于社会生产劳动，本身就是一种劳动生产活动，同时又具有劳动生产性，从这个层面上说，劳动生产规律同样贯穿管理活动、教育活动的始终。

表1-1 管理活动、教育活动与劳动生产活动比较

管理活动	教育活动	劳动生产活动
管理主体：管理者	教育主体：教育者	劳动生产主体：劳动者
管理客体：受管理者、资源、组织与管理环境	教育客体：受教育者	劳动生产客体：劳动对象
管理媒介：管理机制与管理方法	教育中介：教育目的、教育内容、教育方法、教育手段、教育组织形式及教育环境	劳动中介：劳动资料（生产工具）或称劳动手段

三、管理活动、教育活动与教师编制

中职学校人员编制核定是现代学校劳动生产的起点问题，没有一定数量和质量的劳动力，现代学校生产就无法进行。同时，编制核定也是学校管理活动的重要环节，学校管理是以人为中心的资源的配置，如何配置资源必须要与人力资源以及组织设计相适应，编制核定更是教育活动持续的保证，没有一个与教育活动特点相匹配的编制方案，就无法调动教师的工作积极性。

---

① 单凤儒：《管理学基础》，高等教育出版社2008年版，第1—35页。

② 叶澜：《教育概论》，人民教育出版社1991年版，第11页。

③ 郑金洲：《教育通论》，华东师范大学出版社2000年版，第9—16页。

④ 李秀林、王于、李淮春：《辩证唯物主义和历史唯物主义原理》，中国人民大学出版社2004年版，第101—103页。

管理活动是沟通教育生产活动以及教育教学活动的桥梁和纽带，不同的管理思想为我们确定中职学校人员编制提供了思想源泉。

（一）中职学校人员编制核定是现代学校劳动生产的起点

“人事编制管理”是现代管理的重要组成部分，也是人力资源管理的基础性环节，是现代组织（机关、企业以及学校）结构设计的依据。如果把一切部门的活动都看成一种劳动生产活动，那么对于一个组织的人事编制进行核定是开展组织架构以及组织生产活动的前提或起点。同样，教师的教育教学活动是一种教育劳动，因此，现代学校的活动方式也是劳动，而中职学校人员编制核定是现代学校劳动生产的起点。如果没有一个科学的中职学校人员编制核定标准，现代学校劳动生产就无法顺利进行，也就无法为社会的生存和发展培养人才、创造知识财富。此外，如果没有一个可以依据的中职学校人员编制标准，学校管理就会陷入无序的混沌状态，会降低学校管理的效率，使得学校管理成为一种无能的管理。因此，必须制定科学、合理的中职学校人员编制标准。

（二）中职学校人员编制核定要体现生产力的本质属性

中职学校人员编制核定要体现现代学校劳动生产的特点，就要受制于劳动生产力的特点。中职学校人员编制核定是对人的生产力在劳动生产过程中的一种配置，其主要职责是通过管理活动将一定的劳动生产力分配到劳动生产各部门的合适岗位上，通过协调、控制、组织以及领导等使得劳动生产力得以发挥并改造世界。一般认为，劳动生产力具有属人性、客观性、社会性以及历史性等特点，因此，中职学校人员编制核定标准也应当体现上述特点。①

中职学校人员标准核定要体现属人性，就是要在教育生产活动过程之中考察中职学校人员编制核定标准，不能脱离学校教育活动，或者脱离教师劳动的实际过程确定一套标准。一个脱离教育生产实际活动的编制标准是没有生命力的。

中职学校人员标准核定要体现客观性，也就要用科学的方法和程序，对中职学校人员编制标准的影响因素进行客观分析，提炼影响的关键因素，并计算它们之间的数量关系，避免主观臆断。

中职学校人员编制核定要体现社会性，或说社会制约性。编制标准虽然

① 李秀林、王于、李淮春：《辩证唯物主义和历史唯物主义原理》，中国人民大学出版社2004年版，第103—104页。

是人类教育管理活动的精神产品，体现了一定教育管理思想，但是任何编制标准都要以经济社会发展的现实状况为限度，不能超越社会现实制约性，也就是既要体现教育管理者、教师个人的意志，但又不是随意地选择一种标准或模式。另外，要从社会群体的角度，既从学校组织机构的角度去考虑中职学校人员编制，又要满足教师个体的需求，也要满足学校组织的需求。

中职学校人员编制核定要体现历史性，是指人的需要是随着历史发展而不断发展的，我们在编制标准里要体现不断满足教育劳动者的新的需求，正如马克思所说“已经得到满足的第一个需要本身、满足需要的活动和已经在我们得到为满足需要而用的工具又引起新的需要”①。

(三)中职学校人员编制核定是管理活动

毫无疑问，中职学校人员编制核定标准制定是教育行政、人事编制、财政等部门按照相关法律法规的规定，并依据社会经济发展现实以及各级各类教育制度的特点，通过教育人事政策文件的形式对学校的组织机构数量、功能设计、人员数量、质量及其结构配置的一种干预活动。这种干预活动以实现各级各类学校的组织功能为目标，贯穿于计划、组织、指挥、协调和控制的全过程，是提高学校工作效率的重要手段。

第二节　中职学校人员编制核定的劳动经济学解读

与劳动相关的学科有劳动经济学、劳动社会学，上一节我们通过分析将教育活动看成一种生产劳动活动来认识与理解，这也是我们运用劳动学有关理论分析教师编制核定工作的起点。中职学校人员编制核定工作的开始必须对教师劳动的特点有充分的理解，要准确把握中等职业学校人员（主要是专任教师）工作的责任、内容与特点。本节主要根据劳动经济学的有关概念、结论对本研究所涉及的有关问题进行简要的分析，为后续研究作理论先导。

一、劳动概念及其分类

有人赞誉教师为人类灵魂的工程师，因为教师是传递和传播人类文明的专职人员，是学校教育职能的主要实施者、执行者，教师在青少年儿童社会化

---

① 李秀林、王于、李淮春：《辩证唯物主义和历史唯物主义原理》，中国人民大学出版社2004年版，第103—104页。

过程中扮演着“重要他人”。因此,教师的劳动、教师的素养,教师的培训,牵动着千家万户的心,关系着一个国家和民族的前途和命运。了解教师劳动的特点,有助于我们按照教师职业特点以及成长规律更好地制定科学的导向型政策。劳动通常是指能够对外输出劳动量或劳动价值的一种特殊形式的人类运动,劳动是人维持自我生存和自我发展的唯一手段,也是人之所以为人的标志。按照传统的劳动分类理论,劳动可分为脑力劳动和体力劳动两大类。一般认为,劳动是指发生在人与自然界之间的活动,是人的有意识的,通过有一定目的的自身活动来调整和控制自然界,使自然界发生物质变换,为人类的生活和自己的需要服务。随着人类劳动的发展,劳动的对象不仅仅是纯粹的自然界(第一自然),也包括第二自然,甚至第三自然。我们所赖以生存的生活空间可以划分为纯粹的自然界,可称为第一自然;人性化的自然界,可称为第二自然;网络所提供的区别于现实社会的“虚拟社会”,可称为第三自然。随着网络技术的发展,教师劳动的空间已经延伸至“虚拟空间”,这也是当前教育改革的热点,同时也是学校人员编制必须考虑到的教师劳动的新特点。

教师劳动的这种新特点不仅体现在劳动空间方面,也体现在劳动工具方面。我们知道,劳动必须与劳动工具相结合才能进行,工具成为人类身体的外延,最初的人类劳动主要体现在手与脚的外延上,这时的劳动工具是直观的,简单的,粗陋的。人类社会的进步使劳动工具的外延扩展到人类的头脑上来,产生了智能机器,部分甚至全部地替代人脑在工作。在中等职业学校教学过程中,一些需要教师演示的复杂动作技术,可以部分地由电子教学、虚拟现实等来代替,因此,可以减轻教师一部分工作压力、减少工作强度。

此外,劳动必须要有对象,一个人拿着工具作用于什么?这就有了劳动对象的需求。如果砍树,树就是劳动对象,如果铲地,地就是劳动对象,如果织布,则布就是劳动对象,以此类推。教师的劳动对象有两类,一类是人,就是学生;另一类是教学内容,包括课程标准、教材、教学资源等,教师不仅要把学生培养成为高素质劳动者,而且在这个劳动过程中还必须对课程标准进行理解,对教材进行解读、编写,并根据教学的需要制作、收集教学资源,这也是教师劳动的重要组成部分。劳动对象有时是原始的,有时是合成的,农业的劳动对象一般是原始的土地,工业及商业的劳动对象大部分是合成的,即把别人劳动成果当做劳动对象。中职学校教师的劳动对象是“别人的劳动成果”,甚至是别人自认为“不成功”的劳动成果。不可否认,进入中职学校学习的儿童大都是义务教育阶段的学业不良学生,甚至还有一些学生在品行、心理方面有发展性障碍,因此,中职教师所面对的劳动对象具有自身的特殊性,这一特殊性也构成了中职教师劳动的复杂性、艰巨性。按照传统的劳动分类理论，劳动可分为：脑力劳动和体力劳动两大类。因为人的内在存在主要矛盾即人的意识主体与生命本体间的矛盾。人的任何行为都是这对矛盾的外在化，都是他们的综合性结果。教师一般被认为是脑力劳动者，但同时更是体力劳动者，不少研究都表明很多中职教师都处于职业倦怠状态，身体与精力被严重耗竭。

二、教师劳动特点

教师劳动是教师、教学辅助人员、教育行政管理人员和总务后勤人员劳动总称。[①] 教师所从事的是一种复杂的脑力劳动，它既不同于物质生产劳动，也不同于一般的精神生产劳动。教师劳动的对象是身心正在发展成长中的、具有各自个性特点和年龄特点的儿童和青少年。教师劳动的手段是用自己的知识和才能、品德和智慧，在和劳动对象的共同活动中去影响他们。[②] 也有人认为，教师劳动是复杂劳动（复杂劳动——指具有一定技术专长的劳动，而获得这些技术专长和知识，需要经受专门的培养和训练，等于倍加或自乘的简单劳动）。[③]

对教师劳动的特点可以从不同角度进行分析，如教育的主体特征、教育对象特征、教育的任务特征、教师劳动过程特征、教师劳动效果特征等。[④] 关于教师劳动的特点，目前比较有代表性的观点有，创造性、复杂性、长期性、艰苦性、示范性（社会科学大辞典·教育学部分，1989）；复杂性、创造性、示范性、长期性、高压性（姚鹏，2007）[⑤]；也有人认为教师的劳动具有空间和时间的灵活性，教师劳动技能的艺术性；教师劳动具有艺术性，教师劳动需要集体协作性，教师劳动具有令人羡慕的优越性；等等[⑥]。有人总结了职业学校教师的特点，生产性（把职业院校教师的劳动纳入了劳动力再生产过程中，成为现代社会生产的重要部分）、职业性（教育的实质应该是职业的，职业教育反映着教育的一

---

① 范先佐：《教育经济学》，人民教育出版社1999年版，第319页。

② 刘继华、魏宏：《试论教师劳动的基本特点》，《四川教育学院学报》2011年第7期，第102—105页。

③ 韩丽亚：《量化教师劳动的盲区、误区和禁区》，《邢台学院学报》2006年第3期，第107—108页。

④ 范先佐：《教育经济学》，人民教育出版社1999年版，第321页。

⑤ 姚鹏：《浅析当代高校教师劳动的特点》，《教育探索》2007年第8期，第97页。

⑥ 王慧玲：《论教师劳动的特点及其对教师自身发展的意义》，《理论月刊》2004年第8期，第83—84页。

般规律)、社会性(职业教育从其本质来说就是社会性的,从其作用来看就是促进人的社会化),等等。这些特点都反映了教师劳动的独特性,在量化教师劳动的同时必须考虑这些特殊性。

教师劳动的特殊性在于其劳动对象的特殊性,在于其从事教育活动对于其他社会生产活动的特殊性。教师劳动具有独特的创造性,比一般劳动的创造性更加灵活。王道俊、王汉澜认为,"教师劳动的创造性之所以具有更大的灵活性,主要是由教育对象的特殊性和教育情景的复杂性所决定的。教师劳动的对象既不是死的自然材料,也不是没有意识的动物或植物,而是具有各种独特品质的社会成员"①,"这种创造性主要并不在于对未知领域的探索和发现,而在于创造性地运用教育、教学规律,在复杂多变的教育情景中塑造发展中的人"②。正因为教师劳动的这个特点,陆有铨认为教育是农业式的活动,而不是工业活动旨在按照人的目的,利用物的本性改变物,所以不能将教师劳动理解为一般物质资料生产的劳动。③ 同时,教师劳动还具有空间广延性和时间延续性等特点。"教师劳动不可能像工人那样,一关电门便可中断生产过程,一到点就可以交接班","教师的劳动时间,没有上下班的严格界限,也没有校内外的明确划分",应该给教师劳动一定的时间和空间的自由,不能严格地按照工业管理的模式来管理学校,管理教师。教师的工作要有足够的自由和弹性。我们已经分析过,教师劳动的对象分为两个层次,包括作为学生的人和作为教育中介的教学内容,这是中等职业学校人员编制标准研制必须着重考虑的两大影响因素,学生的组合(班级规模)、教学内容的组织(教学模式)、教学内容的性质(专业课、实训课、基础课)等都是在教师劳动对象的基础上发展起来的。

三、教师劳动的内容与标准

简而言之,教师劳动的内容就是教书育人,但是无论是教书还是育人都是极其复杂的活动。教师的义务是指法律规定的教师依法承担的与其职业职务相关联的责任。我国的《教师法》明确提出"教师是履行教育教学职责的专业人员,承担教书育人,培养社会主义事业建设者和接班人、提高民族素质的使命。教师应当忠诚于人民的教育事业",从法律的角度确认了教师职业的专门

---

①② 王道俊,王汉澜:《教育学》(新编本),人民教育出版社 1998 年版,第 552 页。

③ 陆有铨:《教育是合作的艺术》,《教育是农业式的活动》,北京大学出版社 2012 年版,第 3—4 页。

性。《教师法》还规定了教师的权利和义务。在教师权利方面，《教师法》规定：教师享有下列权利：①进行教育教学活动，开展教育教学改革和实验；②从事科学研究、学术交流，参加专业的学术团体，在学术活动中充分发表意见；③指导学生的学习和发展，评定学生的品行和学业成绩；④按时获取工资报酬，享受国家规定的福利待遇以及寒暑假期的带薪休假；⑤对学校教育教学、管理工作和教育行政部门的工作提出意见和建议，通过教职工代表大会或者其他形式，参与学校的民主管理；⑥参加进修或者其他方式的培训。因此，在教师编制标准制定过程中，必须以满足《教师法》的权利为目标，充分保障教师能够享受应有的法律赋予的权利。

除了享受《教师法》规定的教师权利之外，教师劳动的内容还表现在教师义务上：①遵守宪法、法律和职业道德，为人师表；②贯彻国家的教育方针，遵守规章制度，执行学校的教学计划，履行教师聘约，完成教育教学工作任务；③对学生进行宪法所确定的基本原则的教育和爱国主义、民族团结的教育，法制教育以及思想品德、文化、科学技术教育，组织、带领学生开展有益的社会活动；④关心、爱护全体学生，尊重学生人格，促进学生在品德、智力、体质等方面全面发展；⑤制止有害于学生的行为或者其他侵犯学生合法权益的行为，批评和抵制有害于学生健康成长的现象；⑥不断提高思想政治觉悟和教育教学业务水平。

教师作为一种专业，其专业标准是有具体质的规定的。教育部研究制订了《中等职业学校教师专业标准(试行)》(征求意见稿)对教师的专业标准做出了要求，该意见指出“中等职业学校教师是履行职业教育工作职责的专业人员，要经过系统的培养与培训，具有良好的职业道德，掌握系统的专业知识和专业技能，专业课教师和实习指导教师要具有企事业单位工作经历或实践经验并达到一定的职业技能水平。”《专业标准》作为中等职业学校教师队伍建设的基本依据，对于中等职业学校教师准入标准、聘任(聘用)、考核、退出等管理制度，保障教师合法权益，形成科学有效的中等职业学校教师队伍管理和督导机制方面会产生积极作用，同时也是中等职业学校教师人员编制标准的依据。

四、教师劳动投入量的计算

(一)专任教师的劳动时间

在劳动投入量中，在某一点受雇劳动者的人数是存量，一定时间内的总劳动时间是流量。劳动时间又称工作时间，20 世纪 90 年代初就有调查表明“教师劳动时间超过国家法定工作日”。这一调查提出了两个问题：一是国家对教师的决定工作日与计算教师工作量的内容和定额出入较大；二是工作量制度不能真正地反映教师劳动数量和特点，教师劳动成为了一种超时间的劳动。[①] 就今天看来，这种局面还没有得到根本性的好转，关于教师职业倦怠、工作压力的调查说明了这一点。那么如何计算教师劳动量呢？必须依据《教师法》、《职业教育法》、《劳动法》的有关规定，遵循教师劳动的特点与规律，从教师的职业保障的角度，计算教师劳动量。一般认为教师工作量的计算受到班级大小（班额）、工作时数等因子的影响，但是由于教师劳动的复杂性，教师除了课堂教学外，当要求教师参与、承担课外活动时，课外活动等不应该构成教师的额外负担，也不得妨碍教师履行教育教学这一主要职责。有学者指出，“尤其当教师于课堂教学之外被额外赋予特别职责时，应依比例折抵其原正常的工作时数，而且应提供时间供教师参加在职进修计划”[②]，联合国教科文组织《关于教师地位的建议》中建议：

教师每日的工作时数，应由教育行政当局或学校与教师组织先行磋商后确定。而在设定教师工作时数时，下列有关因素均应考虑在内：

· 教师每周、每日教授的学生人数总额。

· 为充分备课及教学评估预留的时间。

· 每日预定的教学科目分量。

· 参与研究，或课程、课外活动及在教学督导，辅导学生等方面花费时间的需求。

· 意欲向教师提供的与家长沟通所需的时间。[③]

劳动经济学中，劳动时间指的是劳动者从事有酬社会劳动所花费的时间。在劳动时间内，劳动者支出劳动力，进行物质和精神生产活动，而在非劳动时间，劳动者以多种方式恢复和再生产自己的劳动，但是由于教师劳动在时空上的延续性，这种劳动时间与非劳动时间之间的界限往往是模糊的。在一般劳动经济学中，劳动时间的计量单位一般为工日和工时。一般认为，以工时计算劳动时间更为精确，因为工日不仅包括实际从事本职工作的时间，还包括未从

---

① 易宗喜：《对我国中小学教师劳动负担与效率的调查分析》，《教育与经济》1990 年第 2 期，第 37 页。

②③ 申素平：《教育法学：原理、规范与应用》，教育科学出版社 2009 年版，第 225 页。

事本职工作的时间和非全日缺勤时间。[①]

“加班加点”是中职学校中生产的一种普遍现象，这是一种超时劳动的表现，是在法定劳动时间以外继续劳动。如果教师编制紧张或有编不用，或者将教师的法定劳动时间规定得过高都会导致超时劳动的出现。因此，在研究过程中要十分注重对教师超时劳动的内容、特点进行分析，在相应法律法规的框架内，有效减轻教师劳动强度。

（二）兼职教师的劳动时间

在教师劳动量的问题上，还需要考虑的是兼职教师的劳动量以及劳动时间如何计算的问题。兼职教师对于改善中职教师队伍结构的重要性毋庸赘述，从劳动经济学的观点看，兼职教师的劳动属于兼职劳动或者兼职工作。兼职工作与超时工作是不同的，所谓超时工作是在第一职业的制度工作时间之外，在同一地点为同一个单位提供额外的劳动，而兼职工作是在第一职业之外寻找其他的工作或者被聘请从事其他工作。从事兼职工作必然要牺牲大量闲暇时间，应该给予一定的物质报酬和精神补偿。当其他条件保持不变之时，从事第二职业的工资率越低、第一职业的工资率越高——劳动收入越高，则人们乐意提供的劳动时间供给数量就越少。[②] 因此，必须为兼职教师留足一定的“编制数”。当然，兼职教师的解决光靠编制还不够，还可以通过职业教育集团化办学等模式给予解决。

五、体面劳动与教师劳动报酬

第 87 届国际劳工大会上，胡安·索马维亚向大会作了题为《体面的劳动》（*Decent Work*）的主旨报告，在此报告中首次提出了“体面的劳动”的概念[③]。从此体面劳动便在各国出现，并据此有了各种研究。中国劳动保障报 2003 年 9 月 2 日报道的《国际劳工局关于体面工作的概念及其量化指标》[④]一文又为体面劳动的具体化做出了概念性阐述与其指标的具体说明。体面劳动作为一

---

① 杨河清、王守志：《劳动经济学》（第三版），中国人民大学出版社 2002 年版，第 124—132 页。

② 杨河清、王守志：《劳动经济学》（第三版），中国人民大学出版社 2002 年版，第 136—137 页。

③ 《体面劳动的由来与内涵》，《中国职工教育》2010 年第 8 期，第 13 页。

④ 张国庆：《国际劳工局关于体面工作的概念及其量化指标》，《中国劳动保障报》2003 年 9 月 2 日。

个比较新的概念出现是必然的,虽然在经济危机下体面劳动的发展缓慢。体面劳动是对国家或者地区衡量的指标,但是人人都渴望有一份体面的工作,在工作中能有体面感。体面感的概念总而言之,就是要有平等的工作机会,并且自由公平安全有尊严地工作,还要有劳动保障,培训机会;对于工作而言,还要高产出高回报。在未来,这就是一个国家发展水平的标志之一。教师职业是神圣的,也应该是体面的;编制标准应该为教师从事体面劳动,实现教师自我价值、社会价值提供政策保障。中等职业学校教师人员编制要促进教师经济待遇,有人认为在市场经济条件下,教师是否愿意从事教育事业,取决于从事教育事业和付出教育劳动所取得的报酬水平,进而提出了教师的收入水平应该与所投入的人力资本相符合,教师收入水平应与所付出的劳动相符合,教师的收入水平应实际上高于其他行业职业的收入水平等三条原则。①《教师法》也对教育待遇做规定,待遇好坏以及是否兑现也是人们考量工作是否体面的标准之一,应该不断提升教师的经济地位。

第三节　中职学校人员编制标准核定的管理学解读

职业教育管理是一个庞杂的范畴,包括了教育活动的组织、计划、协调、领导、控制等多个方面,涉及中央政府、地方政府、教育行政主管部门、学校、年级、教研组、班级等多个群体,也包括教学、课程、教师、人事、行政、德育、共青团少先队、后勤等多个方面。其中,教师管理是现代教育管理的重要内容,而学校人员编制工作是教师人事管理、教育行政管理的中心环节,是政府对本国、本地区师资队伍管理和干预的重要途径。从管理学原理的角度分析中职学校人员编制标准核定问题是合适的,我们可以更加清晰地把不同取向的管理理论与技术对本研究的启示,形成我们自己的职业教育管理思想,并体现在中职学校人员编制标准的制定过程中。

一、不同管理学流派的启示

中职学校人员编制标准核定是一种教育管理活动,既是行政部门对教育活动过程进行控制与干预的手段、策略,同时也是教育活动内部进行资源配置的一种依据。因此,中职学校人员编制标准的核定无论对于教育外部的教育

① 范先佐:《教育经济学》,人民教育出版社1999年版,第343—348页。

管理活动,还是教育内部的教育管理活动,都具有调节控制的价值。作为一种管理活动,教育管理活动历来受到重视,人们不断从劳动生产管理实践以及各种管理思想中汲取营养,但是由于对人性的假设的不同,又形成了不同的管理学流派,各种流派的思想都对工业生产管理以及教育管理产生了重大影响,当代管理思想的一大特点是从科学走向人本,并出现了科学管理与人本管理融合的趋势。

(一)早期管理思想及启示

随着资本主义工厂制度的发展,越来越多的现实管理问题的涌现,对管理实践以及管理学术研究提出了新的要求,西欧早期的管理思想家为了解决工业革命所带来的管理难题,从不同的假设以及角度对管理实践进行了研究,提出了各自的管理思想,比如詹姆斯·斯图亚特提出了"劳动分工",并提出了"工作分析法研究";又如亚当·斯密提出了"经济人"观点,系统地阐述了劳动价值论和劳动分工论;再如,罗伯特·欧文提出了人事管理理论,被称为现代人事管理的创始人;还有,如查尔斯·巴贝奇进一步发展了亚当·斯密的劳动分工理论,并做了大量研究,提出了很多建设性意见,为古典管理思想的产生奠定了思想基础。[①]

这些对我们的启示是,早期的管理思想尽管不系统,而且有些还是针对资本主义工厂管理现实而提出的,但是它们孕育了现代科学管理的种子,比如"劳动分工",是我们核定编制标准需要考虑的因素,要对中职学校人员的劳动进行分工,确定不同中职学校人员劳动的实际内容,换言之要对中职学校人员本身进行分类。此外,还要通过"工作分析法"研究不同劳动分工的工作内容、工作时间、工作条件以及工作强度。

(二)科学管理思想及启示

1. 泰勒制

科学管理思想是由美国著名管理实践家、管理学家、科学管理之父泰勒提出的。弗雷德里克·温斯顿·泰勒(Frederick W. Taylor)的古典管理思想让人们认识到管理是一门建立在明确的法规、条文和原则之上的科学,它适用于人类社会的各种集团式活动的各个环节,通过对群体活动中最简单的个人行为的协调、控制,直到组织结构严密的大型剧团组织的各种业务活动。泰勒的科学管理思想又被称为"泰勒制"。

① 宋晶、郭凤侠:《管理学原理》,东北财经大学出版社 2004 年版,第 27—29 页。

泰勒制的中心议题是提高劳动生产率,泰勒认为提高劳动生产率需要挑选和培训“第一流的工人”[①]。此外,要使得工人掌握标准化的操作方法,使用标准化的工具、机器和材料,在标准化的工作环境中操作。同时,要采用刺激性的工资报酬制度激励工人努力工作。泰勒还提倡劳资双方合作,共同致力于提高劳动生产率等。[②] 泰勒制对我们的启示:

第一,把提高学校生产效率作为中职学校人员编制核定标准制定的目标之一。学校生产与工厂生产不同,学校的主要功能是育人,但是教育教学质量是学校生产效率的标准,换言之,提高学校生产效率也就是提高学校教育教学质量。第二,通过工时研究与劳动方法的标准化,对教育教学的一般过程进行标准化。通过对教师的教学活动、使用的教学工具、教学媒介,劳动和休息的时间,以及教学设备的使用安排和教学环境进行科学分析,科学制定教师的工作定额(工作量)。中等职业学校教师劳动过程有着自身的显著特点,而且专业与专业之间,地区与地区之间还存在较大差异,要认真进行研究,找出共同点,并对中等职业学校教师工作过程进行标准化。第三,配套修改和制定好中职特色教师资格证书制度。科学挑选和培训教师,将“第一流的教师”吸收进教师队伍,否则光靠编制标准而没有相应的教师选拔标准以及工资标准也无法实现学校管理功能目标。2000 年 9 月 23 日教育部颁布了《教师资格条例实施办法》,开始在全国全面实施教师资格证书制度,但是这个制度还是一个“准入”制度、“起点”制度,对中等职业教育学而言,还未能体现其特色。

2. 科层制[③]

科层制又叫官僚制,是德国著名的社会学家马克斯·韦伯提出的“理想的行政组织体系”,这是一种高结构、正式的、非人格化的组织体系。韦伯认为早期的组织管理多依靠个人的权威,而科层制是以理性的、正式化的制度规范为权威中心而实施的一种管理方法,其实质是以科学确定的、“法定”的制度规范为组织协调行为的基本约束机制。科层制的特点有:①组织机构是根据明文规定的制度组成的,并有确定的目标;②为了实现目标,在劳动分工的基础上,明文规定每个人的权利和义务,并以制度化的形式确定下来;③按照不同的职权大小,确定不同职位在组织体系中的地位,形成制度化的有序等级系统;④明文规定不同职位特性以及对职位胜任者的要求,根据教育培训经历、专业

---

① 所谓一流的工人是指适合某种工作并且愿意努力工作的个人。

② 王利平:《管理学原理》,中国人民大学出版社 2006 年版,第 5 页。

③ 单凤儒:《管理学基础》,高等教育出版社 2008 年版,第 39 页。

技术资格选拔胜任者。

在典型的科层制中，存在一个具有连续按照规则或程序来行使正式职能的组织，它将实现组织目标所需要的全部活动分解为各种具体的任务，再将这些任务分配给组织中的各个职位及其胜任者，进而形成了一个职权明确、层层控制的指挥体系。在这个制度里有明文规定的管理人员的固定薪酬和升迁制度。科层制对我们的启示：

第一，中职学校人员编制标准要处理好二元权威结构的关系。如果教育系统是一个科层结构，那么“在学校组织中，我们可以看到这种科层制的特征”。[①] 但是“就学校组织的基本性质而言，除了它所包含的科层制组织特征一面外，实际上还有许多方面离典型的科层制组织尚有距离”[②]，由于教育活动本身的复杂性，学校教育人员，尤其是专任教师对各自的教育教学领域有着较大的自主权，与领导之间也保持着相对的独立性，有人称学校为专业科层制(professional bureaucracy)组织。[③] 因此，在组织结构设置时，要注意行政组织与学术组织之间的关系，要注重发挥学术组织在学校正常运作过程中的作用。第二，中职学校人员编制核定标准要明确中职学校人员劳动分工。劳动分工是确保科层组织运转的基础，尽管劳动分工存在导致教师职业倦怠以及部门本位主义的负效应，但是劳动分工是对中职学校人员进行科学管理的方法，并以此提高工作效率。要对中职学校人员按照其专业、职位进行合理分工，明确不同职位人员的工作职责、权利和义务。第三，中职学校员工编制核定标准要与专业技术职务聘任制度配套。专业技术职务聘任制主要在事业单位，如学校、医院、研究所、新闻单位等实行(企业、机关也参照执行)，凡具有大、中专以上学历以及确定有真才实学、成绩突出的人员，按照一定手续申报，经审核批准后，即被聘任为某种专业技术职务。[④] 2000年我国第一部职业分类大典《中华人民共和国职业分类大典》首次将我国职业归并为八大类，教师属于“专业技术人员”一类。显然，目前的专业技术职务聘任制度已经不适应当前中等职业教育的发展，中等职业教育的特点对教师提出了专业能力多样化的要求，要落实中职学校人员编制，必须有相应配套的中等职业学校人员专业技术职务聘任制度。

---

① 范国睿:《学校管理的理论与实务》，华东师范大学出版社2003年版，第79页。

② 吴志宏:《教育行政学》，人民教育出版社2000年版，第99页。

③ 吴志宏:《教育行政学》，人民教育出版社2000年版，第99—100页。

④ 姚裕群:《职业生涯规划与发展》，首都经济贸易大学出版社2007年版，第57—58页。

(三)行为科学学派

行为科学学派又称为“人际关系行为学派”,最早可以追溯到梅奥的人际关系理论,其主要代表人物是马斯洛(A. Maslow)、赫茨伯格(F. Herzberg)等。行为科学流派注重人在组织中关键作用,主张调动员工的积极性,改进工作设计,把员工对其所从事的工作的满意作为最有效的激励因素,提倡民主参与管理,为每个人设置一个经过努力可以到达的目标。行为科学学派对我们的启示:

第一,重视中职学校人员编制标准对人的激励作用。中职学校人员编制标准要注重对中等职业学校、中等职业学校教师的激励作用,要制定一个让绝大多数教师能够满意的标准,并让每一个努力的教师都能达到自身的工作责任,并能有所创造。要制定一个公平的编制,让行政人员、教学人员、教学辅助人员以及工勤人员感到编制标准能够依据劳动分工合理地进行评价,进而作为报酬的依据,激励不同岗位人员认真履行职责,爱岗敬业。第二,重视中等职业学校教师个体的体验感受。教师的劳动时间长短、劳动强度大小是中职学校人员编制标准在教师个体身上的直观体现,如何为教师减负,使得教师不至于因为工作压力过大而导致职业倦怠,是编制标准制定过程中要考虑的问题。一周上几节课更合理?不同类型课程的工作量如何计算?如何处理教师非教学工作量与教学工作量的等效问题?这些问题虽然看起来与编制标准没有直接关系,因为编制标准不直接涉及这些内容。但是,这些问题却在受到编制标准的影响。在这个问题上应该重视中等职业学校教师个体对现行编制标准优劣的主观感受与评价,制定一个能够调动教师积极性的人性标准。

(四)经验学派

经验学派的主要特点是注重理论与实践相结合,主张从管理实践者的经验来研究管理,要重点分析成功管理实践者的管理经验,并通过抽象概括加以系统化、理论化。同时,他们也研究管理失败的经验,目的是为了建立一套完整的管理理论与技术体系。经验学派对我们的启示:

第一,关注不同地区、不同学校执行编制标准的经验得失。我国尚未有统一的中等职业学校人员编制标准,一些省市参照中小学中职学校人员标准,一些地区根据本地区实际制定了中等职业学校教师标准或中职学校人员编制标准。各地区在执行不同标准过程中,有着不同的经验得失,要注重对这些经验得失的整理与分析,通过对编制标准执行的实践研究来制定新一轮标准编制的原则。第二,重视人事编制部门、教育行政部门、财政部门、学校的实际经验。教育事业是全员事业，涉及教育行政主体、教育理论主体以及教育实践主体。编制问题是一个理论问题，更是一个实践问题，要注重听取行政部门的意见建议。因为他们有着中职学校人员编制管理的经验，他们更能从经济社会发展全局考虑中职学校人员的配备，同时要注意听取学校的意见建议，学校是办学的主体，也是人才的实际使用者，因此，他们对于人力资源配置的可行性以及科学性有着更多的发言权。

（五）权变管理理论及启示

权变管理理论形成于20世纪70年代，是一个影响深远的管理学流派，这个流派认为管理的内外部环境不断变化，单靠系统管理，采用通用模式是难以奏效的。他们认为管理模式不是一成不变的，要适应不断变化的环境而有所变革，要根据组织的实际情况来选择最适宜的管理模式，也就是说没有一种方法或理论适用于所有的情况。因此，管理者应该根据不同的情境以及变量采取不同的行动和方法。换言之，管理方法或思想是组织内外部的函数。权变管理理论对我们的启示：

第一，进行大量的、全面的调查和研究。我国职业教育发展的环境是复杂多变的，地区与地区之间、学校与学校之间，不同专业之间存在较大差异，要通过中职学校人员编制实现职业学校的功能，促进职业教育又好又快发展，必须对中等职业学校编制核定工作的现状、困难等进行大量的、全面的调查研究，了解各种实际环境条件。第二，将中职学校人员编制标准纳入当前社会发展大背景。中职学校人员编制标准核定是教育人事管理的手段，必须适应不断变化的客观环境，当前我国处于社会转型以及产业结构升级的大发展时期，职业教育必须顺应这一变化的现实，调整专业布局，优化师资队伍，为产业发展以及社会经济进步培养中高等技能型人才，中等职业教育也面临新的转型与升级。因此，中职学校人员编制标准也应该配合职业教育这种转型与升级[①]。

（六）管理科学学派

管理科学学派又称数理学派，是科学管理思想的继续和发展。和经验学派不同，他们反对凭借经验或直觉进行管理，要求减少管理的艺术性，他们着重量化分析研究，强调运筹学、系统工程、电子计算机技术等理论与手段的运用，强调应用数学工具和数学模型解决管理决策问题，目的是使得管理决策科学化以及精确化。管理科学学派对我们的启示：

---

① 单凤儒：《管理学基础》，高等教育出版社2008年版，第46—47页。

第一,中职学校人员编制标准既是管理问题又是数学问题。毫无疑问,中职学校人员编制标准核定是管理问题,涉及教育管理、人事管理以及人力资源管理,甚至还涉及教师资格证书管理以及教师专业技术职务管理等问题。同时,从管理科学学派角度看,中职学校人员编制标准问题还是一个数学问题,因为它涉及了各种因素之间的数量关系,还与社会经济发展等诸因素(财政收入、教师规模、学生规模、学校规模)之间存在数量关系,所以,中职学校人员编制标准问题又是数学问题。第二,运用数学工具和数学模型解决中职学校人员编制标准制定问题。中职学校人员编制标准制定既需要考虑现实实践的因素,体现了一定的经验性,同时它又涉及用人管理,也在一定程度上体现了教育管理者的管理艺术性。但是要提高标准的科学性,必须运用数理知识与技术将标准制定问题转换为数学问题,进而运用相关学科知识以及工具进行科学分析、计算,寻求编制标准与相关因素的数量关系。

二、中职人员编制标准核定的管理实务

(一)准确把握中等职业学校人员编制问题的环境

我们必须考虑环境的变化程度和复杂程度对中等职业学校人员编制标准制定及管理工作带来的不确定性影响。

系统理论认为系统有两种基本类型,一类是封闭系统(closed systems),另一类是开放系统(open systems)。前者既不受环境影响也不与环境发生相互作用,后者与环境之间是动态互动的。从系统理论的角度看,学校组织是一个开放系统,学校与外部环境之间会进行物质与能量的交换,主要体现在,社会向学校输入各种物资资源、财政资源、人力资源等,学校系统向社会输出"教育产品"。

一般认为,组织所面对的外部环境是由多种因素构成的,根据对组织的影响方式(直接影响或间接影响)和影响力的大小分为两类,一类是一般环境(general environment),另一类是具体环境(specific environment)。也有人认为对学校产生影响的社会子系统可以分为两个层面:一是直接影响层,包括政府及教育行政部门、社会教育机构、其他社会服务部门、社区与环境、家庭以及其他学校;二是间接影响层,如全球化国际化的政治经济发展趋势、政治体制与重大政治活动、经济体制与经济发展水平、科学技术的发展水平与应用水平、当时当地的文化发展水平、社会氛围与社会环境、信息技术与网络技术的

应用、人口数量与质量，等等。[①]

总而言之，对于职业学校管理，尤其是对于职业学校教师人力资源管理、中等职业学校人员编制管理而言，主要涉及以下环境要素：

政治环境。我国的职业教育越来越受到党和国家的重视，国家专门颁布了《职业教育法》，召开全国职业教育工作会议，对职业教育投入资金，认为职业教育是振兴经济，提高国民素质的重要途径，同时重视建立高水平职业学校教师队伍。地方政府也重视中等职业教育发展，也充分认识到中等职业教育重要性、特殊性，纷纷制定各种政策措施保障职业教育健康发展。

社会环境。社会环境包括的内容繁多，对编制有影响的不外乎是价值观念以及人口规模。价值观念，我们主要指社会主流的教育价值理念。随着人们对职业教育的重视，人们越来越感受到职业教育对于国家经济社会进步的价值，也更加能够认同职业教育的特殊性，认为职业教育要更加注重学生实践动手能力的培养。这反映在教学课程设计上，就必须体现"项目课程"、"工作系统过程"、"校企合作"等理念与方法，这就要求编制标准能够体现上述价值观念。此外，编制标准还要考虑当地人口规模尤其是职业教育人口规模的因素。

经济环境。中等职业教育发展要考虑宏观与微观经济环境的影响。宏观经济环境包括国民生产总值在内的反映国民经济发展水平和发展速度的指标，微观环境主要指居民消费能力以及可支配收入。职业教育是与经济关系最紧密的教育类型，中等职业学校编制标准要考虑职业教育对宏、微观经济环境的适应，主要体现在两个方面，一是编制标准要与经济发展相适应，也就是要与教育投入相适应，不能超出教育投资的承受力；二是中等职业学校专业布局、学校布局也与当地经济社会发展以及需求相适应，不能超前也不能滞后。

技术环境。这里主要考虑两个方面的问题，一是技术环境对中等职业教育专业结构的影响，二是技术环境对中等职业教育教学效率的影响。对前者而言，技术发展会影响中等职业学校专业结构以及内容，进而会影响学校设备以及各类人员的增减、调整，编制标准必要考虑这种动态性因素。对后者而言，随着信息技术的发达，各种教育信息技术的出现，对教学班级的组织、教学模式也会产生影响，比如虚拟现实技术在教育中的运用，可以使得学生可以在各种虚拟环境下进行实践实训，提高了教学效果的同时，提高了教学效率。

开展中等职业学校人员编制标准制定必须对我国职业教育发展的大环境

① 范国睿：《学校管理的理论与实务》，华东师范大学出版社 2003 年版，第 83—84 页。

进行分析,因为一个组织总是存在于一定的政治、社会、经济、技术环境之中,它对组织的生存和发展具有至关重要的影响。只有准确地把握了中职学校人员编制管理所面临的环境特点,通过对环境的分析,可以把握和预测环境及其发展变化对编制管理问题的影响趋势和规律。

(二)合理确定中等职业学校人员编制管理的目标

管理活动是目标导向的,没有管理的目标,就不可能对组织作出科学设计,也无法将合适的人分配到合适的职位,因此,目标的厘定对于组织的生存发展至关重要。目标意味着风向标,没有目标的指引,管理将陷入混乱。编制管理是人事管理的重要组成部分,应该明确其管理的目标是什么?进一步说,要明确制定统一的、专门的中等职业学校人员编制标准的目的是什么。

(1)要明确编制核定的总目标。我们不得不承认,不同利益主体的目的呈现不一致性,编制制定过程中会涉及多个利益主体,如政府部门、教育行政部门、人事编制部门、财政部门以及学校,他们对于编制标准制定及其管理有着各自的观念,他们从不同的角度选取影响因素、考虑标准的设定,他们之间形成了一种互相联系而又互相制约的网络型关系。换言之,不同的利益主体对于编制标准及管理有着各自的管理目的。正因为如此,我们必须统一不同部门之间的思想,把编制标准制定及其管理摆在"振兴职业教育大发展"的要求上来,任何背离这个总目标的做法都是不可取的。

(2)编制管理目标具有层次性。上述分析可以得知,编制管理的总目标或者战略目标是振兴职业教育大发展。但是,在实现这个总目标的过程中,由于制定了具有中等职业教育特色的学校人员编制标准,还可以实现以下不同层次的目标,包括具有职业教育特色的学校内部组织机构的设置,调动了职业教育的生命活力,畅通了职业学校内部的管理机制,极大激发了教师参与具有职业教育特色的课程改革、教学模式创新等。同时,通过创新兼职教师、校企合作渠道,提升了教育教学质量,培养了学生的职业学习兴趣,最终为社会培养合格的职业类、技能型人才。从另外一个角度看,编制管理的层次性还体现在,在相对稳定的一段时期内,中等职业学校教师规模、质量、结构达到一定比例。

可见编制管理的目标具有层次性,既要促进学校管理也要促进学习教学,进而促进学生就业毕业。换言之,也就是"编制管理以实现和满足中等职业学校功能为目标"或者说"编制管理促进中职学校特色化发展、规律性成长的需要"。

(3)要注意编制管理目标的时间性。目标是一定时期内达到的预期成果,任何目标都具有时间性。从另外一个角度看,管理目标的时间性正是由于管理环境的不断变化所引起的。要根据社会经济发展以及中等职业教育发展的现实,对编制核定标准进行检查,体现编制管理的动态性原则。

(4)要体现编制管理目标的可考核性。编制标准最终要通过学校来实现,都要对编制管理进行考核,包含两个方面的层次,一是对中等职业学校人员编制标准实施后的绩效进行评价;二是对各级政府、中等职业学校贯彻落实编制标准的情况进行考核。要使得目标具有可考核性,最简单的方法就是要使标准定量化。

总而言之,开展中等职业学校人员编制标准制定工作主要涉及两类目标:一类是作为国家调节、控制、协调、领导中等职业教育事业的总目标,即振兴职业教育发展及其衍生目标,主要是宏观或中观的价值目标;一类是作为对中等职业学校人员编制标准核定过程进行监控、评价、控制以期保障编制标准具体落实的工作目标,或者说是一种"纠偏"的目标。

三、中等职业学校组织结构的科学设计

组织结构是指组织内部分工协作的基本形式或框架。要实现中等职业学校功能发挥以及正常运作就必须在学校内部进行分工与协作。分工与协作的形式是多样化的,组织结构是最基本的一种。

组织结构设计在这里有两层含义:一是作为实现中等职业学校功能发挥的学校内部协调与分工设计;一是作为中等职业学校人员编制标准制定的重要内容。任何组织要实现其组织目标、发挥其组织功能,就必须依据组织目标对组织结构进行设计、架构,这是任何组织赖以生存和发展必不可少的环节。但是,组织结构设计的基本单元是"部门","部门数"的多寡在某种程度上影响着机构运作的速度以及成员数。因此,组织结构的设计与编制数有着互为影响的关系。尤其对于中等职业学校而言,其职业教育特性使其与一般学校组织有着截然不同的管理目标,因此在组织结构设计方面也要十分慎重,要体现功能发挥的实际需求。

无论是作为编制标准制定工作的重要内容,还是作为中职学校组织内部结构的分工,组织结构设计都要遵循一定原则与方法。

(一)中等职业学校组织结构设计原则

(1)目标导向原则。目标导向原则是中等职业学校组织结构设计的总原则,或称第一原则。这里主要涉及两个大目标:一是我国中等职业教育要实现的目标是什么?二是我国中等职业技术学校要实现的目标是什么?前者是宏观目标,要认真学习党和国家领导人关于中等职业教育办学的指示,要认真钻

研有关中等职业教育发展的政策文件,同时要注意吸收借鉴国外中等职业教育发展经验,思想上要进一步明确我国中等职业教育发展的宏观总目标,编制标准以及组织结构设计要始终服务与围绕总目标的实现;对后者而言,就是要明确中等职业教育办学主体的学校应该肩负起何种职责,设置哪些“部门”可以完成时代交给的职责和使命,同时,不同地区以及不同类型的中职学校还要实现自身特色化发展,要完成各自的战略规划“目标”。

(2)分工协作原则。这里是指要合理区分基本职能与辅助职能的关系。组织结构设计就是要达到分工协作,而分工协作是现代管理的特点,也是现代社会发展的特征,也就是从同质的机械社会走向异质的有机社会的标准。为实现中等职业学校的各种目标(宏观、中观或微观),学校必须通过完成一系列工作或任务,如开展专业设置、招生、课程标准、教学计划以及开展课内外教学、学生思想政治教育以及毕业分配等基本工作,这些基本工作就是一所中等职业学校的基本职能,只有完成这些任务,中职学校才能在实现学校自身目标的同时使得中等职业教育发展的目标达成,并履行中等职业学校的社会责任。这些基本职能的顺利完成,离不开辅助职能的配合,比如完成学校安全保卫、学校财务、后勤服务等工作,所以对于任何组织而言,组织结构设计都要考虑基本职能与辅助职能的分工协调。换言之,如果教学部门是学校基本职能部门的话,那么教学辅助职能部门以及后勤辅助部门也是必不可少的。

(3)精简高效原则。这既是开展中等职业学校人员编制标准制定工作本身要遵循的原则,也是进行中等职业学校组织结构设计必要设计的原则。中等职业学校的目标决定了它需要哪些机构维持自身的正常运作和发展,因此,必须遵循“按需设置”的要求进行科学合理的组织结构设计。比如,近些年,一些中等职业学校非常重视职业教育科研工作,设置了一些科研部门,我们认为这完全没有必要,中等职业学校的科研主要还是教学型科研,完全可以与教务处合署办公;有的学校将学生思想教育、学生生活管理以及后勤服务剥离,定程度上造成了功能重复,同时又削弱了对学生管理和教育功能。我们认为要本着“少而精”的原则,科学设置部门,合理分配职务,提高管理效率。

(4)服务育人原则。无论是何种层次或类型的学校,“育人”始终是中心环节,也是一所学校的终极发展目标。一所学校组织结构设计是否合理,要看它是否把服务“学生发展”作为基本出发点和最终归属。比如校办企业的开办,要把服务学生校内实践、提升学生职业技能作为宗旨,而不能把经济利益摆在首位。要适当增加学生管理部门的员工职数,比如可以设置心理咨询与职业指导专职岗位,同时提高学生管理人员的整体素质。

(5)职教特色原则。职教特色是中等职业学校发展的生命源泉,也是贯穿始终的一条主线。任何中等职业学校都要按照中等职业教育规律和特色办学。如果说组织机构设计是一个学校骨骼的话,那职教规律与特色就是它的灵魂。

总而言之,职业教育因其专业性、实践性和学生的特殊性,实现学校的教育教学管理目标相对普通教育而言更加复杂和困难。职业学校的职能也更加宽泛,如招生、就业、实训、顶岗实习、学生管理等,需要有明确的部门和人员去进行实际操作,因此应允许学校设置如招生就业、学生管理、实训实践等管理机构,以体现职业教育的特点。

第四节　中职学校人员编制核定的公共政策学解读

中等职业学校人员编制标准研究是一项技术性、专业性极强的工作,同时也具有政策性、公共性。就其文本的本质而言是一项教育政策,体现了国家对中等职业教育的一种直接控制。作为公共政策的一个重要组成部分,教育政策本身是社会利益的"均衡器"或"显示器",对社会利益作权威性分配。"职业教育公共性的本质要求职业教育必须公平,而职业教育的公平首先表现为政策的公平。"作为教师人力资源配置的政策文本,中等职业学校人员编制标准这一政策的形成应该以公平与效率为追求。

一、学校人员编制政策产生

(一)教育政策制定的技术性程序

政策制定的技术程序到底要经过哪些步骤,并没有一个统一的模式。有研究者提出了教育政策制定的技术程序流程,具体如图 1-1 所示。[①]

(二)中职学校人员编制政策制定的基础环节

1. 基于问题,清晰把握编制标准文件的目的

政策是为了达到某种期望的理想状态而设计的一系列决定和行动,包括三个核心要素:①期望达到的理想状态;②采取一系列目的明晰的决定和行动;③在期望达到的理想状态和采取的决定和行动之间存在某种可辨识的因

---

① 袁振国:《教育政策学》,江苏教育出版社 2001 年版,第 181 页。

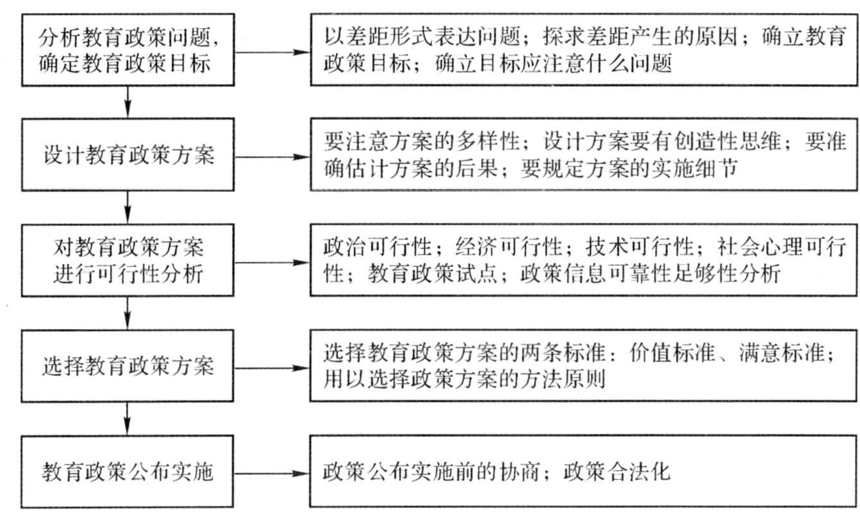

图 1-1　教育政策制定的技术程序

果关系。[①]在制定中职学校人员编制政策的时候，应该着力分析编制文本出台的“期望”是什么，目标在整个编制课题研究过程中起到引领和主导的作用，如果政策目标不清楚，则会导致整个编制政策制定过程失去“指向标”。那么目标从哪里来呢？如何提出编制政策制定的目标，我们认为要以问题为导向。因此，不禁我们要自问：

(1)我国中等职业教育发展现状是什么？有哪些问题？

(2)哪些问题与中等职业学校机构设置以及人员配置有关？或者哪些问题与中等职业学校组织功能与师资队伍质量有关联？

(3)这些问题的具体表现是什么？

(4)需要提供何种政策才能解决这些问题？

上述问题是“基于现状”导入的问题，我们还可以“基于未来发展”导入问题，具体如下：

(1)本着“面向世界，面向未来，面向现代化”的教育方针，要实现我国经济社会发展目标对中等职业教育的要求，中等职业教育应该进行哪些改革？

(2)中等职业教育要进行改革有哪些问题需要制度性突破？哪些与学校组织结构与功能设计、师资队伍建设有关联？

---

① [加]梁鹤年著，丁进锋译：《政策规划与评估方法》，中国人民大学出版社 2009 年版，第 3 页。

(3)需要提供何种政策才能解决这些问题?

我们也可以"基于关系"的方式导入问题,具体如下:

(1)中等职业教育发展与人的发展、社会发展的基本关系是什么?

(2)中等职业教育发展与区域经济社会发展的关系是什么?

(3)中等职业教育的目标与中等职业学校组织与功能的关系是什么?

(4)中等职业学校内部机构的关系是什么?

(5)中等职业教育的基础课、专业课、实训课的关系是什么?

(6)专职教师和兼职的关系是什么?

(7)教师和学生的关系是什么?

………

这里的"关系"既包括职责关系、数量关系、功能替代关系,也包括经济关系、政治关系、社会关系,也包括单向关系、双向关系、多重关系等等,要根据实际情况具体分析。只有澄清政策需要解决的问题与关系,才能有清晰的政策目标,才能确保整个政策形成过程的科学性、方向性和系统性。

2.着眼成效,合理处理政策文本利益相关者的关系

公共政策学研究的核心问题是怎样制定出一项合理而又富有成效的政策,其基本特征是以最小投入而获得最大的绩效或者收益。[①] 在澄清政策问题,提出政策目标过程中,我们提到了"基于关系"的问题导入方式,这里其实蕴含了政策形成要兼顾不同利益关系的意思。这里所说的不同利益关系人群,主要是指中等职业教育利益相关者[②],是与中等职业学校教育教学活动有利益关系的个人或群体,它不仅包括影响学校的管理目标和教育目标实现的个人和群体,还包括在目标实现过程中影响到的个人和群体。根据利益关系的重要性划分,中等职业教育利益相关者是政府、学校、教师、家长、学生以及企业雇主等。编制文本的形成与教育经费的投入密切相关,也与教师薪酬体系密不可分,甚至渗透到每一所中等学校以及每一位中等职业学校教师、学生

---

① 吴遵民:《教育政策学入门》,上海教育出版社 2010 年版,第 27 页。

② 此处利益相关者理论主要来源于企业管理,相关利益者理论的鼻祖 Freeman(1984)提出广义概念。他认为企业利益相关者是指那些能影响企业目标的实现或被企业目标的实现所影响的个人或者群体。这个定义包含了供应商、客户、雇员、股东、当地的社区以及出于代理人角色的管理者[①]。最具代表性的狭义概念则由 Carroll(1993)和 Mitlchell(1997)提出,其中 Carroll 特别强调个人或群体在企业里的利益,认为相关利益者是那些企业与之互动并在企业里具有利益或权利的个人或群体。

的日常生活，同时也关联到中等职业教育与区域产业经济互动等宏观问题。因此，要通过社会预测的有关理论和技术，对编制模型进行估算，使得模型能够兼顾不同利益相关者的“收益”，确保政策有成效，并能调动各方的积极性。

3. 立足评估，要做好政策出台前的测评工作

政策评估、项目评估是社会评估的一种方法。任何政策的形成、执行与修订都必须经过评估阶段，教育政策的评估也属于教育评估，这种评估是根据既定的目的，确定相应的目标，建立科学的指标体系，通过系统地搜集信息和定性、定量分析，依据客观的价值标准，对教育政策功效和执行状态作出评议和估价的过程。所获取的信息和资料，为教育政策有关的科学决策提供重要依据。政策评估也是一种项目评估，一般认为，项目评估是一种社会科学活动，涉及搜集、分析、解释和沟通有关旨在改善社会环境的社会项目的实施和绩效。① 本研究要对不同历史时期的中职学校人员编制政策及其项目的实施效果进行评估。国外的实践表明，评估研究的发现总会牵动项目主办方、决策者、有见地的公民以及利益受到项目直接或者间接牵连的人，影响范围十分广泛，因此在政策出台前必须合理处理利益相关者的关系，做好政策出台前的评估工作。具体而言，包括对以往政策的评估以及对新政策出台的环境、影响范围以及可能性进行预测性评估。

二、中职学校人员编制政策基础评估

美国社会学家艾比巴比(2009)列举了需求评估、成本—收益研究、检测研究和项目评估/结果评估四种“变形”的形式。其中需求评估旨在确定问题的存在和程度，而项目评估/结果评估则是在于确定一项社会干预是否产生出预期的结果。孙绵涛(2011)区分了一般性教育政策分析研究和专业化教育政策研究，并将专业化教育政策研究分为内容分析、过程分析、评价分析、环境分析和价值分析。也有人(袁振国，2001；孙绵涛，2011)将教育政策评价分为预评价、执行评价、后果评价三种类型。人员编制标准属于政策评估，主要进行内容分析、执行评价、后果评价和价值分析，其中内容分析主要采取非介入式研究，而执行评价和后果评价由于限于时间、经费等可行性等因素，主要采取小规模的定性调查法。

在对政策评价过程中，必须遵循一定的原则，米其尔(Doulas E.

---

① 彼得·罗希、马克·李普希、霍华德·弗里曼著，邱泽奇、王旭辉、刘月等译：《评估：方法与技术》，重庆大学出版社2007年版，第1—5页。

Mitchiell)从六个方面提出了教育政策评价的准则:①是否反映了各利益团体的利益;②是否与学校工作开展相一致;③是否有现实意义和操作意义;④是否与基本政策或其他政策相矛盾;⑤实施该政策的效应和效率如何;⑥政治上、技术上是否可行。

对评价方案(标准)进行评价的过程中,也必须遵循一定的原则,内伏(1981)认为任何评价都涉及以下十个方面的问题:①评价如何定义?②评价的功能是什么?③评价的对象是什么?④对于每个对象应收集什么样的信息?⑤应该用什么准则来评判一个评价对象的价值和优点?⑥评价应该为谁服务?⑦进行评价的过程是怎样的?⑧评价中应该使用什么调查方法?⑨谁来做评价?⑩用什么标准对评价进行再评价?他认为评价要达到最理想的平衡,必须符合下列标准:①实用性标准(有用且实际的),②准确性标准(专业知识充分),③可行性标准(现实的且慎重的),④适应性标准(合法且合乎道德地实施)。Daniel Stufflebeanm 归纳了 ERS 的方案评估标准、AEA 的评估原则和联合委员会的方案评估标准以及人员评估标准,其中联合委员会的评估标准包括效用性(utility)、可行性(feasibility)、适当性(propiety)以及精确性(accuracy)等。

第二章
历史沿革:中等职业学校人员编制政策回顾

学校教师编制的实质即学校的人力资源配置。科学的教师配置、合理的师生比,是教育教学活动顺利开展的基本保障,也是提高办学水平和质量的重要前提。随着我国大力发展职业教育步伐的加快以及职业学校改革的深入,教师编制管理成为职业学校内部人事制度改革的核心。中等职业教育的当代实践要求其在学校人力资源配置上要有新的思路和方法。尤其是在中等职业教育由规模扩大转向内涵建设的今天,回顾和总结新中国成立以来我国中等职业学校教师编制核定工作的经验和不足,对提高当前资源利用效率并合理进行教师编制标准的优化显得尤为重要。

第一节　20 世纪五六十年代中等职业学校人员编制的政策

1949 年 10 月 1 日中华人民共和国成立,从此结束了帝国主义、殖民主义奴役中国各族人民的历史,结束了以国民党为代表的封建买办官僚资产阶级在中国的统治,开始了社会主义革命和建设的历史发展历程,这是中华民族的一个伟大而深刻的历史性转折。这一时期,土地改革胜利完成,资本主义工商业得到合理调整,社会主义国营经济建立并占据主导地位,全国财经实现统一,国民经济得到恢复和发展,使人民政府掌握了国家的经济命脉,成为整个国民经济结构变化的重要依靠力量和经济基础。

一、中等职业教育发展的时代背景

新中国成立初期,以毛泽东为首的党中央领导人民改革旧的教育体制,制定新的文化教育方针,对新中国建设时期发展中国特色职业教育开始了大胆的探索。

（一）调整职业教育结构，适应经济发展需要

新中国刚成立，中央就重视调整职业教育结构，以适应经济发展的需要。1949 年 9 月 29 日，中国人民政治协商会议通过的《共同纲领》就提出："人民政府应有计划有步骤地改革旧的教育制度、教育内容和教学方法"，并且要"注重技术教育，加强劳动者的业余教育和在职干部教育，给青年知识分子和旧知识分子以革命的政治教育，以适应革命工作和国家建设工作的广泛需要"，[①]同年 12 月召开了第一次全国教育会议，提出要改变旧中国遗留下来的普通中学与职业教育比例严重失调、特别是技术学校数量偏少的现状。根据当时统计，东北地区中等教育中普通中学占全部中等教育的 81.3%，师范学校占 11.5%，技术学校只占 7.2%；华北地区普通中学占 73%，师范 21.2%，技术学校 5.6%。[②] 因此，在会议的总结报告中指出：为了培养大批中级建设干部，中等学校在今后若干年内应着重地向中等技术学校发展。

（二）改革中等职业教育，切合国家建设需要

新中国成立初期，我国就高度重视中等职业教育，并对中等职业教育的结构、课程等进行了改革。1950 年，时任教育部长马叙伦在政务院的报告中提出中等教育重点是：整顿和积极发展中等技术学校，大量培养中级技术干部；协同业务部门整顿和充实现有的五百余所中等技术学校，并有计划地创办各种中等技术学校或技术训练班；尽量设法使全国高小毕业生、初中毕业生除升入一般初中及高中或职业就业者外，能进入各类艺徒学校、技术学校或训练班，培养他们成为初级中级技术人员，为国家建设服务。1951 年 10 月 1 日，由周恩来署名发布的《关于整顿和发展中等技术教育的指示》中对中等技术学校的课程改革作了指示："各类各级中等技术学校的课程应包括普通课、技术课及实验实习，纠正与防止单纯学习技术而忽视政治、文化学习的偏向。普通课的科目以及普通课与技术课所占的比重，应根据学校的性质、学生程度和修业年限分别规定。学校必须与有关的工厂、矿山、农场等建立密切联系，重视校内和校外的实验与实习。实验实习的时间应与技术课的讲授时数大体相等。各地现有的中等技术学校，均应按照上述原则，适当进行科别的调整和教学内容与方法的改进，使之切合国家建设的需要。"[③]

---

① 《中国教育年鉴(1949—1981)》，中国大百科全书出版社 1984 年版，第 683 页。

② 纪秩尚、郭齐家、余博编：《中华人民共和国职业教育法实务全书》，北京广播学院出版社 1996 年版，第 21—23 页。

③ 《周恩来文选》，教育科学出版社 1984 年版，第 66—67 页。

（三）改造职业教育办学形式，适合平民子弟学习的需要

教育和生产劳动相结合，既是职业教育有效的办学形式，也是这一时期我国职业教育发展的主旋律。1952 年 6 月 14 日，毛泽东在致周恩来的一封信中说："干部子弟学校，第一步应划一待遇，不得再分等级；第二步，废除这种贵族学校，与人民子弟学校合一。请酌办。"①不仅有强烈的平民意识，而且强调教育要和生产劳动相结合。毛泽东指出："一切农业学校除了在自己的农场里进行生产，还可以同当地的农业合作社订立参加生产的合同，并且派老师住到那里的合作社里去，使理论和实际相结合。农业学校应当由合作社保送一部分合乎条件的人入学。农村里的中小学，都要同当地的农业合作社订立合同，参加农业、副业生产劳动，农村学生还应当利用假期、假日或者课余时间回到本村参加生产。"②

概言之，在党的第一代领导集体"适切发展"的职业教育思想指导下，我国的职业教育有了很大的发展。中等专业学校由 1949 年的 1171 所发展到 1952 年的 1710 所，在校学生数由 1949 年的 228845 人增加到 1952 年的 635609 人。与此同时，举办技术培训班，培养技术工人的工作有了一定的发展。中央和地方业务部门也新办了技工学校，至 1952 年，全国已有技工学校 22 所，在校学生 15000 人。这一阶段经过调整和发展，到 1956 年中等专业学校达到 1353 所，其中技术学校 755 校，师范学校 598 校。普通中学 6715 校，中等专业学校约占中等教育的 1/6。业余中等专业学校至 1957 年共 209 校，学生 29600 人③。基本上奠定了中国特色的职业教育发展的基础。

二、关于教师编制工作的主要政策

20 世纪五六十年代期间，是国民经济恢复时期，我国中等技术学校有了较快的发展。到 1960 年，农业中学、中帅学校、农业中学及技工学校四类中等职业学校发展到 31001 所，在校生共 503 万人④。在这些学校中，有 2/3 是原来的职业学校，它们的培养目标不明确，设科庞杂，学校教育与国民经济建设需要脱节，学校分布与科类均呈畸形，师资短缺，力量分散。而新建起来的学校，也缺乏全国统一规划，它们都面临着如何制定发展规划和适应即将开始的

① 《毛泽东书信选集》，人民出版社 1983 年版，第 437 页。

② 李蔺田：《中国职业技术教育史》，高等教育出版社 1994 年版，第 297 页。

③ 李蔺田：《中国职业技术教育史》，高等教育出版社 1994 年版，第 241 页。

④ 李蔺田：《中国职业技术教育史》，高等教育出版社 1994 年版，第 232 页。

大规模经济建设对职教师资的需求等问题。鉴于此，国家开始对中等技术学校进行调整，先后颁发了一系列文件，对中等技术学校的人员编制进行了规范。

（一）《中等技术学校暂行实施办法》

1952年颁布的《中等技术学校暂行实施办法》，首先对学校领导及内设机构的人员编制进行了规定，指出学校设校长一人，必要时可设副职；大行政区或省（市）直接领导的学校的校长，由主管业务部门遴选并报请各该级人民政府批准任命。学校设置教导主任、总务主任各一名，由校长遴选并报请主管部门批准任命。教导主任、总务主任，必要时均得设副职。学校设有两科以上者，设科主任。学校设有工厂或农场等实习场所者，应指定教员或委派专人领导，并应选聘企业或业务单位中的优良技术工人或工作人员担任实习教师。其次，对中等技术学校的兼职教师和实习教师做出了规范，提出学校的技术课，应设一定数量的专任教师，并由各主管业务部门从自己企业或业务单位的技术人员中聘请兼职教师。为了培养技术课师资，得配备成绩优良的毕业生为技术课助理教师，以进行锻炼。对于技术课专任教师，得与企业或业务单位试行建立定期交流技术课教师和技术人员的制度，以提高他们的技术能力和科学理论水平。

（二）《中等技术学校（包括专业学校）试行组织编制》

1952年10月教育部颁发的《中等技术学校（包括专业学校）试行组织编制》又对中等技术学校的人员编制作了进一步的规定，指出中等技术学校每班50人左右，教员（包括助理教员）每班按2.5～3人配备，不同科类的学校，教职员工人数与学生人数的比例不尽一致。如：工业学校设有实习工厂者最高不超过1∶6.5，为设实习工厂者最高不得超过1∶7；农林学校，最高不得超过1∶7.5；卫生学校，最高不得超过1∶8；财经类学校，最高不得超过1∶9。

中等技术学校设校长一人，必要时得设副职。中央有关业务部门直接领导的学校的校长，由中央有关业务部门任命，并报中央教育部备案；大行政区或省（市）直接领导的学校的校长，由主管业务部门遴选报请各该级人民政府（或军政委员会）批准任命。工厂、矿山或农场等单位附设的中等技术学校的校长，得由主管业务部门任命各该单位的行政负责人兼任。中等技术学校设教导主任、总务主任各一人，由校长遴选报请主管业务部门批准任命。教导主任、总务主任必要时均得设副职。中等技术学校设有两科以上者，每科得设科主任。中等技术学校设有工厂或农场等实习场所者，应指定教员或委派专人领导,并应选聘企业或业务单位中的优良技术工人或工作人员担任实习教师。

中等技术学校组织系统见图 2-1。

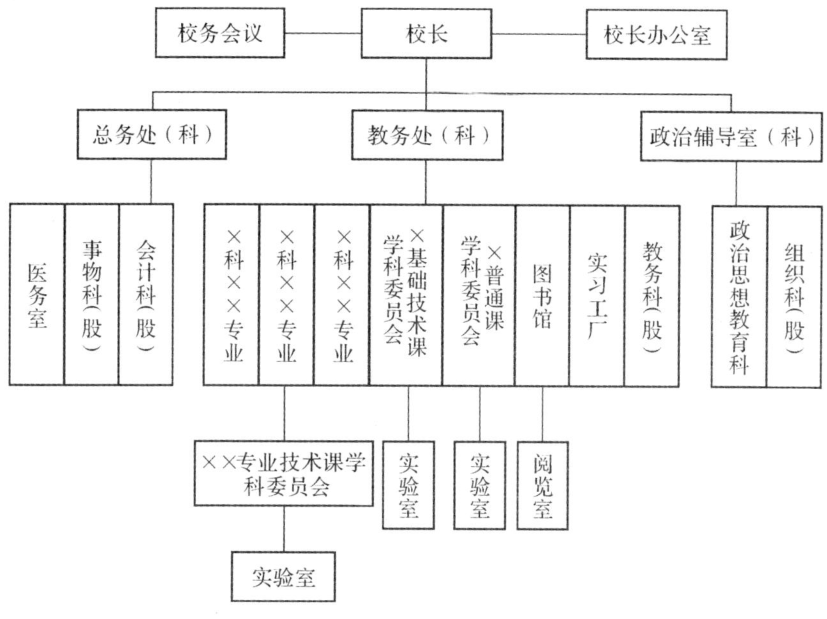

图 2-1 中等技术学校组织系统

(三)《中等专业学校章程》

1954 年 9 月 26 日,政务院颁发了《关于改进中等专业教育的决定》,对各类中等专业学校的学习年限,规模及教师配备做出了要求。同年 11 月 24 日,高等教育部发布了《中等专业学校章程》。根据《中等专业学校章程》规定,中等专业学校的组成部分分为:科与专业,学科委员会(后改名为教学研究组),教学辅助机构(图书馆、实验室、研究室、实习工厂、实习农场等)。中等专业学校的领导人为校长,校长由主管业务部门任免,报告教育部备案。

校长职责:在个人负责的基础上,领导学校的全部活动并代表学校;执行教学计划和教学大纲,检查教师的工作;检查学生的学习成绩;领导学生和教职员工的政治、业务与文化学习;领导全校的体育活动,并注意学生的健康状况;批准课程表和校内规则,并监督其执行;完成学校的招生与毕业的计划;根据高等教育部关于学生人民助学金的规定,审查批准学生人民助学金;处理学校经费、掌管学校财产;组织学生和教师的福利工作。

教务副校长:由校长提请主管业务部门任免;教务副校长对校长和主管业

务部门负责。其职责是组织和领导教学方法研究工作及检查教学工作;领导学生的政治思想教育工作;领导科和学科委员会的工作;领导和监督图书馆、实习工厂、实习农场等工作;组织和领导关于提高教师及教学辅助人员业务水平的工作;校长因故不在时,代理其职务。

总务副校长:学生在500人以上的中等专业学校,设总务副校长;不满500人者,只设总务主任,均由校长提请主管业务部门任免。总务副校长的职责:领导学校的总务机构;领导学校的基本建设及校舍、设备等的修缮工作;供应教室、实验室、研究室、实习工厂、实习农场等教学上必需的用品、设备及材料;管理学生及教职员工的食宿及其他生活福利事项;监督学校整洁卫生和领导医务室工作;领导服务员的教育工作;领导学校的警卫及安全工作。

科:科是由若干性质相近的专业所组成的教学行政组织。科主任在该科担任主要课程的教师中遴选,经校长提请主管业务部门任免。科主任的职责:直接领导本科的教学工作与教学方法的研究工作,组织进行教学实习和生产实习;保证执行教学计划和教学大纲;准备编制课程所需的材料;检查本科学生的学习成绩;检查本科学生的纪律;领导班主任工作;领导本科学科委员会的工作。

学科委员会:是由一门课程或性质相近的几门课程任课教师联合组织,在教务副校长指导下进行工作。每一学科委员会的教师不得少于3人。学科委员会的成员,包括所有任课教师及实习指导员。学科委员会主任在该学科委员会内教师中遴选,由校长聘任。学科委员会的任务为:讨论教学工作和思想教育工作的方法;教师的工作;研究室、实验室、实习工厂、实习农场的工作;研究教学大纲、教科书、参考书及根据主管业务部门的委托编译教学大纲和教材等工作。高等教育部于1955年3月1日发布了《中等专业学校学科委员会工作规程》作了更为具体的规定。从1956年后,学科委员会陆续改为教研组。

教学辅助人员:包括图书馆主任及馆员、实习指导员、实验员、研究室助理员。这些人员均由校长任免。

(四)《关于技工学校暂行办法草案》

我国从1953年开始,实施发展国民经济的第一个五年计划。这期间,我国政治上稳定,经济上发展比较快,建立了一批为国家工业化所必需的基础工业。在这五年期间,国民经济各部门和国家机关需要补充的各类高等和中等学校毕业的专门人才共约100万人;同时,中央工业、运输业、农业、林业等部门需要补充的熟练工人约为100万人。[①] 为适应这五年的需要，并为第二个五年计划进行必要的准备，国家开始有计划地调整扩大和开办各类高等和中等专业学校，首先对中等技术学校的人员做出了新的规定，有效保障了办学质量。

1954年4月，中央财经委员会批转的《技工学校暂行办法（草案）》规定：技工学校设正副校长，校长以下设秘书一职，及教导科（处）、总务科（处）等工作机构。设专用实习工厂，由教导科（处）领导。实习工厂设若干职能组，协助实习工厂负责人组织生产实习。同时对教职工与学生配备的比例做出规定，指出技工学校应根据实际情况制订编制定员表，定员表需经主管产业部的批准。

教职员工与学生配备的比例，一般为1∶6～1∶11，其中教员与其他人员的比例，由各产业部门自己编定。

教师分为文化、技术理论课教师和生产实习课教师两种。教师来源由办学部门自行解决，教育部门给予协助，主要从技工学校的毕业生中选择优秀者留校，或送工厂在实际工作中进行培养提高后任教。

（五）《技工学校人员编制标准（草案）》

进入20世纪60年代，我国的社会主义改造基本完成，开始转入全面大规模的社会主义建设。根据党的“八大”通过的决议和“二五”计划的要求，教育部制订了第二个五年教育发展计划，提出中等专业学校的学生要有相应地增加，积极创造条件补足科学技术上的缺门专业。这样，国家开始对教育事业管理权限的下放，改变了过去的只由中央部门或教育部门为主办学的状况，开始出现了中央各部门举办，地方产业部门、教育部门、劳动部门举办以及厂矿企事业单位举办等多种渠道办学的局面。特别是许多厂矿企业单位和县（市）均举办技工学校或中等技术学校。有的由企业自行投资或由地方有关部门、单位联合集资办学。这种“大跃进”式的发展使教育事业计划失去控制，学校的发展出现了混乱状况。到1958年底，中专学校由1957年的728所，学生48.2万人，猛增到2085所，学生达1083万人；技工学校由144所，增至417所。[②] 1959年8月党的八届八中全会后，在“反右倾，鼓干劲”的口号下，中等职业技术学校又持续地大发展，到1960年上半年，学校发展出现了新中国成立以来的最高峰。面对这种大规模发展带来职业教育人员管理滞后的现状，

---

① 李蔺田：《中国职业技术教育史》，高等教育出版社1994年版，第257页。

② 李蔺田：《中国职业技术教育史》，高等教育出版社1994年版，第297页。

1961年劳动部制定了《技工学校人员编制标准（草案）》，具体编制标准如表2-1所示。

表2-1 技工学校教职工、教师编制(1961年)

学校规模（学生总人数）	教职工人数和学生人数比		实习工场工作人员占学生总数比
	教职工：学生	教师：学生	
200～500	1：6～1：6.8	1：13～1：14	5%～10%
500～1000	1：6.8～1：7.8	1：14～1：15	5%～10%
1000～1500	1：7.8～1：8.8	1：14.5～1：15.5	5%～10%

三、此阶段编制工作的时代特点及简评

从该阶段我国中等职业教育发展的状况和教师编制的政策来看，有中等职业学校教师的编制及任职资格专门的政策规定，对于这一阶段规范中等职业教育发展，促进中等职业学校人才培养质量有了强有力的保障。但仔细分析不难发现，这一阶段关于教师编制的相关规定的出发点还主要是以充实教师队伍以满足建国初期中等职业教育发展及技能人才培养的需要为主。在内容上，对教师编制的相关规定还仅仅停留在对师生比的考虑上，缺乏对中等职业教育发展规律的研究和依据，没有根据中等职业学校不同专业大类的实际情况对教师编制进行分类的引导，对学校规模、专业设置、区域差异等影响因素考虑的不多。

第二节 20世纪八九十年代中等职业学校人员编制的政策

在中国经历十年浩劫之后，党的十一届三中全会确立了“一个中心，两个基本点”的基本路线和“解放思想，实事求是”的思想路线。这一时期职业教育的发展进入经济驱动阶段，以人才培养为突破口，大力发展包括职业教育在内的各级各类教育，从此掀开了中国教育发展史上崭新的一页。这一时期是我国经济和社会发生深刻变革的历史时期，由于经济建设对人才的渴求和人们压抑已久的创造性与工作热情得到激发，接受职业教育成为人们满足教育需求和参与经济建设的重要途径和手段，加上乡镇企业异军突起，特别是我国“经济体制由有计划的商品经济向社会主义市场经济转变，经济增长方式由粗

放型向集约型转变”两个根本性转变的实施，为中等职业教育发展提供了良好的社会环境和人才需求基础。

一、中等职业教育发展的时代背景

1978年召开的十一届三中全会，党和国家作出了把工作重点转移到社会主义现代化建设上来的战略决策，教育结构发展不合理的状况得以解决。1985年5月17日，中共中央颁布了《中共中央关于教育体制改革的决定》，提出了“调整中等教育结构，大力发展职业技术教育”的重要举措。随后，中共中央关于制定“七五”计划的建议中明确指出：“职业技术教育已经成为现代教育制度的一个重要组成部分”，“七五”期间要“按照‘先培训，后就业’的原则改革劳动就业制度，大力发展职业技术教育”。上述文件的出台，促进了我国职业教育的长足发展，同时为这一时期职业教育的研究者和实践者探索职业教育制度提供了实践基础和研究起点。

（一）中等职业教育发展走向法制化阶段

经济建设的强劲驱动是这一时期职业教育发展的重要前提。职业教育最显著的特点是通过法制化保证职业教育的发展。1985年中共中央颁布了《关于教育体制改革的决定》，成为我国发展职业教育的重要里程碑；1991年国务院又颁布了《关于大力发展职业教育的决定》；1993年出台了《中国教育改革和发展纲要》及《实施意见》，其中都把职业教育作为我国教育发展的战略重点之一，明确规定了各地中等教育阶段职业教育与普通教育的比例；1996年5月经全国人大讨论通过了《中华人民共和国职业教育法》，成为我国职业教育法制化的开端，为职业教育的发展提供了法律保障，使职业教育步入了规范化发展的快车道。职业教育体系逐步完善，事业发展规模不断扩大，办学体制日益多元化，形成了职业教育发展的良好局面。

但由于我国城乡二元经济结构造成的巨大差异和计划经济的烙印，城乡差异、贫富差距等过于悬殊，加上计划经济体制和历史遗留下来的诸如户籍制度、就业制度、医疗保险制度、养老制度以及职业保留制度等，进一步加大了城乡差距，造成农村青少年的教育动机主要是通过接受高等教育“跳龙门”，改变农业人口的身份和地位。农村实行的家庭联产承包责任制与农业现代化的方向背离，庞大的农村职业教育缺少发展动力。而与农村相对应，城市青少年或者接受高质量的普通高等教育，或者依靠统包统配制度，依靠“单位”就业，同样阻碍了对职业教育的需求。其次是教育类型的不平等问题。职业教育对象是社会底层群体，而且就业岗位是生产建设第一线地位相对不高的岗位，但职业教育收费却比同级普通教育高，高成本的职业教育得到的经费投入也比同级普通教育低，进一步恶化了职业教育的发展环境。因此，这一时期的职业教育并未形成良好的社会基础，存在着明显的“先天不足”和“发育不良”现象。而且由于观念和手段的制约，职业教育内容一定程度上滞后于经济发展实际，基本处于外在推动阶段，内在需求不足，职业教育实践领域的繁荣一定意义上是一种非理性的繁荣。不少地方性的职业教育政策是为完成上级下达的“普职比”而出台的“应急之策”，具有明显的“短效性”特征。

疏通职业教育之间以及职业教育和普通教育之间的衔接渠道，从而打破了各类学校间的壁垒，基本形成了一个从初等到高等的相对完整的职业教育体系框架。这样使学生可以根据个人的兴趣、爱好和特长，灵活自主地选择适合自己的教育类型，并被培养成优秀专门人才。职业教育体系框架的建立，使职业教育逐步自成体系，完善了我国的教育体系，使职业教育与普通教育成为我国教育体系中并行且有交叉的两轨。

(二)社会效益明显，职教成绩斐然

党的十一届三中全会以来，在“大力发展”职业教育思想的指引下，我国职业教育取得了明显的社会效益，培养出了社会主义现代化建设所需要的各级各类人才，促进了国民经济持续稳定发展，职业教育成绩斐然。到 1990 年底，各类职业技术学校已经发展到 16000 多所，在校生超过 600 万人，年招生 225 万人，分别是 1980 年的两倍、三倍和两倍半。1980—1990 年间，全国各类技术学校共向社会输送毕业生 1100 多万人，各种短期职业技术培训约 1 亿人次。同时全国建有就业训练中心 2100 余所，每年培训待业人员 90 多万人；高中阶段各类职业技术学校和普通高中招生数之比已经接近 1∶1，中等教育结构单一的状况有了较大改变。

二、关于教师编制工作的主要政策

(一)《关于中等师范学校和全日制中小学教职工编制标准的意见》

1984 年 12 月 27 日，教育部印发《关于中等师范学校和全日制中小学教职工编制标准的意见》，其中对中师的机构、编制规定为：一般设置教导、总务两处。规模较大的中师，教导处也可以分开，设教务处和政教处。规模小的不设处，只配备各职能人员。教职工编制，以校为单位，按班计算，每班平均学生 40 人，教师 3.5～4.0 人，职工 2.5 人。规模大、条件好的学校要适当紧些；规模小、条件差的学校要适当宽些。校办工厂、农场的正式职工的编制，可根据生产性质、任务、规模和经营情况等确定，但占用教育事业编制的专职管理、技术人员，以校为单位不宜超过教职工的5%。

（二）《全日制普通中等专业学校人员编制标准（试行）》

党的十一届三中全会以后，随着职业技术教育事业的恢复和发展，职业技术教育师资队伍在党中央、国务院及各级人民政府的重视和关怀下不断壮大和提高。在邓小平建设有中国特色的社会主义理论指引下，中共中央1985年5月27日作出《关于教育体制改革的决定》，决定从改革教育体制入手，改革管理体制，调整教育结构，改革与现代化不相适应的教育思想、教育内容和教育方法，改革劳动人事制度，以开创教育工作的新局面。为配合中央关于教育体制改革的工作，1985年9月12日，国家教委、人事部根据中央"精简机构，紧缩编制，提高工作效率，合理使用人员"的指示精神，制定颁布了《全日制普通中等专业学校人员编制标准（试行）》，对中等专业学校人员编制标准作出了如表2-2所示的规定。

表2-2　中等专业学校人员编制标准（1985年）

科类	学校规模在校生人数	教职工合计		专任教师	
		与学生比	人数	与学生比	人数
工、农、林、医药	640	1∶4	160	1∶8	80
	960	1∶4.25	226	1∶8.5	113
	1280	1∶4.5	284	1∶9	142
	1600	1∶4.8	333	1∶9.5	169
财经	640	1∶4.5	142	1∶9	71
	960	1∶4.8	200	1∶9.5	101
	1280	1∶5.2	246	1∶10	128
	1600	1∶5.5	291	1∶10.5	152

（三）《技工学校机构设置和人员编制标准暂行规定》

1978年2月11日，教育部、国家劳动总局发出《关于全国技工学校综合管理工作由教育部划归国家劳动总局的通知》中规定：关于技工学校的领导，地方办的技工学校，由地方有关业务部门管理；国务院各部门办的技工学校，由国务院有关部门管理。国家劳动总局和地方劳动部门负责技工学校的综合管理工作，包括编制发展规划、招生计划、拟定有关方针政策、规章制度，组织有关部门编写、审定教学计划、教学大纲和教材，以及培训提高师资组织交流工作经验等。

为提高技工学校的教学质量和管理水平，1979 年 2 月国家劳动总局颁发《技工学校工作条例(试行)》，对学校的机构设置作了原则规定：学校可以根据工作需要设立办公室、教导、总务、财务等机构和实习工厂。实习工厂根据业务需要配备计划调度、供销、技术、检验、机修、工具材料保管等人员，或者设立若干职能机构，协助实习工厂负责人组织生产实习。供销任务比较大的学校，可以单独设立供销室。

根据中央有关精简机构，紧缩编制，提高工作效率，合理使用人员的指示精神，1986 年 4 月 2 日，劳动人事部颁发《技工学校机构设置和人员编制标准暂行规定》对技工学校的机构设置和人员编制做出如下规定：技工学校的机构，一般可设学校办公室、教务科、政治工作科、总务科和实习工厂(场、店)。实习工厂规模较大，生产经营财务管理任务较重的学校可增设财务科。技工学校各级领导班子的人数，可根据学校规模，确定校长 1 人，副校长 1～2 人，包括党委(总支、支部)专职正、副书记在内共 3～5 人。每个科、室一般设正、副职 1～2 人，任务较重的科、室可增设副职 1 人。具体人员编制标准如表 2-3 所示。

表 2-3 技工学校人员编制标准

学校规模(学生总人数)	教职工人数与学生人数比	其中			实习工厂(场、店)工作人员占学生总数比
		文化课教师与学生比	生产实习课教师与学生比	教学辅助人员与学生比	
200～600	1∶4～1∶4.2	1∶12～1∶14	1∶16～1∶18	1∶40～1∶42	5%～10%
601～1000	1∶4.2～1∶4.5	1∶14～1∶16	1∶18～1∶20	1∶42～1∶45	5%～10%
1001～1600	1∶4.5～1∶5	1∶16～1∶18	1∶20～1∶22	1∶45～1∶50	5%～10%

(四)部分省(市)制定的中等职业学校教职工编制标准

由于我国职业教育区域发展的不平衡，很多省份发现单纯依靠国家的统一标准很难适应本区域职业教育发展的实际。因此，20 世纪 80 年代后期开始，一些省(市)依据国家的编制标准，根据本省(市)职业教育发展的实际需要，制定了本省(市)的中等职业学校教职工编制标准。

1.山东省编制标准

1988年5月18日山东省发布的《山东省中等师范、职业学校、中小学等学校机构设置和人员编制标准的意见(试行)》中规定:理工类48人/班,教师3.5人,职工1.5人;文科类48人/班,教师3.2人,职工1.3人。按照以上标准,中等职业学校专任教师与学生比,理工类1∶13.7,文科类1∶15。

2.福建省编制标准

1990年福建省编委、劳动局、财政厅联合颁发了《福建省技工学校机构设置人员编制标准暂行规定》,见表2-4。

表2-4　福建省技工学校人员编制标准(1990年)

在校生人数	教职工人数与学生人数之比	教职工中				实习工厂(场、店)工作人员和专业学生占比(%)
		文化理论课教师占比(%)	生产实习课教师占比(%)	教学辅助人员占比(%)	行政与工勤人员占比(%)	
200～600	1∶5.5～1∶6.0	34	23	10	33	5
601～1000	1∶6.0～1∶7.0	30	23	10	37	5
1001～1600	1∶7.0～1∶8.0	28	23	10	39	5

1992年福建省编制委员会、教育委员会、财政厅联合颁发《福建省全日制普通中等专业学校工作人员编制表》,见表2-5。

表2-5　福建省普通中等专业学校工作人员编制标准(1992年)

科类	学校规模(人)	教职工		其中:专任教师	
		与学生之比	编制人数	与学生之比	编制人数
工、农林、医药	480	1∶4.5	107	1∶9	53
	640	1∶4.75	135	1∶9.5	67
	960	1∶5	192	1∶9.75	98
	1280	1∶5.25	244	1∶10	128
财政、政法	480	1∶4.85	99	1∶9.7	49
	640	1∶5.15	146	1∶10	64
	960	1∶5.45	176	1∶10.25	94
	1280	1∶5.75	223	1∶10.5	122

续表

科类	学校规模（人）	教职工		其中：专任教师	
		与学生之比	编制人数	与学生之比	编制人数
艺术		1∶2.5		1∶3.5	
工艺美术、体育		1∶3		1∶4.6	

三、编制工作的时代特点及简评

这一阶段我国对中等职业学校教师编制的规定，其主要出发点是为了优化中等学校教师队伍。相关政策的出台更加趋于合理化，对专业、学校规模、区域差异等相关因素的考虑也逐步完善。但总体来讲，该阶段中等职业学校教师编制工作还存在以下几点问题。

首先表现在体制性障碍，中等职业学校教师编制问题未引起相关部门足够重视。由于长期以来我国中等职业教育办学的多样性以及体制的复杂性，目前在我国各类中等职业学校中，除职业高中学校由各级教育行政部门主管外，普通中专、成人中专、技工学校往往由各行业部门行政主管，其编制也是条块管理，编制主管部门多数是行业或其他非教育系统，往往只按照上级红头文件办理，很难根据职业学校的教学及师资情况作出科学合理的调整，使一些学校所需要的教师数不能得到保证，影响了师资队伍的建设和办学质量。更有甚者，由于编制部门对职业教育规律缺乏必要的认识，特别是对职业教育教学内容、教学方法、教师队伍建设、教师任用办法等缺乏了解，因此现行中等职业学校出现的教师数量不足、编制不够的问题尚未引起有关部门的高度重视。

其次是专业教师数量缺口大，内部存在结构性失衡。一方面表现在受编制影响，教师数量严重不足。由于这一时期我国中等职业学校的招生规模逐步增大，在校生人数逐年增长，现有的教职工编制越来越不能满足实际教学需要。许多学校为了教学需要不得不通过人事代理、临时聘任等方式招聘教师暂渡难关。这不仅仅增加了学校负担，同时新教师长期入不了编，影响了教师队伍的稳定。另一方面是非教学人员比例过大，专业课教师和“双师型”教师严重不足。一方面从现实来看，由于专业结构更新、学校用人机制等多方面的原因，许多中等职业学校，尤其是办学时间较长的学校，非教学人员比例超过了国家规定的标准，有的高达40%。此外，许多学校现有专业课教师的专业技能水平和实践教学能力较低，尤其是掌握现代高科技的、可以有效指导教学实践及科技辅导的骨干教师和学科带头人普遍紧缺，难以适应快速发展的职业教育强化技能训练和实践教学环节的要求。教师结构不够合理,专业教师缺乏,文化课与专业课教师比例失调。各中等职业学校大部分从普通学校改制而成,文化课教师比例偏大,专业课教师,特别是"双师型"教师数量不足。

第三节 新世纪以来中等职业学校人员编制的政策

一、中等职业教育发展的时代背景

进入21世纪,我国社会经济进入快速发展期,科技发展日新月异,职业教育在促进国民经济发展中的推动作用日益明显,党和国家对职业教育的重视力度不断加大。在进入21世纪的短短5年内,连续召开了三次全国职业教育工作会议。2002年,国务院召开了全国职业教育工作会议,印发了《国务院关于大力推进职业教育改革与发展的决定》(国发〔2002〕16号),提出"推进职业教育的改革与发展是实施科教兴国战略、促进经济和社会可持续发展、提高国际竞争力的重要途径,是调整经济结构、提高劳动者素质、加快人力资源开发的必然要求,是拓宽就业渠道、促进劳动就业和再就业的重要举措",明确了职业教育的时代特征和任务。2004年,经国务院批准,教育部等七部门在南京再次召开全国职业教育工作会议,印发了《教育部等七部门关于进一步加强职业教育工作的若干意见》,对推进职业教育在新形势下快速持续健康发展提出了一系列政策措施。2005年11月,国务院又一次召开了全国职业教育工作会议,并做出了《国务院关于大力发展职业教育的决定》(国发〔2005〕35号),进一步明确提出:"大力发展职业教育,加快人力资源开发,是落实科教兴国战略和人才强国战略、推进我国走新型工业化道路、解决'三农'问题、促进就业再就业的重大举措;是全面提高国民素质,把我国巨大人口压力转化为人力资源优势,提升我国综合国力,构建和谐社会的重要途径;是贯彻党的教育方针,遵循教育规律,实现教育事业全面协调可持续发展的必然要求。"

2006年8月,胡锦涛总书记在中央政治局第三十四次集体学习会议上,强调指出必须坚定不移地实施科教兴国战略和人才强国战略,切实把教育摆在优先发展的战略地位,抓好国家"十一五"规划纲要提出的三项主要任务:普及和巩固义务教育,大力发展职业教育,提高高等教育质量,最后落实到办好让人民群众满意的教育这样一个目标。2006年11月中旬召开的国务院教育工作座谈会上,温家宝总理指出:大力发展职业教育,既是经济发展的需要,也是促进社会公平的需要，在整个教育结构和教育布局当中，必须高度重视职业教育，要把职业教育摆到更加突出更加重要的位置。职业教育是我国经济发展的需要，也是解决民生问题的一个非常重要的措施。2007 年 3 月召开的“两会”上，温家宝总理在《政府工作报告》中再一次强调：要把发展职业教育放在更加突出的位置，使教育真正成为面向全社会的教育，这是一项重大变革和历史任务。温总理讲的是“重大变革和历史任务”，而且把大力发展职业教育的提法改为加快发展职业教育，就是要加大力度、实现又好又快的发展。党中央、国务院对职业教育工作的一系列重要指示，体现了对职业教育的高度重视，为职业教育指明了发展方向。

2010 年 7 月 13 日，党中央、国务院召开了新世纪第一次全国教育工作会议，发布了指导我国未来十年教育改革和发展的《国家中长期教育改革和发展规划纲要(2010—2020 年)》(以下简称《规划纲要》)。《规划纲要》是今后十年我国教育改革发展的行动指南，描绘了未来教育改革发展的宏伟蓝图，开启了从教育大国向教育强国、从人力资源大国向人力资源强国迈进的历史征程，这是中国教育改革发展史上的一个新的里程碑。

为了贯彻落实《国家中长期教育改革和发展规划纲要(2010—2020 年)》、《国务院关于大力发展职业教育的决定》和《国务院关于加强教师队伍建设的意见》，完善职业学校兼职教师管理制度，强化实践教学环节、优化教师队伍结构，支持、吸引和规范职业学校聘请具有实践经验的专业技术人员、高技能人才担任兼职教师，制定了《职业学校兼职教师管理办法》等一系列文件。

总之，21 世纪以来，在各级党委政府的重视和推动下，职教师资队伍建设取得了长足进展。

第一，教师队伍规模不断扩大，整体素质结构逐步优化。“十一五”是近 20 年来职教师资队伍规模增长最快的五年。2010 年，全国中等职业学校教师队伍总规模超过 100 万人，其中专任教师 87 万人、兼职教师 14 万人，专任教师比 2005 年增长了 21％。高等职业学校教师队伍实现了突破性增长，2010 年共有专任教师 40 万人，比 2005 年增长了 51％。教师学历水平、职务(职称)结构都有了大幅改善，近 40％的专业教师成为“双师型”教师。高职院校涌现出一大批优秀“双师型”教师，其中 79 位获得国家级教学名师称号，126 个优秀专兼结合专业教学团队荣获国家级教学团队称号。职教师资队伍的发展，为职业教育改革创新提供了有力支撑。

第二，培养培训体系不断完善，培养培训活动广泛开展。1999 年以来，教育部依托高等学校、职业院校和企业建立了 60 个全国重点建设职教师资培养培训基地、6个全国职教师资专业技能培训示范单位、10个全国职教教师企业实践单位,各地建立了300个省级职教师资培训基地,形成了国家级基地为引领、省级基地为主体的职教师资培养培训体系。10年来,师资基地积极开展职教师资培养培训活动,仅国家级基地就完成培养培训50万人次。此外,国家开辟了中职教师在职攻读硕士学位的专门渠道,已招生1万余人,95%以上的毕业生成为学校教学骨干和专业带头人。2009年底,教育部启动中等职业学校校长能力提升计划,已举办22期中职校长改革创新战略专题研究班,4000名国家级重点职业院校正、副校长参加培训;今年,又启动了高职院校长战略研修班,已培训了500名院校领导干部,校长办学理念为之一新,改革创新行动遍及全国。各地也广泛开展各种形式的师资培训活动。"十一五"成为职教师资培训工作成就最显著的五年。

第三,实施教师素质提高计划,职教师资工作普遍加强。"十一五"期间,教育部、财政部实施了中等职业学校教师素质提高计划,取得了丰硕成果。超过15万名专业骨干教师参加了国家级和省级培训,上万名教师取得更高一级职业资格证书,全国中等职业学校"双师型"比2005年增加了80%;开发了80个专业的教学法和200多本师资培训核心课程教材,专门化的教师培训课程和教材体系基本形成;中央和省级财政共投入2.6亿元,资助中等职业学校聘请兼职教师2.7万余人次,全国中等职业学校兼职教师数量比2005年增加了21%。教师素质提高计划的实施,开创了职教师资队伍建设的新局面。

第四,教师管理制度不断完善,教师队伍建设更加规范。近年来,教育部同有关部门,对职业院校教师职业道德规范、培养培训基地建设、教师在职攻读硕士学位、校长培训、教师企业实践等方面作出了具体规定。不断深化职业院校人事分配制度改革,推进岗位管理和绩效工资制度改革,激发学校办学活力和教师教书育人的积极性。职教教师的管理、培训、待遇都有了更加完善的制度保障。

二、关于教师编制工作的主要政策

这一时期我国各省市在教师编制标准制定的过程中采取了不同措施,具体可分为三类:第一,参照国家《关于制定中小学教职工编制标准意见(2001年)》执行;第二,广东、安徽、福建、广西、湖南、河南、重庆等诸多省市单独制定了编制标准;第三,湖北、江苏等省在制定本省中小学教职工编制标准时,对职业中学编制标准进行了单独说明。

(一)中央性的编制文件

1.《关于制定中小学教职工编制标准意见的通知》

2001 年国务院办公厅转发中央编办、教育部、财政部《关于制定中小学教职工编制标准意见的通知》(国办发〔2001〕74 号)中规定:普通高中教职工与学生之比,城市为 1∶12.5、县镇为 1∶13、农村为 1∶13.5,并做出规定:确实需要配备职员、教学辅助人员和工勤人员的,其占教职工的比例,高中一般不超过 16%,同时指出:职业中学参照普通中学标准执行。

2.《中等职业学校设置标准》

教育部自 2001 年发布《中等职业学校设置标准(试行)》以来,我国中等职业教育有了很大的发展,中等职业教育的发展环境也发生了很大的变化。为了在新形势下进一步促进中等职业学校建设,加强对中等职业学校的管理,教育部对《中等职业学校设置标准(试行)》进行了修订并作出如下规定:

设置中等职业学校,应具有学校章程。学校章程包括:名称、校址、办学宗旨、学校内部管理体制和运行机制、教职工管理、学生管理、教育教学管理、校产和财务管理、学校章程的修订等内容。中等职业学校应当具备基本的办学规模。其中,学校学历教育在校生数应在 1200 人以上。中等职业学校应当具有与学校办学规模相适应的专任教师队伍,兼职教师比例适当。专任教师一般不少于 60 人,师生比达到 1∶20,专任教师学历应达到国家有关规定。专任教师中,具有高级专业技术职务人数不低于 20%。专业教师数应不低于本校专任教师数的 50%,其中双师型教师不低于 30%。每个专业至少应配备具有相关专业中级以上专业技术职务的专任教师 2 人。聘请有实践经验的兼职教师应占本校专任教师总数的 20%左右。中等职业学校实行校长负责制。中等职业学校应当配备有较高思想政治素质和较强管理能力、熟悉职业教育发展规律的学校领导。校长应具有从事三年以上教育教学工作的经历,校长及教学副校长应具有本科以上学历和高级专业技术职务,其他校级领导应具有本科以上学历和中级以上专业技术职务。

(二)各省市的地方性编制文件

1.广东省

2004 年 12 月 22 日,广东省编办、省教育厅、省劳动保障厅、省财政厅印发了《广东省中等职业技术学校机构编制标准暂行规定》(粤机编办〔2004〕446 号)。《广东省中等职业技术学校机构编制标准暂行规定》指出,中等职业技术学校机构编制管理应遵循以下原则：一是分级管理。按照规范、合理、精简、高效的要求，实行政府监管和学校自主管理相结合的体制。二是科学合理。中等职业技术学校的机构编制，既要满足学校基本教学与实习实训需要，促进学校发展；又要与当地经济社会发展水平和财政承受能力相适应。学校经费供给方式由机构编制部门与同级财政部门根据实际情况综合确定。这一编制标准与以往相比具有四大特点：一是把各类中等职业教育机构统一进行编制，这在全国是第一个；二是不再根据学校专业设置性质的不同来确定编制标准；三是充分考虑了国家级重点、省级重点、普通学校编制标准的不同；四是根据经济发展水平不同制定不同的标准，实际上考虑了实习实训条件因经济发展水平而存在差异的事实。

2. 安徽省

2007 年 5 月 14 日，安徽省人民政府办公厅印发《安徽省中等职业学校机构编制管理暂行办法》（皖政办〔2007〕23 号）。《办法》所称中等职业学校包括：①由国家机关、事业单位举办，独立设置的全日制普通中等专业学校和技工学校；②由社会团体、国有企业举办，已经列入事业单位管理序列，独立设置的全日制普通中等专业学校和技工学校。审核确定中等职业学校的机构编制，应当满足学校基本教学与实习实训的需要，与经济社会发展水平和财政承受能力相适应，遵循精简、统一、效能的原则。中等职业学校的机构编制工作，实行统一管理、分级负责的体制。省机构编制管理部门主管全省中等职业学校的机构编制管理工作，负责审核省属中等职业学校的机构编制。市、县机构编制管理部门主管本行政区域内中等职业学校的机构编制管理工作，负责审核本市（县）所属中等职业学校的机构编制。依照本办法规定审核确定的机构编制，是中等职业学校录用、聘用、调配工作人员，配备领导成员的依据。

3. 福建省

2007 年，根据《国务院关于大力推进职业教育改革与发展的决定》（国发〔2002〕16 号）、《国务院关于大力发展职业教育的决定》（国发〔2005〕35 号）和《福建省人民政府贯彻〈国务院关于大力推进职业教育改革和发展的决定〉的实施意见》（闽政文〔2002〕337 号）精神，福建省出台《中等职业学校编制标准等问题的暂行意见》，适应范围是各级政府举办的中等职业学校（含原普通中专、职业中专、职业高中、成人中专、技工学校），具体规定了内设机构、人员结构、领导职数等，对全省中等职业学校编制标准等问题提出暂行意见。

4.广西壮族自治区

2009年10月26日，广西壮族自治区机构编制委员会印发了《广西壮族自治区中等职业学校机构编制管理暂行规定》(下称《规定》)。《规定》对广西中等职业学校的管理体制、机构设置、人员编制管理、人员结构管理、人员编制使用与财政预算管理等提出了明确要求。中等职业学校人员编制由实名制(全额拨款事业编制，管理到人，办理入编，简称“实名编制”)、非实名制(为临时性聘用人员使用，只管数量，不明确到人，不办理入编，简称“非实名编制”)和后勤服务聘用人员控制数三部分组成。实名制用于配备学校办学长期需要的骨干专任教师、教学辅助人员和管理人员。非实名制用于聘用满足学校灵活办学需要的专任教师、教学辅助人员和管理人员。后勤服务聘用人员控制数用于聘用学校食堂、修缮队、车队、绿化、保洁等后勤人员。实名编制、非实名编制的提出，契合中职教育的特点，既稳定了骨干教职工队伍，满足了学校因办学规模、专业方向调整等变化对教职工人员结构的不同要求，又妥善解决了部分学校急需的实训教师难以进入学校任教的问题。

5.湖南省

2009年，为进一步加强和规范中等职业学校的机构编制管理工作，促进湖南省中等职业教育健康发展，根据《中华人民共和国职业教育法》、《地方各级人民政府机构设置和编制管理条例》(国务院令第486号)和《中共中央办公厅国务院办公厅关于进一步加强和完善机构编制管理严格控制机构编制的通知》(厅字〔2007〕2号)精神，湖南省编制办出台了《湖南省中等职业学校机构编制标准(试行)》，结合湖南省实际，规定如下要点：中等职业学校校级党政领导职数根据学生人数规模确定；中等职业学校内设机构包括党政管理机构和教育教学组织机构；中等职业学校人员编制标准以学生人数为基本参数；中等职业学校人员编制总数等于学校各类专业学生人数除以各类专业生员比的数值之和；中等职业学校人员编制包括教师编制、教学辅助人员编制、管理人员编制、后勤服务人员编制；中等职业学校人员编制结构比例根据核定的编制总量和学校实际工作需要综合确定等等。

6.河南省

2010年8月6日，为认真贯彻落实《河南省人民政府关于实施职业教育攻坚计划的决定》(豫政〔2008〕64号)、《河南省人民政府关于加快推进职业教育攻坚工作的若干意见》(豫政〔2010〕1号)，促进全省中等职业教育事业健康发展。省编办、省教育厅、省财政厅、省人力资源和社会保障厅联合下发了《关于印发〈河南省中等职业学校教职工编制标准(试行)〉的通知》(豫编办〔2010〕211号),对编制标准的适用范围、基本原则、编制类别、内设机构、编制标准、校级领导职数、机构编制管理等作出了具体规定。要求机构编制部门同教育、财政、人力资源社会保障部门制定中等职业学校机构编制管理办法,负责中等职业学校机构编制的宏观管理和监督检查工作。教育行政管理部门或省直有关部门负责审核普通中等专业学校、职业中等专业学校、成人中等专业学校提出的机构编制意见,省人力资源和社会保障部门负责审核技工院校提出的机构编制意见,报同级机构编制部门审定。中等职业学校的经费按在校生人数并结合毕业生就业率等因素核定安排经费预算,由同级财政按规定核拨。

7.重庆市

重庆市委、市政府《关于大力发展职业技术教育的决定》(渝委发〔2012〕11号)明确要求研究拟订中等职业技术学校教职工编制标准。市编办迅速贯彻落实市第四次党代会及渝委发〔2012〕11号文件精神,在对纳入事业单位序列的中职学校在校生,编制、外聘教师等情况进行分析测算的基础上,借鉴其他省市经验,会同有关部门研究起草了《重庆市中等职业技术学校教职工编制标准及管理办法(试行)》,经多方论证反复修改,并提交市编委第十次全体会议审议同意,近日以市编委名义正式印发。《重庆市中等职业技术学校教职工编制标准及管理办法》共十八条,主要包括制定标准的目的、原则、中职学校编制工作的管理体制、内设机构的设置要求、编制管理方式、监督检查工作、适用范围等方面。制定《重庆市中等职业技术学校教职工编制标准及管理办法》不以大规模增编为目的,必须根据经济社会发展需要和学校办学体制、办学背景、办学效益、办学规模和在校学生数等情况,实行有增有减的动态管理机制。《重庆市中等职业技术学校教职工编制标准及管理办法》进一步完善了编制标准规范化和法制化,健全了涵盖大学、中小学和中等职业学校的编制标准体系,对加强中职学校师资培养,发挥职业技术教育在经济社会发展中的基础性战略性地位与作用具有重要意义。

(三)未单独制定本省(市)中等职业学校教师编制的省份

2001年国务院办公厅转发中央编办、教育部、财政部《关于制定中小学教职工编制标准意见的通知》(国办发〔2001〕74号)中规定:普通高中教职工与学生之比,城市为1∶12.5、县镇为1∶13、农村为1∶13.5;并规定:确实需要配备职员、教学辅助人员和工勤人员的,其占教职工的比例,高中一般不超过16%。同时指出“特殊教育学校、职业中学、小学附设幼儿班和工读学校教职工编制标准可参照中小学教职工编制标准，由各地根据实际情况具体确定”。

2002 年教育部关于贯彻《国务院办公厅转发中央编办、教育部、财政部关于制定中小学教职工编制标准意见的通知》(教人〔2002〕8 号)的实施意见中规定：按照国办发〔2001〕74 号文件的编制标准折算，普通高中每班可配备教师 3.0 人；普通初中每班可配备教师 2.7 人；城市小学和县镇小学每班可配备教师 1.8 人；农村小学每班可配备教职工数由各省(区、市)根据实际情况确定，见表 2-8。参照普通高中的标准，职业高中的师生比应在 1∶15～1∶16.7。

表 2-8　中小学班额标准与每班配备教职工数参考

地区	学生班额(人)	教职工(人)	教师(人)	职工(人)
城市	45～50	3.6～4	3	0.6～1
县镇	45～50	3.5～3.8	3	0.5～0.8
农村	45～50	3.3～3.7	3	0.5～0.8

此后许多省份都制定了本省(市)的编制标准，或者对职业高中(职业中学)编制标准单独进行了说明，或者职业中学的标准参照普通中学标准执行。

三、编制工作的时代特点及简评

进入 21 世纪以来，随着党和国家对职业教育的日益重视，职业教育的规模得到快速发展，与此同时，教师队伍建设也取得了一定的成效。新世纪初我国中等职业学校教师编制工作，其出发点主要是进一步科学合理的配置教师，因此其编制标准的制定呈现出了多样化、科学化等特点，灵活性也进一步提升。

(一)中等职业学校教师管理制度不断完善，出台了一系列政策文件

2000 年，教育部、全国教育工会下发了《中等职业学校教师职业道德规范(试行)推动职教教师的师德建设》；教育部、国务院学位委员会下发了《关于开展中等职业学校教师在职攻读硕士学位工作的通知》，开辟了在职教师攻读硕士学位的专门通道；教育部下发了《关于进一步加强中等职业教育师资培养培训基地建设的意见》，推进职教师资培养培训体系建设工作。2001 年，教育部下发了《关于“十五”期间加强中等职业学校教师队伍建设的意见》，对“十五”期间职教师资队伍建设进行了部署。2003 年教育部下发了《关于进一步加强职业技术学校校长培训工作的若干意见》，推动校长培训的规范化、制度化。2006 年，教育部落实国务院《关于大力发展职业教育的决定》要求，下发了《关

于建立中等职业学校教师到企业实践制度的意见》,对职教教师到企业实践做出了规定。不少地方和部门也制定了一些相关的政策文件,如浙江省教育厅颁布了《关于加强中等职业学校专业课教师继续教育工作的意见》,将职教教师的继续教育与使用、考核、评聘、晋升结合起来;广东、浙江等省制定了中等职业学校教职工编制标准。这些政策措施的出台,为教师队伍的健康发展提供了保障。

(二)各级政府日渐重视,各项专题工作逐步展开

教育大计,教师为本。胡锦涛总书记在清华大学建校100周年庆祝大会上的讲话中强调:"要把加强教师队伍建设作为教育事业发展最重要的基础工作来抓。"温家宝总理在全国教育工作会议上指出:"如果说教育是国家发展的基石,教师就是奠基者。"转变经济发展方式,基本的一条就是要依靠提高劳动者素质,推动职业教育科学发展,一个核心要素就是要提高教师队伍整体素质。2010年7月12日,刘延东国务委员在国办专报信息第923期《浙江省中等职业学校师资队伍建设情况调研报告》上批示:"结合《教育规划纲要》的贯彻落实,进一步推动和加强中职师资队伍建设,促进中职教育健康科学发展。"因此,无论是从中央领导的要求来讲,还是从教育规律来看,都把师资队伍建设放在职业教育工作中最重要的位置。此外,浙江省教育厅还于2012年针对全省中等职业学校教师配置情况进行了专题调研,为浙江省中等职业学校教师队伍的建设做出了大量工作。

(三)对中等职业学校编制工作进行了科学合理论证

学校教师编制的实质即学校的人力资源配置。科学的教师配置、合理的师生比,是教育教学活动顺利开展的基本保障,也是提高办学水平和质量的重要前提。随着我国大力发展职业教育步伐的加快以及职业学校改革的深入,教师编制管理成为职业学校内部人事制度改革的核心。中等职业教育的当代实践要求其在学校人力资源配置上要有新的思路和方法。然而,新中国成立六十余年来,特别是改革开放以来,虽然中等职业教育有了很大发展,但至今仍缺少一个科学、系统,体现中职教育特点的人员编制模型,这不仅不利于促进中职教育均衡科学发展,更不利于实现中职教育质量的提高。为此,2009年,教育部职成司专门委托浙江工业大学进行全国中等职业学校编制标准专题研究工作的调研,调研工作对全国各省市中等职业学校教师配置及编制情况作了专门调研,并提交了关于编制标准核定的咨询报告。在此基础上,由浙江工业大学教育科学与技术学院沈希教授主持的2010年国家社科基金教育

学一般课题“中等职业学校人员编制模型与实证研究”(编号:BJA100092),按照《国家中长期教育改革和发展规划纲要(2010—2020年)》和教育部关于中等职业教育的发展规划和总体思路,通过要素模型研究和实证分析,围绕中职学校人员编制标准应考虑的核心要素及其关系模型,中职学校统一的编制标准范式等核心内容展开研究,形成了系列研究成果。

(四)对兼职教师管理及教师任职资格等问题也有了专门的文件规定

1.兼职教师的管理办法

面向企事业单位广泛聘请专业技术人员和高技能人才担任兼职教师,是实现职业教育工学结合、校企合作的客观要求,是强化职业教育实践教学环节,提高人才培养质量的重要手段,是创新职业学校用人机制,加强“双师型”教师队伍建设的重要途径。倡导和鼓励职业学校聘请兼职任教,是我国职业教育教师队伍建设一项长期坚持的政策导向。《国务院关于大力发展职业教育的决定》(国发〔2005〕35号)和《国家中长期教育改革和发展规划纲要(2010—2020年)》都对完善兼职教师聘用政策,鼓励和支持职业学校社会和企事业单位聘请(聘用)兼职教师提出了明确要求。2012年,人社部、教育部、财政部出台了《职业学校兼职教师管理暂行办法》(以下简称《方法》)。《办法》旨在建立优秀人才“共有共享”机制,解决了职业学校聘请兼职教师四个核心问题:一是确定了兼职教师的基本条件。职业学校聘请的兼职教师应具备良好的思想政治素质和职业道德,具有中级以上专业技术职称(职务)或高级工以上等级职业资格,专业素养和技能水平较高,年龄一般不超过65岁。二是规范了兼职教师的管理。《办法》规范了职业学校面向社会聘请兼职教师的工作程序,强调职业学校应建立合作企业人员到职业学校兼职任教的常态机制。同时将选派兼职教师的数量和水平纳入考核企业社会责任的重要内容。三是强化了兼职教师的身份。《办法》明确,兼职教师可按照相应系列教师评价标准参与职务评价,给予兼职教师从事职业学校相应教学岗位工作的专业身份。四是明确了聘用兼职教师经费来源。《办法》提出,建立政府、学校、企事业单位多渠道筹措兼职教师经费投入机制,明确职业学校可以在事业收入中安排一定经费支付兼职教师报酬,鼓励有条件的地方安排财政专项资金予以支持。

2.任职资格有了新的要求

2013年9月,教育部正式印发了《中等职业学校教师专业标准(试行)》(以下简称《专业标准》)。这是继2012年2月印发《幼儿园教师专业标准(试行)》、《小学教师专业标准(试行)》和《中学教师专业标准(试行)》之后,教育部印发的第四个教师专业标准,是我国教师专业化建设的又一重要成果,也是推进我国职业教育教师队伍建设的重要举措。

《专业标准》指明了中等职业学校教师专业化发展和队伍专业化建设的根本方向。《专业标准》是国家对中等职业学校教师专业素质的基本要求,是合格中等职业学校教师开展教育教学活动的基本规范,是引领中等职业学校教师专业发展的基本准则,是中等职业学校教师培养、准入、培训、考核等工作的基本依据。教师是个职业,从事这个职业的人必须由经过系统培养与培训、具有良好的职业道德、掌握系统的专业知识和专业技能的专业人员来担任。中等职业学校教师是履行中等职业学校教育教学工作职责的专业人员,专业课教师和实习指导教师还要具有企事业单位工作经历或实践经验并达到一定的职业技能水平。

《专业标准》贯穿了"师德为先、学生为本、能力为重、终身学习"的基本理念。师德为先要求中等职业学校教师热爱职业教育事业,具有职业理想、敬业精神和奉献精神,践行社会主义核心价值体系,履行教师职业道德规范,依法执教;立德树人,为人师表,教书育人,自尊自律,关爱学生,团结协作;以人格魅力、学识魅力、职业魅力教育和感染学生,做学生职业生涯发展的指导者和健康成长的引路人。学生为本要求中等职业学校教师树立人人皆可成才的职业教育观;遵循学生身心发展规律,以学生发展为本,培养学生的职业兴趣、学习兴趣和自信心,激发学生的主动性和创造性,发挥学生特长,挖掘学生潜质,为每一个学生提供适合的教育,提高学生的就业能力、创业能力和终身学习能力,促进学生健康快乐成长,学有所长,全面发展。能力为重要求中等职业学校教师在教学和育人过程中,把专业理论与职业实践相结合、职业教育理论与教育实践相结合;遵循职业教育规律和技术技能人才成长规律,提升教育教学专业化水平;坚持实践、反思、再实践、再反思,不断提高专业能力。终身学习要求中等职业学校教师学习专业知识、职业教育理论与职业技能,学习和吸收国内外先进职业教育理念与经验;参与职业实践活动,了解产业发展、行业需求和职业岗位变化,不断跟进技术进步和工艺更新;优化知识结构和能力结构,提高文化素养和职业素养;具有终身学习与持续发展的意识和能力,做终身学习的典范。

第三章 现实解读：中等职业学校人员编制标准的省际比较

《国家中长期教育改革和发展规划纲要(2010—2020年)》指出："要以教师为本，加强教师队伍建设；要扩大中等职业学校自主权，运用法规、政策、标准、公共财政等手段引导和支持教育发展。"2013年教育部工作要点指出，要进一步转变管理方式，强化标准制定，运用法规、政策、标准、公共财政等手段引导和支持教育发展。编制标准是加强教师队伍建设的基础性工作，是学校管理的基本依据，对于培养高素质劳动者和技能型人才，促进我国由人力资源大国向人力资源强国转变具有积极推动作用。

第一节 中等职业学校人员编制标准执行的三类情况

2001年国务院办公厅转发中央编办、教育部、财政部《关于制定中小学教职工编制标准意见的通知》(国办发〔2001〕74号)中规定：普通高中教职工与学生之比，城市为1∶12.5、县镇为1∶13、农村为1∶13.5[①]，并规定：确实需要配备职员、教学辅助人员和工勤人员的，其占教职工的比例，高中一般不超过16%。同时规定"特殊教育学校、职业中学、小学附设幼儿班和工读学校教职工编制标准可参照中小学教职工编制标准，由各地根据实际情况具体确定。"这个规定只涉及职业中学，没有考虑中等职业学校其他办学类型；而且只是"可参照"，没有明确规定。这是新中国成立以来关于职业学校教职工编制标准"国家标准"的唯一提法。

① 中央编办、教育部、财政部《关于制定中小学教职工编制标准意见的通知》，国办发〔2001〕74号。

由于国家没有单独制定中等职业学校的编制标准，十余年来，各省各地在开展中等职业学校教职工编制核定与管理时存在三种情况：第一，单独制定了中等职业学校编制标准，先后有安徽（2007）、福建（2007）、湖南（2009）、广西（2009）、河南（2010）、广东（2011）、重庆市（2012）等省、自治区、直辖市。第二，依据国家《关于制定中小学教职工编制标准意见（2001 年）》制定本省中小学教职工编制标准时，对职业中学编制标准进行了单独或特别说明（但基本未涉及普通中等专业学校、职业中等专业学校、技工学校和成人中等专业学校）。先后有湖北（2001）、云南（2002）、甘肃（2002）、海南（2002）、江苏（2002）、山西（2003）、浙江（2004）等省。第三，其余省、自治区、直辖市完全参照《关于制定中小学教职工编制标准意见（2001 年）》核定中等职业学校教职工编制标准。

一、单独制定中等职业学校人员编制标准

（一）安徽省中等职业学校教职工编制标准

2007 年 5 月 14 日，《安徽省人民政府办公厅关于印发〈安徽省中等职业学校机构编制管理暂行办法〉的通知》（皖政办〔2007〕23 号）[①]，规定中等职业学校教职工编制包括管理人员编制、教学人员编制和教学辅助人员编制。编制总额按照学校类别、办学规模以及教职工与学生数比例并适用超额累进的办法，经综合测算后核定（见表 3-1）。

表 3-1　安徽省中等职业学校教职工编制标准

学生数（人）	教职工与学生比			
	理工农医类	综合类	文科类	艺体类
3000 以下的部分	1∶14.5	1∶15.5	1∶17	1∶8～1∶10
≥3001～5000 的部分	1∶17.5	1∶18.5	1∶20	
≥5001～8000 的部分	1∶20.5	1∶21.5	1∶23	
≥8001 的部分	每增加 1000 人，教职工与学生比上调 0.5			

编制标准规定，管理人员编制主要用于配备从事行政管理、党务工作的人员和工勤人员，编制数不得超过学校人员编制总额的 15%。党务人员、行政管理人员和工勤人员分别按 2.5∶6.5∶1 的比例配备。教学人员编制主要用

① 安徽省人民政府办公厅《关于印发〈安徽省中等职业学校机构编制管理暂行办法〉的通知》，皖政办 2007 年 23 号。

于配备专职从事教学和实习实训工作的人员，其编制数不得低于学校人员编制总额的75%。教学辅助人员编制主要用于配备从事实验实训设施的维护和管理、图书资料管理、电子信息化教育、卫生保健等教学辅助人员，其编制数不得超过学校人员编制总额的10%。

(二)福建省中等职业学校编制标准

2007年6月18日，福建省编办印发《福建省中等职业学校编制标准等问题的暂行意见》(闽委编办〔2007〕210号)①规定，中等职业学校事业编制包括领导职数、专任教师、教学辅助人员、行政人员、工勤人员编制。领导职数指担任校级和内设机构的领导；专任教师指专职从事教育、教学工作和实习指导工作的人员；教学辅助人员指从事教学实训、实验、图书、电化教育以及卫生保健的人员；行政人员指党政工团专职人员及在各职能机构从事管理工作的专职人员；工勤人员指从事后勤工作的人员。

中等职业学校编制按员生比(指教职员工与学生之比)核定。其中，艺术、体育类中等职业学校按员生比1∶3比例核定；其他省属和设区市属中等职业学校按福建省普通高中城市标准(即员生比1∶12.5)核定，每班再加0.3个编制；县(市、区)属中等职业学校按福建省普通高中县镇标准(即员生比1∶13)核定，每班再加0.3个编制。

在核定的总编制中，行政和工勤人员不超过25%、专任教师和教学辅助人员不少于75%。

(三)湖南省中等职业学校编制标准

2009年3月25日，湖南省机构编制委员会办公室、湖南省教育厅、湖南省财政厅印发《湖南省中等职业学校机构编制标准(试行)》(湘编办〔2009〕22号)②，规定人员编制结构包括教师编制、教学辅助人员编制、管理人员编制、后勤服务人员编制。教师编制数不低于学校编制总数的85%。兼职教师列入教师编制序列，兼职教师数控制在学校编制总数的15%～30%之间。

编制总数等于学校各类专业学校人数除以各类专业人员比的数值之和，学生人数为基本参数(学生人数取上年全日制在校学生数)，分专业确定生员

---

① 中共福建省委机构编制委员会办公室、福建省教育厅、福建省劳动和社会保障厅、福建省财政厅《关于印发〈福建省中等职业学校编制标准等问题的暂行意见〉的通知》，闽委编办2007年210号。

② 湖南省机构编制委员会办公室、湖南省教育厅、湖南省财政厅的《湖南省中等职业学校机构编制标准(试行)》，湘编办2009年22号。

比（学生人数与教职工人数之比）：农工医卫类 11∶1；商贸财经类 14.5∶1；文化艺术与体育类 7∶1。国家级示范性中职学校，人员编制数可在核定编制总数基础上上浮 5%；省级示范性中职学校，人员编制数可在核定编制总数基础上上浮 3%。上浮编制的部分仅用于教师的引进。

（四）广西壮族自治区中等职业学校教职工编制标准

2009 年 10 月 26 日，《广西壮族自治区机构编制委员会关于印发〈广西壮族自治区中等职业学校机构编制管理暂行规定〉的通知》（桂编发〔2009〕3 号）[①]，规定中等职业学校工作人员分为专任教师、教学辅助人员、管理人员和后期服务人员四类。专任教师指从事文化基础课、专业理论课、专业实训课、顶岗实习课等课程教学和从事学生辅导教育工作的人员。教学辅助人员指从事教学实验实训设备的维护和管理、图书资料管理及卫生保健等教学辅助工作的人员。管理人员指专职从事党务、行政、群团和后勤服务管理等工作的人员。后勤服务人员指从事后勤服务具体工作的人员。

人员编制数额确定的因素包括学校类型、学校等级、标准学生数。中等职业学校类型分为艺术体育类学校、工农医类学校、综合类学校、文科类学校四类。根据分类专业学生数占在校学生数比例（比例须超过 70%）确定学校类型。标准学生数指近 5 年全日制在校生平均数。学校等级分为国家重点学校、省级重点学校和普通学校三类。中等职业学校专任教师编制计算公式为：

$$Z = A_1 A_2 \sum_{i=1}^{n} X_i Y_i$$

式中，Z 表示学校专任教师编制数，X_i 表示分段标准学生数，Y_i 表示分段师生比（表 3-2），A_1 表示学校类别系数（艺术体育类学校 1.80，工农医学类学校 1.06，综合类学校 1.03，文科类学校 1.00）。A_2 表示学校等级系数（国家级重点学校 1.06，省级重点学校 1.03，普通学校 1.00）。

中等职业学校教职工编制计算公式：

$B = Z \div 80\%$，　$B_1 = B \times T_1$，　$B_2 = B \times T_2$，　$B_3 = B \times T_3$。

其中：B 为学校教职工编制数，B_1 为实名编制数，B_2 为非实名编制数，B_3 为后勤服务聘用人员控制数。T_1 为实名编制数占学校人员编制比例，T_2 为非实名编制占学校人员编制比例，T_3 为后勤服务聘用人员控制数占学校人员编制比例。

---

① 广西壮族自治区机构编制委员会《关于印发〈广西壮族自治区中等职业学校机构编制管理暂行规定〉的通知》，桂编发 2009 年 3 号。

标准学生数与分段师生比见表3-2。

表3-2 标准学生数与分段师生比

分段(n)	标准学生数(X_1)	师生比(Y_1)
1	1000人以下	1∶17
2	1001～2000人	1∶18
3	2001～3000人	1∶19
4	3001～5000人	1∶20
5	5001～8000人	1∶21
6	8001及以上	1∶22

(五)河南省中等职业学校编制标准

2010年8月6日,河南省编办印发《河南省编办、省教育厅、省财政厅、省人力资源和社会保障厅关于印发〈河南省中等职业学校教职工编制标准(试行)〉的通知》(豫编办〔2010〕211号)[①],规定中等职业学校教职工编制包括管理人员编制、专业技术人员编制、工勤人员编制。管理人员编制主要用于行政管理、党务工作人员。专业技术人员编制主要用于专职文化理论课、专业课和生产实习指导课程的教学人员以及从事教学实验、图书资料管理、电子信息化教育等教学辅助工作的人员。工勤人员编制主要用于实习实训设施的维护、后勤保障等人员。专业技术人员编制不低于85%,管理人员和工勤人员编制不超过15%。中等职业学校教职工编制按在校生人数确定,教职工与学生比见表3-3。

表3-3 河南省中等职业学校教职工编制标准

在校生数	员生比
2000人以下	1∶14.5
2001～3000人	1∶15
3001～5000人	1∶15.5
5001～8000人	1∶16
艺体类	1∶8～1∶10

注:非全日制在校生与全日制在校生的折算权数为3∶1

① 河南省编办、省教育厅、省财政厅、省人力资源和社会保障厅《关于印发〈河南省中等职业学校教职工编制标准(试行)〉的通知》,豫编办2010年211号。

河南省对中等职业学校教职工编制实行总量控制，动态管理。由机构编制部门统一管理。在编制总额以内，学校按照岗位管理的有关规定可聘用急需的高层次、高技能人才等作为特殊需要。机构编制部门根据在校生变化、教学任务需要等情况适时调整教职工编制。各地可根据财力状况、结合中职学校布局调整，对新增编制分步实施，逐步到位。部分学校超编人员，要借鉴事业单位改革人员分流办法，进行妥善安置。积极推进中等职业学校人事制度改革，实行聘用制度和岗位管理制度，实现由身份管理向岗位管理的转变，由固定用人向合同用人的转变。

（六）广东省中等职业学校教职工编制标准

2004 年 12 月，广东省颁布《广东省中等职业技术学校机构编制标准暂行规定》（粤机编办〔2004〕446 号）[①]，此标准为暂行标准。规定教职工包括教师、职员、教学辅助人员，学校后勤服务工作实行社会化，后勤服务人员不占用学校职工编制。具体编制标准见表 3.4。“中等职业技术学校教职工编制总额主要根据在校学生数及分段员生比计算累加，考虑学校类别、学校等级和财力调节系数等因素，经综合测算后核定。”其计算公式为：

$$B = T_1 T_2 N \sum_{i=1}^{n} Q_i X_i$$

其中 B 表示学校教职工编制总额；Q_i 表示分段员生比（见表 3-4）；X_i 表示分段在校学生数（取近三年在校生平均数）；T_1 表示学校类别参数：艺术体育类学校 1.80～2.00，工农林水医类学校 1.06，综合类学校 1.03，财经政法管理类学校 1.00；T_2 表示学校等级参数：国家级重点学校 1.06，省级重点学校 1.03，普通学校 1.00；N 表示财力系数：省级及经济发达地区 1.00，经济欠发达地区 0.85～0.95。

表 3-4　广东省中等职业学校教师编制标准

分段（n）	在校学生数（X_i）	员生比
1	1000 人及以下	1∶11
2	1001～3000 人	1∶15
3	3001～5000 人	1∶17

① 广东省编办、省教育厅、省劳动保障厅、省财政厅《关于印发〈广东省中等职业技术学校机构编制标准暂行规定〉的通知》，粤机编办 2004 年 446 号。

续表

分段(n)	在校学生数(X_i)	员生比
4	5001～8000人	1∶19
5	8001人及以上	1∶21

2011年11月，广东正式颁布《广东省中等职业技术学校机构编制标准》[①]，规定中等职业技术学校教职工包括教师、党政管理人员和教辅人员。教师，指直接从事教育教学（文化课、专业课、实训实验课等）工作的人员。党政管理人员，指专职从事党政管理工作的人员。教辅人员，指从事教学实训、实验、设备维护、图书资料管理及卫生保健等教学辅助工作的人员。中等职业技术学校后勤服务工作实行社会化，后勤服务人员不再占用学校教职工编制。原在编在职后勤服务人员实行实名制，按"老人老办法"管理，其占用的事业编制随自然减员逐步收回。

中等职业技术学校教职工编制总数以近三年在校学生平均数为依据按标准核定。计算方法为：

$$编制总数=K\times Q\times T$$

式中：K表示近三年在校平均学生数，Q表示员生比（艺术体育类1∶4，其他类1∶12.5），T表示学校类别参数（工农林水医艺体类1，综合类0.7，财经政法管理类0.6）。其中，学生数指全日制学生数。学校类别按照该类在校学生数超过在校学生总数的60%确定。

新设立的中等职业技术学校按标准分年度下达教职工编制数。为适应我省职业教育改革发展的需要，省内经济较发达地区可视当地财力情况，经本级机构编制、教育和财政部门同意，并报地级以上市机构编制部门批准后，按标准上浮一定比例（最高不超过50%）核定中等职业技术学校教职工编制。中等职业技术学校在核定的编制总数内，按照岗位设置配备教职工。教师和教辅人员占编制总数的比例应不低于82%。

（七）重庆市中等职业技术学校教职工编制标准

1999年6月28日，重庆市编办、市教委《关于印发重庆市中等师范学校和全日制中小学、职业高级中学、盲聋哑学校、幼儿园教职工编制标准（试行）的通知》（渝编办〔1999〕34号），规定如表3-5所示。

① 广东省编办、省教育厅、省财政厅、省人力资源社会保障厅《关于印发〈广东省中等职业技术学校机构编制标准〉的通知》，粤机编办2011年321号。

表 3-5　重庆市职业高级中学教职工编制标准表

学校类别	班额标准（人）	平均每班教职工人数（人）			
		计	其中		
			文化课教师	专业课教师	职工
文科类专业学校	45	4.5～5.0	1.7～1.8	1.8～2.0	1.0～1.2
理工农医类专业学校	40	5.5～6.5	2.0	2.5～3.0	1.0～1.5
省级及其以上重点职业高级中学和市审批的职业技术教育中心	40	5.5～7.0	2.0～2.5	2.5～3.0	1.0～1.5

注：每班平均教职工数，在保证正常教学工作和进修的前提下，教师和职工可以调剂使用，但教师所占教职工总数的比例不得低于65%；职工应含校级和中层机构领导，以及党政工团专职干部，各级职能机构的管理人员、工勤人员、实验室工人等；本表编制均指职业高中。

2002年11月26日，重庆市人民政府办公厅《关于印发〈中小学教职工编制标准实施办法〉的通知》（渝办发〔2002〕136号），通知对重庆市中小学教职工编制标准进行了调整。同时指出“本办法自发布之日起执行，重庆市编办、市教委《关于印发重庆市中等师范学校和全日制中小学、职业高级中学、盲聋哑学校、幼儿园教职工编制标准（试行）的通知》（渝编办〔1999〕34号）中涉及的中小学教职工编制标准自行作废。”也就是说，重庆市中等职业学校、职业高级中学沿用的1999年标准长达十余年之久。

2012年11月，重庆市围绕中央和市委、市政府发展职业教育大思路，在充分分析测算的基础上，研究起草并实施了《重庆市中等职业技术学校教职工编制标准及管理办法（试行）》①。规定中等职业技术学校教职工包括教师、职员、教学辅助人员和工勤人员。中等职业技术学校后勤服务工作逐步实行社会化，可通过服务外包或其他方式购买后勤服务，并相应核减工勤人员编制，所需费用按照必要的购买服务人数纳入财政保障。中等职业技术学校教职工编制，按照学生数的一定比例核定（如表3-6），同时指出“中等职业技术学校具有下列情况的，在上述标准的基础上按照从严从紧的原则适当增加编制：国家示范学校或国家级重点学校；设置有支撑和服务我市支柱产业和战略新兴产业相关专业的学校；设置有艺术、体育类专业的学校；有公共实训场所的学校；承担高技能人才培训任务的学校；承担其他教学、科研任务的学校。”

① 重庆市编办，市教委，市财政厅等：《重庆市中等职业技术学校教职工编制标准及管理办法（试行）》，渝编办2012年35号。

重庆市中等职业学校教职工编制标准见表 3-6。

表 3-6 重庆市中等职业学校教职工编制标准

在校生数	员生比
3000 人以下	1∶15
3000～6000 人	1∶16
6000 人以上	1∶17

基于此我们得出七省(区)中等职业学校教职工编制标准的表 3-7。

表 3-7 六省(区)中等职业学校教职工编制标准

<table>
<tr><th>省份</th><th>依据文件</th><th>编制标准制定依据</th><th>编制标准</th></tr>
<tr><td>安徽省</td><td>《安徽省人民政府办公厅关于印发〈安徽省中等职业学校机构编制管理暂行办法〉的通知》(皖政办〔2007〕23 号)(2007 年 5 月 14 日)</td><td>学校类别、办学规模</td><td>“编制总额按照学校类别、办学规模以及本办法规定的教职工与学生数比例,适用超额累进的办法,经综合测算后核定。”分段员生比为:
<table>
<tr><th rowspan="2">学生数</th><th colspan="4">员生比</th></tr>
<tr><th>理工农医类</th><th>综合类</th><th>文科类</th><th>艺体类</th></tr>
<tr><td>3000 人以下的部分</td><td>1∶14.5</td><td>1∶15.5</td><td>1∶17</td><td rowspan="3">1∶8～1∶10</td></tr>
<tr><td>超过 3001～5000 人的部分</td><td>1∶17.5</td><td>1∶18.5</td><td>1∶20</td></tr>
<tr><td>超过 5001～8000 人的部分</td><td>1∶20.5</td><td>1∶21.5</td><td>1∶23</td></tr>
<tr><td>超过 8001 人的部分</td><td colspan="4">每增加 1000 人,教职工与学生比上调 0.5。</td></tr>
</table>
</td></tr>
<tr><td>福建省</td><td>《福建省编办、福建省教育厅、福建省劳动和社会保障厅、福建省财政厅关于印发〈福建省中等职业学校编制标准等问题的暂行意见〉的通知》(闽委编办〔2007〕210 号)(2007 年 6 月 18 日)</td><td>城市与县镇,并参照教学班数、在校学生数</td><td>“中等职业学校编制按员生比(指教职工与学生之比)核定。其中,艺术、体育类中等职业学校按员生比 1∶3 比例核定;其他省属和设区市属中等职业学校按我省普通高中城市标准(即员生比 1∶12.5)核定,每班再加 0.3 个编制;县(市、区)属中等职业学校按我省普通高中县镇标准(即员生比 1∶13)核定,每班再加 0.3 个编制。”</td></tr>
</table>

续表

<table>
<tr><th>省份</th><th>依据文件</th><th>编制标准制定依据</th><th>编制标准</th></tr>
<tr><td>广西壮族自治区</td><td>《广西壮族自治区机构编制委员会关于印发〈广西壮族自治区中等职业学校机构编制管理暂行规定〉的通知》（桂编发〔2009〕3 号）（2009 年 10 月 26 日）</td><td>学校类型、学校等级、标准学生数</td><td>“人员编制数额确定的因素包括学校类型、学校等级、标准学生数”。学校教职工编制计算公式为：$B=Z\div 80\%$。专任教师编制计算公式为：
$$Z = A_1 A_2 \sum_{i=1}^{n} X_i Y_i$$
其中：Z 表示学校专任教师编制数，A_1 表示学校类别系数，A_2 表示学校等级系数，X_i 表示分段标准学生数，Y_i 表示分段师生比。分段师生比为：
<table>
<tr><th>分段（n）</th><th>标准学生数（X_i）</th><th>师生比（Y_i）</th></tr>
<tr><td>1</td><td>1000 人以下</td><td>1∶17</td></tr>
<tr><td>2</td><td>1001～2000 人</td><td>1∶18</td></tr>
<tr><td>3</td><td>2001～3000 人</td><td>1∶19</td></tr>
<tr><td>4</td><td>3001～5000 人</td><td>1∶20</td></tr>
<tr><td>5</td><td>5001～8000 人</td><td>1∶21</td></tr>
<tr><td>6</td><td>8001 及以上</td><td>1∶22</td></tr>
</table></td></tr>
<tr><td>湖南省</td><td>湖南省编办、省教育厅、省财政厅《湖南省中等职业学校机构编制标准（试行）》（湘编办〔2009〕22 号）（2009 年 3 月 25 日）</td><td>学生人数、各专业生员比</td><td>“编制总数等于学校各类专业学生人数除以各类专业生员比的数值之和。”各类专业生员比为：
<table>
<tr><th>专业类别</th><th>生员比</th></tr>
<tr><td>农工医卫类</td><td>11∶1</td></tr>
<tr><td>商贸财经类</td><td>14.5∶1</td></tr>
<tr><td>文化艺术与体育类</td><td>7∶1</td></tr>
</table></td></tr>
<tr><td>河南省</td><td>《河南省编办、省教育厅、省财政厅、省人力资源和社会保障厅关于印发〈河南省中等职业学校教职工编制标准（试行）〉的通知》（豫编办〔2010〕211 号）（2010 年 8 月 6 日）</td><td>在校学生数</td><td>“中等职业学校教职工编制按在校生人数确定。”教职工与学生比为：
<table>
<tr><th>在校生数</th><th>员生比</th></tr>
<tr><td>2000 人以下</td><td>1∶14.5</td></tr>
<tr><td>2001～3000</td><td>1∶15</td></tr>
<tr><td>3001～5000</td><td>1∶15.5</td></tr>
<tr><td>5001～8000</td><td>1∶16</td></tr>
<tr><td>艺体类</td><td>1∶8～1∶10</td></tr>
</table></td></tr>
</table>

续表

省份	依据文件	编制标准制定依据	编制标准
广东省	《广东省编办，省教育厅，省财政厅，省人力资源社会保障厅关于印发〈广东省中等职业技术学校机构编制标准〉的通知》（粤机编办〔2011〕321号）(2011年11月)	在校学生数	“中等职业技术学校教职工编制总数以近三年在校学生平均数为依据按标准核定”，计算方法为：编制总数$=K\times Q\times T$。其中：K表示近三年在校平均学生数；Q表示员生比（艺术体育类1∶4；其他类1∶12.5）；T表示学校类别参数（工农林水医艺体类1；综合类0.7；财经政法管理类0.6）。其中，学生数指全日制学生数。学校类别按照该类在校学生数超过在校学生总数的60%确定。
重庆市	《重庆市中等职业技术学校教职工编制标准及管理办法（试行）》（渝编办〔2012〕35号）	在校学生数	中等职业技术学校教职工编制，按照学生数的一定比例核定： 在校生数 / 员生比 3000人以下 / 1∶15 3000～6000人 / 1∶16 6000人以上 / 1∶17

二、制定中小学教职工编制标准时，对职业中学编制标准进行了单独说明

部分经济和职业教育发展较快的省份在依据国家《关于制定中小学教职工编制标准意见(2001年)》制定本省中小学教职工编制标准时，对职业中学编制标准进行了单独或特别说明。如：

2001年10月20日，湖北省人民政府办公厅《关于印发〈湖北省中小学机构编制管理暂行规定〉的通知》[①]，指出“本规定适用于本省区域内政府举办的全日制中小学、职业中学”。规定职业中学、普通中学45人/班，教职工与学生比为1∶13.8，教师与学生比为1∶15.8。

2002年，江苏省政府办公厅转发省编办等部门《关于核定中小学教职工编制实施意见的通知》(苏政办发〔2002〕113号)[②]，规定江苏省职业高中教职

① 湖北省人民政府办公厅《关于印发〈湖北省中小学机构编制管理暂行规定〉的通知》，鄂政办发2001年112号。

② 江苏省人民政府办公厅《江苏省政府办公厅转发省编办等部门关于核定中小学教职工编制实施意见的通知》，苏政办发2002年113号。

工与学生比，即城市是 1∶11、县镇是 1∶11.5、农村是 1∶12，这一比例学生人数均比普通高中高 1.5，并规定“职员、教学辅助人员和工勤人员占教职工的比例，职业高中一般不超过 18%”。按此标准计算，专任教师和学生人数比例：城市为 1∶13.4、县镇为 1∶14、农村为 1∶14.6。

2004 年 3 月 16 日，浙江省人民政府办公厅转发《省编办等单位〈关于浙江省贯彻国家中小学教职工编制标准实施意见〉的通知》指出，“职业中学、特殊教育学校的教职工编制，由各地参照此编制标准并结合当地实际核定”。浙江省 2004 年制定的中小学教职工编制标准与国家制定的 2001 年中学校教师编制标准相同，但附加了“职业中学专任教师编制可以增编，增编幅度原则上不超过 0.5 人/班”。“对确实需要配备职员、教学辅助人员和工勤人员的学校，其专任教师占教职工的比例，高中一般不低于 86%”。按照这一标准，职业中学学生与专任教师的比例为 1∶12.9～1∶14.3，教师编制高于普通高中标准（如表 3-8）。2008 年，浙江省教育厅出台《浙江省关于进一步加强中等职业学校教师队伍建设的若干意见》（浙教职成〔2008〕241 号）中进一步规定：各地应根据《浙江省贯彻国家中小学教职工编制标准实施意见》（浙政办发〔2004〕22 号）规定，按照中等职业学校的实际办学规模，及时调整学校教师编制，原则上每两年核定一次。中等职业学校的专任教师分文化课教师、专业课教师、实习指导教师三类。为满足职业教育需要，中等职业学校的专业课和实习指导教师占专任教师总数的比例应逐步达到 60%左右，其中实习指导教师原则上不超过教师总数的 10%；鼓励更多的专业课教师发展成为“双师型”教师，并兼任实习指导教师。各地教育行政部门和人事行政部门应帮助并督促职业学校配齐配足专任教师，形成一支以专任教师为主体、专兼职相结合的教师队伍。浙江各级学校教职工编制标准见表 3-8。

表 3-8　浙江各级学校教职工编制标准

学校类别	高中			初中			小学		
	城市	县镇	农村	城市	县镇	农村	城市	县镇	农村
教职工与学生比	1∶12.5	1∶13	1∶13.5	1∶13.5	1∶16	1∶18	1∶19	1∶21	1∶23

（注：1.“城市”指省辖市的市区以及 17 个经济强县（市）的城关镇，省辖市近郊区的执行标准由各市自定；2.“县镇”指县（市）政府所在地城区。）

各省职业高级中学教职工编制标准规定如表 3-9 所示。

表 3-9 部分省份在中小学教职工编制标准中对职业中学教职工编制标准作出说明

省份	依据文件	普通高中教职工编制标准		对职业中学教职工编制标准的规定
		基本编制的员生比	专任教师比例规定	
湖北省	《湖北省人民政府办公厅关于印发〈湖北省中小学机构编制管理暂行规定〉的通知》(鄂政办发〔2001〕112号)(2001年10月20日)	1∶13.8	“专任教师所占比例,普通中学、职业中学一般不低于85%”	“本规定适用于本省区域内政府举办的全日制中小学、职业中学。”
云南省	《云南省人民政府办公厅转发省编办等部门〈关于制定我省中小学教职工编制标准意见〉的通知》(云政办发〔2002〕52号)(2002年5月16日)	1∶12.5~1∶13.5	“职员、教学辅助人员和工勤人员比例不超过16%”(注:即专任教师比例不低于84%)	“特殊教育学校、职业中学、小学附设幼儿班和工读学校教职工编制标准可参照中小学教职工编制标准,由各地根据实际情况具体确定。”
甘肃省	《甘肃省人民政府办公厅批转省编办、省教育厅、省财政厅〈关于实施中小学教职工编制标准意见〉的通知》(甘政办发〔2002〕42号)(2002年7月12日)	城市:1∶12.5 县镇:1∶13 农村:1∶13.5	“职员、教学辅助人员和工勤人员,高中不超过16%”(注:即专任教师比例不低于84%)	“职业学校、小学附设幼儿班和工读学校教职工编制,可参照中小学教职工编制标准核定。”“职员、教学辅助人员和工勤人员,职业中学不超过18%”(即专任教师比例不低于82%)
海南省	《海南省人民政府办公厅转发省编办、省教育厅、省财政厅〈关于中小学教职工编制标准的实施办法〉的通知》(琼府办〔2002〕56号)(2002年9月6日)	城市:1∶14 县镇:1∶14 农村:1∶14	“职员、教学辅助人员、工勤人员占教职工比例,高中少于16%”(注:即专任教师比例不低于84%)	“基本编制标准根据职业高中、职业初中、高中、初中、小学的不同教育层次、特点和城市、县镇、农村等不同区域,按照学生的一定比例核定。”“职员、教学辅助人员、工勤人员占教职工比例,职业高中少于25%”(即专任教师比例不低于75%)

续表

省份	依据文件	普通高中教职工编制标准		对职业中学教职工编制标准的规定
		基本编制的员生比	专任教师比例规定	
江苏省	《江苏省人民政府办公厅转发省编办等部门〈关于核定中小学教职工编制实施意见〉的通知》(苏政办发〔2002〕113 号)(2002 年 10 月 28 日)	城市:1∶12.5 县镇:1∶13 农村:1∶13.5	"职员、教学辅助人员和工勤人员比例不超过 18%"(注:即专任教师比例不低于 82%)	"根据普通高中、职业高中、初中、小学等不同教育层次和学校所处的城市、县镇、农村等不同地域,按学生数的一定比例核定"。职业高中:城市:1∶11、县镇:1∶11.5、农村:1∶12
山西省	《山西省人民政府办公厅转发省编办省教育厅省财政厅〈山西省中小学教职工编制标准及实施意见〉的通知》(晋政办发〔2003〕29 号)(2003 年 6 月 9 日)	城市:1∶12.5 县镇:1∶13 农村:1∶13.5	"职员、教学辅助人员和工勤人员,高中不超过 16%"(注:即专任教师比例不低于 84%)	"中小学核编的范围是指由各级教育行政部门所属并由财政供给的全日制普通中学、小学、职业中学、特殊教育学校(不包括社会力量和其他部门所办学校)。""职业中学参照普通中学的编制标准执行"
浙江省	《浙江省人民政府办公厅转发省编办等单位〈关于浙江省贯彻国家中小学教职工编制标准实施意见〉的通知》(浙政办发〔2004〕22 号)(2004 年 3 月 16 日)	城市:1∶12.5 县镇:1∶13 农村:1∶13.5	"专任教师比例不低于 86%"	"职业中学、特殊教育学校的教职工编制,由各地参照此编制标准并结合当地实际核定。"

三、参照《关于制定中小学教职工编制标准意见(2001 年)》执行中等职业学校教职工编制核定

2002 年以后,全国各省(直辖市、自治区)按照中央办公厅和教育部的要求,制定了各省(市)中小学教职工编制标准,并明确说明职业中学的标准参照中学编制标准执行。从各地制定的标准来看,陕西、贵州、山东等省的标准低于国家制定的标准,如山东规定高中教职工与学生比:城市为 1∶3、县镇为 1∶13.5、农村为 1∶14。新疆等的部分标准高于国家规定,大部分地区与国

家的标准相同，但部分省（市）在国家标准的基础上下浮 3～5 个学生，说明可以低于国家标准。

显然，参照普通中小学教职工编制标准核定职业中学教职工编制不能体现职业教育特色。由于中等职业学校要培养具有综合职业能力，在生产、服务一线工作的高素质劳动者和技能型人才。中等职业教育在人才培养目标、办学模式、专业分类、课程种类、教学方法、教学组织形式、教师资格与聘用等方面都与普通高中教育不同。参照普通中学教职工编制标准核定中等职业学校教职工编制，无法适应中等职业学校的培养目标，不能充分反映职业教育的特色。

第二节　中等职业学校人员编制标准的省际比较[①]

职业教育具有生存性、职业性、针对性、多样性等教育性特征，也具有产业性、生产性、适应性等社会性特性，职业性、专业性、生存性是最基本的特性。职业教育旨在促使个体能顺利从事某种职业的教育活动，要培养个体职业技能、职业态度、职业修养，要求教育者和受教育者具备较强的生产实践技能和技术开发、技术服务能力，具有职业性；职业教育是专业教育，不同专业学生技能形成的过程不同，理论教学与实践教学的比例不同，所需的实习实训条件和方式不同，要求教育要体现遵循专业标准，体现专业规律，教育专业性；职业教育贯穿个体职业发展的全过程，不仅包括职业准备教育、职业基础教育，还包括就业培训、岗位培训、再就业培训等职业生活教育，具有生存性。各省中等职业学校教职工编制标准的制定，适应了职业教育的基本要求，反映了职业教育的根本属性，体现了职业教育的内在规律。

一、核编对象体现了职业教育的现代性

参照《关于制定中小学教职工编制标准的意见（2001 年）》制定中等职业

---

① 本节编辑自以下论文：胡斌武、沈希等：《中等职业学校师资配置存在的问题及其解决策略》，教师教育研究 2011 年第 4 期/人大复印资料《职业技术教育》，2012 年第 1 期；沈希、胡斌武等：《中等职业学校编制标准制订策略——基于六省（区）的比较》，职业技术教育 2011 年第 21 期；胡斌武、沈忱、沈希：《中等职业学校教职工编制标准政策探析》，中国职业技术教育 2013 年第 12 期/人大复印资料《职业技术教育》2013 年第 9 期。

学校编制标准的各省份中,基本上将中等职业学校人员编制分为教师、职员、教学辅助人员和工勤人员,如辽宁省在《辽宁省普通中小学机构编制管理的实施意见》(辽政办发〔2002〕98号)中指出,普通中小学教职工编制包括教师编制、职员编制、教学辅助人员编制和工勤人员编制。

在普通中小学编制标准中对职业中学编制标准做专门说明的省份中,也基本上将中等职业学校人员编制分为教师、职员、教学辅助人员和工勤人员。如湖北省指出,中小学教职工包括教师、职员、教学辅助人员和工勤人员;江苏省指出,中小学教职工包括教师、职员、教学辅助人员和工勤人员,有条件的学校后勤服务工作应逐步实行社会化;浙江省指出,中小学教职工包括教师、职员、教学辅助人员和工勤人员。

出台中等职业学校编制标准的省份,安徽省指出中等职业学校人员编制包括管理人员、教学人员和教学辅助人员编制,管理人员包括行政管理、党务工作人员和工勤人员编制。福建省指出中等职业学校人员编制包括专任教师、教学辅助人员、行政人员、工勤人员编制。湖南省指出中等职业学校人员编制包括教师、教学辅助人员、管理人员、后勤服务人员编制。广西壮族自治区指出,中等职业学校工作人员编制包括专任教师、教学辅助人员、管理人员和后勤服务人员编制。河南省指出中等职业学校人员编制包括专业技术人员、管理人员和工勤人员编制。广东省指出中等职业技术学校人员编制包括教师、党政管理人员和教学辅助人员编制。重庆市指出中等职业技术学校人员编制包括教师、职员、教学辅助人员和工勤人员编制。

比较分析发现,除广东省明确指出后勤服务人员不占用学校人员编制外,其余省(区、市)基本将中等职业学校人员编制分为教师、职员、教学辅助人员和工勤人员编制。教师指学校中直接从事教育、教学工作的专业人员,职员指学校中从事领导和管理工作的人员,教学辅助人员指学校中从事教学实验、图书、电化教育以及卫生保健等教学辅助工作的人员,后勤人员指从事后勤保障服务工作的工人。重庆市的标准虽保留了工勤人员编制,但同时要求后勤服务工作逐步实行社会化,工勤人员逐步不占用编制。我们认为,当前中等职业学校办学实际中,一些后勤工作如安全保卫、水电维修特别是寄宿制学校的宿舍管理、安全保卫等方面很难一下子完全实现社会化,所以,后勤人员的编制一下子很难全部取消。但随着时代的进步,社会的发展,通过服务外包或其他方式购买后勤服务,学校后勤应逐步社会化,后勤人员不应再是核编对象,体现现代职业教育的现代性,职业学校发展的现代性。

二、核编依据体现了职业教育的专业性

出台中等职业学校编制标准的省份，安徽依据学校类别、学生人数确定员生比；福建依据员生比，并考虑学校类别；广西依据学校类别、学校等级、标准学生数确定员生比；湖南依据学生人数、专业类型确定员生比；广东依据在校生人数、学校类别确定员生比；重庆依据学生人数确定员生比，并考虑学校等级、专业类型等因素；河南依据在校学生数确定员生比。可以看出，在校生人数（即学校规模）、学校类别是制定编制标准最基本、最普遍的依据。但是，比较分析发现：

（一）在校生人数的计算方法需要进一步科学论证

其一，对在校生人数，福建称"学生数"，取近三年平均数；湖南称"学生人数"，取上年全日制在校学生数；广西称"标准学生数"，取近五年全日制在校生平均数；广东称"在校学生数"，取近三年全日制在校生人数的平均数；安徽称"在校学生"，河南称"在校生人数"，重庆称"学生数"，没有规定计算方法。

其二，中等职业学校在校生人数变化较大。为适应技术技能人才市场需求，中等职业学校专业变化相对较大，在校生人数变化相应地也较大。但是，在校生人数是取上年（自然年度或学年度）学生数还是取近三年平均数抑或近五年平均数（自然年度或学年度），是仅仅指全日制学生数还是要包括非全日制学生数以及如何计算非全日制学生数，这是我们在制定编制标准是需要确证的问题。

其三，各省平均在校生人数相差不大。统计资料表明，1985 年我国普通中专、技工学校、职业高中三类中等职业学校数为 13549 所，在校生数为 415.61 万人，平均每所学校在校生规模 307 人。根据 2001 年 7 月 2 日，教育部印发的《中等职业学校设置标准（试行）》（教职成〔2001〕8 号），对中等职业学校在校学生有一个基本的规模要求。规定"设置中等职业学校，要有基本的办学规模。学校学历教育在校生数，校址在城市的学校（以下简称城市学校）960 人以上，校址在县镇及农村的学校（以下简称农村学校）600 人以上。"根据《2013 年全国教育事业发展统计公报》[①]，2013 年，全国普通中等专业学校 3577 所，在校生 772.18 万人，平均每所学校在校学生数 2158 人；职业高中 4267 所，在校生 534.22 万人，平均每所学校在校生 1251 人；技工学校 2882

① 《2013 年全国教育事业发展统计公报》，《中国教育报》，2014 年 7 月 4 日。

所，在校生 386.59 万人，平均每所学校在校生 1369 人；成人中等专业学校 1536 所，在校生 229.98 万人，平均每所学校在校生 1497 人。各类中等专业学校 12300 所，在校生 1922.97 万人，平均每所学校在校生 1563 人。当前，许多中等职业学校在校生在 3000～5000 人，特别是横向比较来看，各省学校平均在校学生数相差不大。

（二）学校类别的确定需要进一步科学论证

职业教育作为专业教育，按专业招生，分专业培养，学校类别肯定影响学校编制。2010 年 3 月 8 日，《教育部关于印发〈中等职业学校专业目录（2010 年修订）〉的通知》[①]参考《国民经济行业分类（2002）》、《三次产业划分规定（2002）》、《全国人才市场供求信息分类标准（2000）》、《中华人民共和国职业分类大典》，将我国中等职业学校分为 19 个专业类，321 个专业数。19 个专业类为：01 农林牧渔类、02 资源环境类、03 能源与新能源类、04 土木水利类、05 加工制造类、06 石油化工类、07 轻纺食品类、08 交通运输类、09 信息技术类、10 医药卫生类、11 休闲保健类、12 财经商贸类、13 旅游服务类、14 文化艺术类、15 体育与健身类、16 教育类、17 司法服务类、18 公共管理与服务类、19 其他。出台中等职业学校编制标准的省份，安徽省将学校类别分为理工农医类、综合类、文科类、艺体类四类；广西壮族自治区将学校类别分为艺术体育类、工农医学类、综合类、文科类四类；湖南省将学校类别分为农工医卫类、商贸财经类、文化艺术与体育类三类；广东省将学校类别分为工农林水医艺体类、财经政法管理类、综合类三类。

但是，我们认为，学校类别的确定比较复杂，也有难度。出台编制标准的省份中，广西壮族自治区提出“学校类别根据分类专业学生数占在校学生数比例（须超过 70%）确定学校类别”，广东省提出“学校类别按照该类在校学生数超过在校学生总数的 60%确定”，其余省（自治区、直辖市）没有提出如何确定学校类别。事实上，即使是按照专业学生数占在校学生数的 60%（或 70%）来确定学校类别，在实际操作过程中，也有相当的复杂性。比如，20 世纪 90 年代以后，很多学校都设有信息技术类、财经商贸类、加工制造类等热门专业，很有可能诸多热门专业学生数占在校学生数的比例都接近 60%（或 70%），使得学校趋于同类，难以有效区分学校类别。所以，随着学校专业的调整、学校综

① 教育部《关于印发〈中等职业学校专业目录（2010 年修订）〉的通知》，教职成 2010 年 4 号。

合化的趋势，如何确定学校类别是核编时的一个现实问题，甚至是否依据学校类别制定编制标准也是一个需要论证的问题。

三、编制标准体现了职业教育的教育性

员生比即教职工与在校生人数比。员生比值越大，说明学校人员配置标准越优。《关于制定中小学教职工编制标准的意见(2001年)》指出，高中阶段教育，城市学校教职工与学生比为1∶12.5，县镇学校教职工与学生比为1∶13，农村学校职工与学生比为1∶13.5；初中阶段教育，城市学校教职工与学生比为1∶13.5，县镇学校教职工与学生比为1∶16，农村学校职工与学生比为1∶18；小学阶段教育，城市学校教职工与学生比为1∶19，县镇学校教职工与学生比为1∶21，农村学校职工与学生比为为1∶23。参照《关于制定中小学教职工编制标准的意见(2001年)》制定中等职业学校编制标准的各省份中，《湖北省中小学机构编制管理暂行规定》指出，平均学生数为40人的小学班级，教职工与学生的比为1∶21.6；平均学生数为45的初中和高中班级，员生比分别为1∶16.8与1∶13.8。浙江省人民政府办公厅转发省编办等单位《关于浙江省贯彻国家中小学教职工编制标准实施意见〉的通知》指出，高中教育阶段城市、县镇、农村教职工与学生比分别为1∶12.5、1∶13、1∶13.5；初中教育阶段城市、县镇、农村教职工与学生比分别为1∶13.5、1∶16、1∶18；小学教育阶段城市、县镇、农村教职工与学生比分别为1∶19、1∶21、1∶23。《江苏省人民政府办公厅转发省编办等部门关于核定中小学教职工编制实施意见的通知》指出，普通高中城市、县镇、农村学校教职工与学生比分别为1∶12.5、1∶13、1∶13.5；职业高中学校城市、县镇、农村学校教职工与学生比分别为1∶11、1∶11.5、1∶12；初中教育阶段城市、县镇、农村学校教职工与学生比分别为1∶13.5、1∶16、1∶17.5；小学教育阶段城市、县镇、农村学校教职工与学生比分别为1∶19、1∶21、1∶24.5。由此可见，员生比表现为各教育阶段差距大，城市、县镇、农村教育差距明显，教育资源分布不均。

出台中等职业学校编制标准的省份，安徽、福建、湖南、广东等省份主要依据学校类别或专业确定员生比。安徽省规定，3000人以下的部分，理工农医类，综合类、文科类学校员生比分别为1∶14.5、1∶15.5、1∶17；3001～5000人的部分，理工农医类，综合类、文科类学校员生比分别为1∶17.5、1∶18.5、1∶20；5001～8000人的部分，理工农医类，综合类、文科类学校员生比分别为1∶20.5、1∶21.5、1∶23；8001以上的部分，每增加1000人，教职工与学生比上调0.5；艺体类员生比为1∶8～10。福建省规定，艺术、体育类员生比1∶3；

其他省属和设区市属中等职业学校员生比 1∶12.5,每班再加 0.3 个编制;县(市、区)属中等职业学校员生比 1∶13 核定,每班再加 0.3 个编制。湖南省规定,员生比农工医卫类 1∶11,商贸财经类 1∶14.5,文化艺术与体育类 1∶7。广东规定,艺术体育类 1∶4,其他类别 1∶12.5。广西、河南、重庆等省份主要依据在校生人数确定员生比。广西壮族自治区规定,标准学生数 1000 人以下,员生比 1∶21[①];1001～2000 人,员生比 1∶22.5;2001～3000 人,员生比 1∶24;3001～5000,员生比 1∶25;5001～8000 人,员生比 1∶26;8001 人及以上,员生比 1∶27.5。河南省规定,3001～5000 人,员生比 1∶15.5;5001～8000人以上,员生比 1∶16。重庆市规定,学生 3000 人以下,员生比 1∶15;3000～6000 人,员生比 1∶16;6000 人以上,员生比 1∶17。

但是,比较分析发现,各地编制标准差异较大。以 3000～5000 人规模的普通中等职业学校的员生比为例(中等职业学校普遍规模为 3000～5000 人),广东省为 1∶12.5,河南省为 1∶15.5,重庆市为 1∶16,安徽省为 1∶18.5,广西壮族自治区为 1∶25。以艺术、体育类学校员生比为例,福建省为 1∶3,广东省为 1∶4,湖南省为 1∶7,安徽省为 1∶8～10。可以看出,不仅不同地区编制标准差异较大,如东部地区广东省的标准优于西部地区广西壮族自治区的标准,东部福建省的标准优于中部湖南省、安徽省的标准;而且同一地区标准也有差异,如同样属中部地区,河南省的标准优于安徽省的标准,同样属西部地区,重庆市的标准优于广西壮族自治区的标准。由于员生比的差异使得不同地区教师劳动不公平,师资队伍建设标准不公平,这也是教育不公平的表现。

四、编制结构体现了职业教育主体性

(一)合理配置专任教师

《关于制定中小学教职工编制标准的意见(2001 年)》规定,普通高中的职员、教学辅助人员和工勤人员占教职工的比例一般不超过 16%,也就意味着,普通高中专任教师占学校人员编制比例应不低于 84%[②]。

出台中等职业学校编制标准的省份,安徽省规定教学人员编制不得低于学校人员编制总额的 75%;福建省规定专任教师和教学辅助人员不少于

---

① 此处广西以生师比为标准,但专任教师占教职工总额 80%,故员生比经由计算而得。

② 《关于制定中小学教职工编制标准的意见(2001 年)》的规定,即普通高中的职员、教学辅助人员和工勤人员占教职工的比例一般不超过 16%,也就是说,普通高中,专任教师占学校人员编制比例应不低于 84%。

75%；广西壮族自治区规定教师编制数不低于80%；广东省规定教师和教学辅助人员占编制总数的比例不低于82%；湖南省规定教师编制数不低于学校编制总数的85%；河南省规定专业技术人员编制不低于85%；重庆市没有特别规定专任教师比例。比较分析发现，专任教师编制基本在75%～85%之间。我们认为，当前，中等职业学校办学实践中，一是中职教育教学特点，实践教学环节比重大，学校管理任务繁重；二是中职学生的身心特点，学生管理事务繁多；三是很多学校有寄宿制学生，增加了管理工作。所以，中等职业学校人员中，教辅人员和职员的比例应高于普通高中。但教师是学校人才培养的主体，教师编制应占学校人员编制相当的比例，至于教师的具体比例还需要科学论证，基于中职学校教育教学特点，总体上应该低于普通高中的比例。

（二）合理确定公共基础课教师与专业技能课教师的比例

2009年教育部《关于制定中等职业学校教学计划的原则意见》将中职学校课程设置分为公共基础课程和专业技能课程两类，相应地，中职学校教师分为公共基础课教师和专业技能课教师。公共基础课教师主要承担公共基础课程教学，包括德育课、文化课、体育与健康课、艺术课及其他选修公共课程；专业技能课教师主要承担专业技能课程教学，其任务是培养学生掌握必要的专业知识和专业技能，提高学生择业、从业及创业能力。专业技能课教师既可以承担专业理论课教学，也可以开展实践、实训、实习指导和教学。根据教育部《关于制定中等职业学校教学计划的原则意见》，公共基础课程学时一般占总学时的1/3，累计总学时约为一学年；专业技能课程学时一般占总学时的2/3，其中顶岗实习累计总学时约为一学年，专业课程学时约为一学年。由于在专业课程学时中也有部分实践实训学时，专业技能课教师的比例应得到强化，公共基础课教师和专业技能课教师比例应为3∶7左右。但是，考虑到中等职业学校要避免陷入机械的一技一艺的教学，还要关注学生职业的发展能力和职业的迁移能力，因此允许学校公共基础课教师和专业技能课教师在比例3∶7～4∶6之间变动。

（三）合理设定领导职数

关于中等职业学校的校领导职数，在普通中小学编制标准中对职业中学编制标准做专门说明的省份中，湖北省规定，普通中学（含高中、初中）一般配备校长1人，副校长1人；24个教学班以上的学校可增配副校长1人。职业中学的工作机构和领导岗位除参照普通中学的规定设置外，可设立生产实习和就业指导办公室，配备主任1人；24个教学班以上的可增配副主任1人。浙江省规定，中小学规模在 13～23 个班、24～35 个班、36 个班以上的，一般分别设置内设机构 2 个、3 个、4 个，校级领导职数分别为 2～3 名、3～4 名、4～5 名。规模在 12 个班及以下的，中学可设 1～2 个内设机构，配备校级领导 1～2 名和教导主任、总务主任各 1 名。中小学内设机构名称统一为办公室、教导处、总务处等，每个内设机构一般可配备 1 名负责人。江苏省规定，中小学内设机构和领导职数标准按学校规模确定，中小学规模在 12 个班以下的配备校级领导 1～2 人，13～23 个班的配备校级领导 2～3 人，24～36 个班的配备校级领导 3～4 人，36 个班以上的可再增加校级领导 1 人。

在已出台教职工编制标准的省份中，提出了 3～9 名不等的校级领导职数（如表 3-10）。福建规定一般为 4 名，国家级和省级重点中等职业学校可分别增加副职 2 名和 1 名。安徽规定在校学生 3000 人以下，配备 3～4 名；3001～5000 人，配备 4～5 名；5001～8000 人，配备 5～6 名；8001 人以上，配备 6～7 名。广西规定标准学生数 6000 人以下，配备 3～4 名；6000 以上，配备 4～5 名。湖南省规定学生数 3000 人以下，配备不超过 5 人；3000 以上，配备不超过 7 人。河南省规定在校生 3001～5000 人，配备 5～6 名；5001～8000 人，配备 6～7 名；8001 人以上，配备 7～9 名。广东省规定在校学生数 1000 人及以下，配备 3 名；1001～3000 人，配备 3～4 名；3001～5000 人，配备 4～5 名；5001～8000 人，配备 5～6 名；8001～12000 人，配备 6～7 名；12001 人以上，配备 7 名。重庆市规定在校学生 3000 人以下，配备 3～4 名；3000～6000 人，配备 4～5 名；6000 人以上，配备 5～6 名，国家示范学校或国家级重点学校，可增配 1 名。详见表 3-10。

表 3-10　已出台教职工编制标准省（区）校级领导职数限额

在校生数		校级领导职数					
		安徽	广西	湖南	河南	广东	重庆
1000 人及以下						3 名	
2000 人以下							
	1001～3000 人					3～4 名	
2001～3000 人							
	3000 人以下	3～4 名		5 名			3～4 名
	3000～6000 人						4～5 名
3001～5000 人		4～5 名		7 名	5～6 名	4～5 名	
5001～8000 人		5～6 名			6～8 名	5～6 名	

续表

在校生数		校级领导职数					
		安徽	广西	湖南	河南	广东	重庆
	6000 人以下		3～4 名				
	6000 人以上		4～5 名				5～6 名
8001 人及以上		6～7 名			7～9 名		
	8000～12000 人					6～7 名	
	12001 人以上					7 名	
福建规定:校级领导职数一般为 4 名(正职 1 名、副职 3 名),国家级和省级重点中等职业学校可分别增加副职 2 名和 1 名。							

比较分析发现,职业学校的校领导职数基本上以在校生人数为参照数,并考虑学校等级。以 3000～5000 人规模的普通中等职业学校为例,广东配备 4～5 名,福建配备 4 名,河南配备 5～6 名,安徽配备 4～5 名,湖南配备不超过 7 名,广西配备 3～4 名,重庆配备 4～5 名,各地基本趋于一致。我们认为,中等规模的中等职业学校,校领导职数以 5～6 名为宜。

五、机构编制体现了职业教育的针对性

职业教育作为一种专门教育,具有较强的针对性,宏观上针对经济社会发展尤其是地方经济社会发展对人才的需要;中观上,针对岗位群所要求的专门技术理论和经验知识;微观上,针对职业岗位所要求的专门技能、技巧,针对个体的兴趣、爱好、特长等个性特征。中职教育在人才培养目标、办学模式、专业门类、课程种类、教学方法、教学组织形式等方面都与普通教育有所不同,它使得中职学校对教师的需求数量、类型、任用办法等方面不同于普通高中,并体现中职教育各类专业的区别,体现文化课教师与专业课教师、实习指导教师的区别,体现专职教师与兼职教师的区别。相比普通教育,职业教育办学需要另外设置实习实训、招生就业、学生管理等管理机构或教育教学组织机构。参照《关于制定中小学教职工编制标准的意见(2001 年)》制定中等职业学校编制标准的各省份中,湖北省规定,普通中学工作机构设办公室、教导室、总务室,各工作机构可配备主任 1 人,24 个教学班以上的可增配教导室副主任、总务室副主任各 1 人。职业中学的工作机构和领导岗位除参照普通中学的规定设置外,可设立生产实习和就业指导办公室,配备主任 1 人,24 个教学班以上的可增配副主任 1 人。江苏省规定,中小学内设机构和领导职数标准按学校规

模确定。普通中学、职业高中、完全小学设教导处(室)、总务处(室);重点中学、重点职业高中和24个班以上的学校可增设1～2个机构。浙江省规定,中小学规模在36个班以上一般内设机构4个,24～35个班一般内设机构3个,13～23个班一般内设机构2个,规模在12个班及以下的,中学可设1～2个内设机构。

在出台中等职业学校编制标准的省份中,福建省规定,中等职业学校内设机构实行限额管理,数量为6～8个。其中,国家级重点中等职业学校可设8个,省级重点中等职业学校可设7个,其他中等职业学校可设6个。内设机构的具体名称由其行政主管部门确定。安徽省规定,在校学生3000人以下,内设5～6个机构;3001～5000人,内设6～7个机构;在校学生5001～8000人,内设7～8个机构;在校学生8001以上,内设机构不超过9个。广西壮族自治区规定,内设机构包括管理机构和教学辅助机构。管理机构根据办学规模在规定限额内确定:在校生3000人以下的,不超过6个;在校生3000～6000人的,不超过8个;在校生6000人以上的,不超过9个。内设教学辅助机构的设置及调整由学校提出方案,经本级教育行政主管部门(或劳动保障部门)同意后,报其行政主管部门审批。湖南省规定,中等职业学校内设机构包括党政管理机构和教育教学组织机构。党政管理机构数量标准:学生人数3000人以下,不超过6个;3000～5000人,不超过7个;5000～8000人,不超过8个;8000人以上,不超过9个。教育教学组织机构由学校申请,主管部门审查,机构编制部门审批设立。河南省规定,中等职业学校内设机构的数额按在校生人数确定。在校人数在3001～5000人的设7个,5001～8000人以上的设8个。广东省规定,在校学生数1000及以下,内设管理机构4～5个;1001～3000,内设管理机构5～6个;3001～5000,内设管理机构6～7个;5001～8000,内设管理机构7～9个;8001～12000,内设管理机构9～11个;12001以上,内设管理机构11～12个。同时规定"实行多校区办学的学校可根据实际情况增核1～2个内设管理机构。"重庆市规定,中等职业技术学校内设机构应当综合设置,职能相近的机构,尽可能合并或实行合署办公。学校党组织、工会共青团等群众组织按照有关规定和章程设置。

已出台教职工编制标准省份中,提出了4～12个不等的内设机构(见表3-11)。

表 3-11 已出台教职工编制标准省(区)内设机构限额一览

在校生数		内设机构数				
		安徽	广西	湖南	河南	广东
1000 人及以下						4～5 个
2000 人以下					5 个	
	1001～3000 人					5～6 个
2001～3000 人					6 个	
	3000 人以下	5～6 个	6 个	6 个		
	3000～6000 人		8 个			
3001～5000 人		6～7 个		7 个	7 个	6～7 个
5001～8000 人		7～8 个		8 个	8 个	7～9 个
	6000 人以下					
	6000 人以上		9 个			
8001 人及以上		9 个		9 个		
	8000～12000 人					9～11 个
	12001 人以上					11～12 个
福建省规定:国家级重点中等职业学校可设 8 个,省级重点可设 7 个,其他学校可设 6 个。						

综合比较分析,我们认为,内设机构尽可能综合设置,数量按以下标准控制:在校学生数 2000 人及以下 4～5 个;2001～5000 人 5～6 个;5001 人及以上 6～7 个。

六、编制管理体现了职业教育的自主性

一方面,职业教育作为一种类型的教育,职业学校工学结合、校企合作的办学规律要求职业学校要聘用兼职教师、适时调整专业设置、开展社会培训、教师继续教育、定期企业实践等,特别是要聘用大量兼职教师;另一方面,职业教育作为省级统筹教育,我国区域发展不平衡,东、中、西部教育发展水平不同,加之各中职学校历史、发展水平等校情各异,一个统一的标准很难覆盖所有中职教育。这些都诉求着编制管理要创新机制,具有针对性、灵活性,赋予学校一定的用人自主权,提高在办学模式、育人方式、资源配置、人事管理等方面的自主性。

（一）编制管理强调适应、精简，体现效能性

编制核定与编制管理原则上，《关于制定中小学教职工编制标准的意见（2001 年）》指出应遵循以下原则：保证基础教育发展的基本需要；与经济发展水平和财政承受能力相适应；力求精简和高效；因地制宜，区别对待。出台中等职业学校编制标准的省份，安徽省规定，应当满足学校基本教学与实习实训的需要，与经济社会发展水平和财政承受能力相适应，遵循精简、统一、效能的原则。广西壮族自治区规定，按照规范、合理、精简、高效的要求，中等职业学校编制管理实行政府监管和学校自主管理相结合的体制。既要满足学校基本教学和实习实训需要，促进学校发展，又要与当地经济社会发展水平和财政承受能力相适应。河南省规定，以在校生规模为依据，实行总量控制，动态管理，加强教职工队伍建设，促进中等职业教育健康发展。广东规定，中等职业技术学校的机构编制，按照精简、高效的原则，坚持政府监管和学校自主管理相结合，分级、分类管理，实行总量控制、动态调整，编制数随学生数的增减相应核增或核减。重庆市规定，中等职业技术学校教职工编制标准和管理，应遵循以下原则：保证中等职业技术教育发展和学校教学与实训的基本需要；与经济发展水平和财政承受能力相适应；坚持精简、效能。

各省都强调编制核定要保证职业教育发展的基本需求，要适应经济发展水平和财政适应能力，要因地制宜，区别对待，要精简、高效，充分体现了标准管理的杠杆作用，发挥了编制标准管理的效能性。

（二）编制核定适时调整，体现了动态性

各地对中等职业学校的核编，有的提出两年核定一次编制，如江苏（苏政办发〔2002〕113 号）指出，“对中小学教职工编制总量要根据教育事业发展规划、生源变化和学校布局调整等情况每两年调整一次，实行动态管理”；浙江（浙政办发〔2004〕22 号）指出，“中小学教职工编制原则上每 2 年核定一次，由各地按照核编程序办理。”有的提出三年核定一次编制，如湖北（鄂政办发〔2001〕112 号）指出，“中小学的机构编制每三年重新核定调整一次”；辽宁（辽政办发〔2002〕98 号）指出，“普通中小学教职工人员编制实行动态管理，原则上每 3 年调整一次”。有的提出五年核定一次编制，如广西（桂编发〔2009〕3 号）指出，“中等职业学校人员编制实行动态管理，机构编制部门依据标准学生数的变化情况，对各中等职业学校实名编制每 5 年重新核定一次；非实名编制每年核定一次；后勤服务聘用人员控制数随实名编制变化而重新确定”。

但很多省份没有专门规定核编时限，只是提出了原则性意见。如安徽省

规定“中等职业学校的机构编制实行动态管理。机构编制管理部门根据办学体制、办学规模、布局调整等情况，对中等职业学校的机构编制适时予以调整”。河南省规定“中等职业学校教职工编制实行总量控制，动态管理”。广东省规定“中等职业技术学校的机构编制，按照精简、高效的原则，坚持政府监管和学校自主管理相结合，分级、分类管理，实行总量控制、动态调整，编制数随学生数的增减相应核增或核减”。重庆市规定“中等职业技术学校教职工编制核定后，根据经济社会发展需要和学校办学体制、办学前景、办学效益、办学规模和在校学生数等情况，实行有增有减的动态管理机制。对在校学生数严重萎缩的学校，逐步收回现有编制”。也有部分省份并未提及编制时限及原则性，如福建（闽委编办〔2007〕210 号）没有提出核编时限。湖南（湘编办〔2009〕22 号）没有指出原则性意见。

编制核定工作具有整体性、关联性、动态平衡性等特征，是一项系统工程。一方面，它要充分考虑职业教育诸多内部因素，如学校规模、班额、专业类别、教师类别、内设机构数、领导职数等；另一方面，作为社会公共管理的一部分，它又受到职业教育诸多外部因素的制约，如经济发展水平、公共财政制度、国家或地方工作重心等等。所以，编制核定工作，必须连贯而系统，建议每两年核定一次编制，并将编制核定与教师聘用、教学改革等学校管理制度相配套，优化配置，精简高效。

（三）编制管理适度灵活，体现了特殊性

职业教育办学特殊性在于：①适应教师继续教育的需要。继续教育是终身学习体系的重要组成部分。继续教育是终身学习体系的重要组成部分。《纲要》强调，要建立健全继续教育体制机制，鼓励个人多种形式接受继续教育，支持用人单位为从业人员接受继续教育提供条件。2007 年教育部《关于“十一五”期间加强中等职业学校教师队伍建设的意见》（〔2007〕2 号）指出，要加大培训力度，提高教师队伍整体素质，包括实施“中等职业学校教师素质提高计划”，进一步加强骨干教师培训；加快教师学历达标步伐，提升专业课教师学历层次；大力推进教师到企业实践工作提高教师实践教学能力；积极开展校本培训等。《纲要》强调，要建立健全继续教育体制机制，鼓励个人多种形式接受继续教育，支持用人单位为从业人员接受继续教育提供条件。当前，中等职业学校教师大多满负荷教学，既无暇顾及教育科研，更难有时间接受继续教育，这既不利于各级教师培训项目的推进，也不利于教师素质的提高。②满足学校开展短期培训对编制的需要。短期培训越来越成为中等职业学校教学工作的重要内容。《纲要》强调，支持各级各类学校积极参与培养有文化、懂技术、会经营的新型农民,开展进城务工人员、农村劳动力转移培训。逐步实施农村新成长劳动力免费劳动预备制培训。今后,中等职业学校开展短期培训项目会越来越多,范围会越来越广,任务会越来越重。短期培训大多数是实用技能培训,对教师要求高;短期培训的时间跨度也很大,几天、几个月、甚至1年都有,占用大量的优质教学人员和教学资源。所以,必须把短期培训占用的教学人员或时间纳入教学编制。而以往的经验性做法是采用附加编制方式解决培训所需的教师编制。这解决了一时的问题解决不了长远问题,解决了一地的问题解决不了普遍的问题。③解决学校聘请兼职教师的"瓶颈"问题。中等职业学校培养高素质劳动者和技能型人才的办学目标决定了中等职业教育必须接轨实际职业岗位所应具有的知识和技能,因此其教师队伍应有大量具有丰富实践经验和专业技能的一线技术人员加入。为加强包括兼职教师在内的师资队伍建设,2006年,教育部、财政部印发了《关于实施中等职业学校教师素质提高计划的意见》(教职成〔2006〕13号),2007年印发了《中等职业学校紧缺专业特聘兼职教师资助项目实施办法》(2007年);2007年4月19日,教育部颁发了《关于"十一五"期间加强中等职业学校教师队伍建设的意见》(教职成〔2007〕2号),指出要从教育教学的实际需要出发,本着"不求所有,但求所用"的原则,多渠道从社会上特别是企事业单位聘请在职、离职待岗或退休的专业技术人员、高技能人才,充实到职业学校教学一线,承担专业课或实习指导教学任务。2011年12月24日,教育部颁发了《关于"十二五"期间加强中等职业学校教师队伍建设的意见》(教职成〔2011〕17号)指出"'十二五'期间,实施职业院校教师素质提高计划兼职教师推进项目,各地要按照国家统一部署和要求,支持中等职业学校设立一批兼职教师岗位,解决兼职教师的待遇和管理问题,切实发挥好兼职教师在教学中的作用"[①]。2012年10月18日,教育部、财政部、人力资源社会保障部、国有资产监督管理委员会《关于印发〈职业学校兼职教师管理办法〉的通知》(教师〔2012〕14号)指出要完善职业学校兼职教师管理制度,强化实践教学环节、优化教师队伍结构,支持、吸引和规范职业学校聘请具有实践经验的专业技术人员、高技能人才担任兼职教师。兼职教师指受职业学校聘请,兼职担任特定专业课或者实习指导课教学任务的专业技术人员、高技能人才。聘请兼职教师应重点满足面向战略性新兴产业、现代农业、先进制造业、现代服务业及特色专业的教学需要。兼职教师占职业

① 教育部《关于"十二五"期间加强中等职业学校教师队伍建设的意见》,教职成2011年17号。

学校专兼职教师总数的比例一般不超过30%[①]。

参照《关于制定中小学教职工编制标准的意见(2001年)》制定中等职业学校编制标准的各省份中，湖北省(2001年)规定，“学校在核定的编制员额内，自主选用和聘任教师、职员、教学辅助人员和工勤人员”；浙江以0.5名/每班的“附加编制”。

出台中等职业学校编制标准的省份，安徽省(2007年)规定，机构编制管理部门在审核确定中等职业学校人员编制时，应当在学校人员编制总额中核定不超过编制总额的5%，预留作为浮动编制，专门用于配备教学人员。中等职业学校根据在校学生数的变化、在职教师进修培训以及引进优秀教师等需要，可以在报经主管部门同意后，向机构编制管理部门申请使用浮动编制。湖南省(2009年)以“编制总数的15%～30%为兼职教师编制”；广西壮族自治区(2009年)以编制总额25%～35%的“非实名制编制”，体现与解决兼职教师聘请问题。人员编制管理由实名制(全额拨款事业编制，管理到人，办理入编，简称“实名编制”)、非实名制(为临时性聘用人员使用，只管数量，不明确到人，不办理入编，简称“非实名编制”)和后勤服务聘用人员控制数三部分组成。实名制用于配备学校办学长期需要的骨干专任教师、教学辅助人员和管理人员。非实名制用于聘用满足学校灵活办学需要的专任教师、教学辅助人员和管理人员。后勤服务聘用人员控制数用于聘用学校食堂、修缮队、车队、绿化、保洁等后勤人员。实名制、非实名制和后勤服务聘用人员控制数占学校人员编制比例分别为60%～70%、25%～35%、5%。使用实名编制人员必须办理入编手续，人事部门办理增加人员计划和核定工资，财政部门按实有在编人员拨付工资。使用非实名编制人员不办理入编手续，属临时性聘用人员，由学校根据实际需要在核定数额范围内自行聘用，报机构编制部门备案后，财政部门按核定的非实名编制数和相关标准拨付经费。广东省规定，省内经济较发达地区可视当地财力情况，经本级机构编制、教育和财政部门同意，并报地级以上市机构编制部门批准后，按标准上浮一定比例(最高不超过50%)核定中等职业技术学校教职工编制。重庆市规定，根据分类推进事业单位改革的精神，创新中等职业技术学校编制管理，建立能进能出的人才引进机制。可实行定编不定人的管理方式，主要用于学校外聘教师，所需编制在按照标准核定的编制总量中另行单独明确，财政视同定编制教师给予经费保障。

---

① 教育部、财政部等《关于印发〈职业学校兼职教师管理办法〉的通知》，教师2012年14号。

比较分析发现,虽然只有安徽、湖南、广西明确规定了浮动编制、灵活编制的比例,但各省(自治区、直辖市)基本地都强调要坚持政府监管与学校自主管理相结合,留给中职学校一定的用人空间,增强职业学校办学自主权。

第三节　各省编制标准助推了现代中等职业教育加快发展

各省出台中等职业学校教职工编制标准既是基于大力发展职业教育、加快中等职业教育发展的历史需要,加快现代职业教育的时代需要,也是基于出台编制标准,更好更快地培养技术技能型人才,进一步推进现代职业教育特别是中等职业教育的加快发展。

一、湖北省

2001 年,湖北省采取一系列措施推进职业教育发展。一是稳定中等职业教育规模。招生数达到 17.3 万人(含技工学校),实现了稳中有升的局面。允许学校根据其条件和办学能力自主招生,允许应届、往届初、高中毕业生凭毕业证注册入学。扩大"3+2"分段制和"五年一贯制"高职教育的试点规模,招生达到 1.35 万人,比上年增长 70%;扩大了中职对口升高职的比例,招收中职毕业生 1.3 万人,比上年增长 30%;打通高职对口升本科的渠道,10%的高职二年级的学生转为本科学习;开展了保送优秀中职毕业生就读成人高校的工作,2001 年有 3000 多人被推荐到成人高校学习。二是实现普通教育与职业教育的学籍沟通。允许普通高中各年级学生自愿转入中职学校学习,对普通高中毕业生到中职学校学习一年的可发中职文凭,以吸引高中毕业生到中职学校就读。三是加强骨干示范学校建设。2001 年是湖北省实施中等职业技术教育"512 工程"(即 5 年内在全省重点建设 100 所、办学规模 2000 人的示范性中等职业学校)的第三年,43 所学校通过"512 工程"合格学校评审认定。2001 年共创建县(市)"512 工程"合格学校 12 所。同时将实施"512 工程"与创建重点骨干学校结合起来,通过政策引导,资金扶持,2001 年教育部批准湖北省 20 所学校为国家级重点中等职业学校,评估认定了省部级重点中等职业学校 22 所,建成省级示范乡(镇)成校 59 所。重点职业学校的骨干示范作用不断加强,全省中等职业学校总数减少 114 所,平均在校生规模相对扩大。在职业教育稳定发展的大背景下,制定湖北省中小学机构编制管理办法成为必然要求。

本着与经济社会发展水平和财政承受能力相适应，满足职业学校基本教学与实习实训的需要，遵循精简、统一、效能的原则。2001年10月，湖北省人民政府办公厅印发《湖北省中小学机构编制管理暂行规定》(鄂政办发〔2001〕112号)，特别说明“本规定适用于本省区域内政府举办的全日制中小学、职业中学”。编制标准的出台，推动了职业学校的改革与发展，助推了大力发展职业教育，加快发展中等职业教育的历史需要。

“十五”期间，湖北省中等职业教育呈现恢复性增长。到“十五”末，湖北省中等职业教育(含技工学校)在校生数为68万左右，比2000年增长30%左右，年均增长5.3%。“十五”期间，职业院校共完成农村劳动力转移培训250万人次，完成下岗职工再就业培训150万人次，完成农村实用技术培训1500万人次，完成阳光工程培训30多万人次。为了进一步提高教师素质，确立“办学以人才为本，以教师为主体”的观念，把各级教育的教师队伍建设放在重要的战略位置，促进教师专业化发展。“十一五”期间，湖北省围绕提高教师素质，重点实施了以下五项工程：一是实施“农村教师素质提高工程”；二是继续实施“农村教师资助行动计划”；三是实施“城镇教师援助行动计划”；四是实施“‘双师型’教师队伍建设工程”；五是继续实施“楚天学者”计划。到2009年底，全省技能劳动者568万人，占城镇1357万从业人员中的41.8%，比“十五”期末增加218万人；全省高技能人才达到147.5万人，占技能劳动者的26%，比2005年底增长5个百分点。其中，技师、高级技师30万人，占技能劳动者的5.3%；中高级技能劳动者的比重明显上升，技能劳动者初、中、高、技师高级技师等级比例达27∶45∶21∶5，等级结构比例逐步趋向合理。目前，全省职业技术院校667所，在校生187万人，其中技工院校214所，在校生20多万人，每年开展职业培训40万人次；全省企业职工培训中心1000多家；民办职业培训学校792家；国家和省级高技能人才培养示范基地46家。全省年各类培训人数达到200万人次，每年培养高技能人才10万人。因此，初步形成了以职业院校和企业为主体、以民办培训机构为补充的技能人才培养体系。

为贯彻落实人才强省战略，围绕“两圈一带”战略目标，适应新型工业化和产业结构优化升级的要求，培养造就一大批具有精湛技艺的高技能人才，按照《国家中长期人才发展规划纲要(2010—2020年)》、《高技能人才队伍建设中长期规划(2010—2020年)》和《湖北省中长期人才发展规划纲要(2010—2020年)》的总体要求，湖北省正在着手制定加快发展现代职业教育的发展规划。

根据《国家中长期教育改革和发展规划纲要(2010—2020年)》和《湖北省

中长期教育改革和发展规划纲要(2010—2020年)》关于更好发展职业教育要求,积极服务湖北省经济社会发展,湖北省制定了教育"十二五"发展规划。规划提出:坚持以用立业,加强政府统筹,整合教育资源,推进校企合作,增强职业教育对经济社会发展的适应性、匹配度、贡献率,努力形成具有湖北特色的现代职业教育体系。①统筹推进职业教育改革发展。县级以上政府要切实履行发展职业教育的职责,把职业教育纳入经济社会发展和产业发展规划。健全职业教育联席会议制度,建立行业主管部门与地方政府的会商机制,统筹协调相关部门职责。统筹职业教育与普通教育、中等职业教育与高等职业教育发展,大力发展中等职业教育;统筹普通高中与中等职业学校招生计划,总体保持普通高中和中等职业学校招生规模大体相当。围绕经济结构转型升级,统筹整合职业教育资源,建设一批职业教育园区。县(市)政府既要统筹区域内的职业学校,又要统筹区域内各类职业教育和培训资源,根据需要集中力量办好中等职业学校。推行职业资格证书制度和劳动就业准入制度,严格执行"先培训、后就业"、"先培训、后上岗"的规定。完善劳动人事和工资分配制度,扩大高技能人才享受政府特殊津贴的比例。加大对有突出贡献的高技能人才的宣传表彰力度。②深入推进校企合作坚持政府推动,发挥市场调节作用,建立校企合作共赢的办学机制。实行税收优惠、企业办学成本列支、安全责任分担等政策措施,鼓励企业接收学生实习实训和教师实践,鼓励企业加大 对职业教育的投入。引导职业院校服务企业,推进职业教育与产业、学校与企业、专业设置与职业岗位、教材内容与职业标准的对接,系统设计和实施生产性实训和顶岗实习。促进资源整合和共享,支持企业与职业院校共建实习实训基地。例如围绕湖北省十大重点产业调整和振兴实施方案,通过校企联办、企业冠名等方式,支持职业院校与行业企业联合开展人才培养,重点推进"湖北海员"等十大职业教育品牌建设。依托先进制造技术类等专业,建设一批校企合作示范基地。将职业资格标准融入专业人才培养方案,提高职业院校服务产业结构转型升级的能力。到2015年,稳定形成100所中等职业学校、50所高等职业院校与一批企业合作开展一体化办学。③加强职业教育基础能力建设加强示范性职业院校建设,重点建设10所左右国家级示范(骨干)高等职业院校、15所左右省级示范性高等职业院校、40所国家级示范性中等职业学校、100所省级示范性中等职业学校,重点建设100个国家级实训基地。加强专业和课程建设,建设一批中等职业教育省级品牌特色专业和高等职业教育省级重点专业、精品课程。大力推进教学改革,完善职业院校技能大赛制度。制定湖北省职业院校基本办学标准、编制标准、生均经费标准,建立健全促进职业教育发展的保障体系。加强以就业为导向、吸收企业参与的职业教育质量评估。④大力发展面向农村的职业教育统筹县域内各类培训资源和项目，开展农村劳动力转移培训、下岗职工再就业培训、农村实用技术培训。加强涉农院校和专业建设，扩大涉农专业招生规模，培养更多适应农业和农村发展需要的专业人才。推进农科教结合，促进专业建设和“农村科技示范园”对接，加快培养新型农民。加强农业类职教师资基地建设。逐步实施农村新成长劳动力免费劳动预备制培训，2015 年前建成 100 所劳动预备制培训示范学校。探索建立示范性职业院校对口帮扶地方或民办职业院校制度。实施新型农民素质提高和农村劳动力转移培训工程，开展移民职业教育与技能培训①。

二、江苏省

江苏省职业教育坚持以改革促发展，在发展中求提高，以“发展、改革、巩固、提高”八字方针，一是教育事业规模不断发展。2002 年全省共有中等职业学校 713 所(其中普通中专 135 所，职业高中 308 所，成人中专 116 所，技工学校 135 所)，比上年减少 111 所。各类中等职业学校招生 32 万人，比去年增招 8 万人；在校生 80 万人，比去年增加 6.3 万人。二是各项改革继续深化。在总结“九五”专业现代化建设试点经验成果的基础上，全省职业学校全面开展专业现代化建设，省教育厅下发了《关于加强职业学校专业建设的意见》，明确“十五”期间，全省建成 300 个中职重点专业和 30 个五年制高职示范专业的目标，制定并印发了《中等职业学校重点专业建设标准》、《五年制高职示范专业建设标准》。三是质量效益更加提高。继续加强骨干学校建设，评估 13 所省合格职教中心和 3 所省级重点职业高中。加强教育教学管理，进一步完善对口招生办法，规范五年制高职办学。加快师资培养培训，启动实施中等职业学校教师“四新”工程并完成首批 2650 名中职教师的培训。教育资金投入方面，省财政逐年增加职业教育专项经费，2003 年安排 3000 万元，主要用于扶持农村和苏北职业教育发展。各市、县(市、区)也要设立职业教育专项经费，并纳入财政预算，确保落实到位。城市教育经费附加用于职业教育的比例不能低于 20%。企业要按职工工资总额的 2%提取职业教育和培训经费，并列入成本开支，市、县(市、区)政府可统筹其中的 0.5%部分，用于发展本地区职业教育。积极运用金融、税收以及社会捐助等手段支持职业教育发展。

---

① 湖北省教育厅、省发展和改革委员会《关于印发〈湖北省教育事业发展“十二五”规划〉的通知》，鄂教发 2011 年 16 号。

本着与经济社会发展水平和财政承受能力相适应，满足职业学校基本教学与实习实训的需要，遵循精简、统一、效能的原则。2002 年 10 月 28 日，江苏省人民政府办公厅转发省编办等部门《关于核定中小学教职工编制实施意见的通知》(苏政办发〔2002〕113 号)，明确规定“根据普通高中、职业高中、初中、小学等不同教育层次和学校所处的城市、县镇、农村等不同地域，按学生数的一定比例核定”。编制标准的出台，推动了职业学校的改革与发展，推动了职业学校的改革与发展，助推了大力发展职业教育，加快发展中等职业教育的历史需要。到 2011 年，江苏省中等职业教育(包括普通中等专业学校、职业高中、成人中等专业学校，不含技工学校)共有学校 308 所，比上年减少 42 所。招生 30.67 万人，比上年减少 5.58 万人；在校生 92.46 万人，比上年减少 9.58 万人。全省普通中等专业学校共有学校 169 所，比上年增加 9 所。招生 20.61 万人，比上年减少 2.17 万人；在校生 63.59 万人，比上年减少 4.71 万人；毕业生 19.59 万人，比上年增加 2.86 万人。教职工 34267 人，比上年增加 3066 人；专任教师 27106 人，比上年增加 2800 人。全省职业高中 85 所，比上年减少 37 所；招生 6.38 万人，比上年减少 3.44 万人；在校生 20.21 万人，比上年减少 5.67 万人；毕业生 7.40 万人，比上年减少 2.33 万人。教职工 14748 人，比上年减少 3742 人。专任教师 12023 人，比上年减少 2705 人。专任教师学历合格率 93.87%，比上年提高 2.49 个百分点。具有研究生学历的专任教师比例达 3.26%，比上年提高 0.29 个百分点。

根据《国家中长期教育改革和发展规划纲要(2010—2020 年)》和《江苏省中长期教育改革和发展规划纲要(2010—2020 年)》关于更好发展职业教育要求，积极服务江苏省经济社会发展，江苏省制定了教育“十二五”发展规划。规划提出：①完善现代职教体系。坚持全日制与非全日制学历教育并重，学历教育与职业培训并举，积极拓展中高等职业教育招生范围和对象，大力发展各类职业技能培训，使职业院校各类技能培训总量与全日制学历教育规模大体相当。开展高等职业院校自主招生试点，完善 5 年制高职专升本和面向中等职业教育的对口招生制度，健全中职毕业生进入高等职业院校、高级技工学校和技师学院学习的制度。优化 5 年制高职学校布局和专业设置。加强苏南与苏北、江苏与中西部地区职业教育的合作。②增强职业教育可持续发展能力。扩大职业教育优质资源，到 2012 年，公办中等职业学校全部达到国家级重点职业学校标准，县级职教中心全部达到省级示范职业学校标准。鼓励支持职业院校特色发展，努力使职业院校成为新兴战略产业、重点产业和区域特色产业的高素质技能型人才培养培训基地。重点支持一批优质特色职业学校发展，新增100所省级高水平现代化中等职业学校，建成40所左右省级以上示范（骨干）高职院校。加强职业教育集团内涵建设，着力提升省示范性高职教育园区和省辖市职业教育园区建设水平。加快建设一批高水平示范性中高职实训基地。扶持发展面向“三农”的职业教育，重点支持建设一批面向农业、农村的职业院校和专业。加强职业教育专业规范化建设，创建一批省级品牌特色专业和国家示范专业。引导职业院校按照行业和区域经济社会发展需求调整优化专业结构，设置技能型人才紧缺专业或方向。研究制订《江苏省职业教育校企合作办学促进条例》，建立健全政府主导、行业参与、校企合作的共赢机制。加强职业教育科学研究，积极推进国家高职教育综合改革试验区和省职业教育创新发展实验区建设，努力在职业教育发展方式、办学体制、人才培养机制、“双师型”教师队伍建设等方面取得突破。③提高技能型人才培养水平。改革教学和人才培养模式，推行订单培养、工学结合、校企合作、顶岗实习，创设功能复合齐全、校园文化和企业文化紧密结合的教学环境，加强学生职业道德、职业技能和就业创业能力等综合素质培养，实现培养目标与职业岗位无缝对接。开发编制11个专业大类100种示范教材，实现教学内容与职业标准的深度对接。研究制订职业学校教学质量监测标准与办法，建立教育与产业、校内与校外相结合的评价机制，健全以贡献水平评价学校、以教学效果评价教师、以素质能力评价学生的职业教育评价模式，实行职业院校“双证书”制度，支持有条件的职业院校建立职业技能鉴定机构。建设60个省级技能教学研究基地，完善职业教育技能竞赛制度，建立开放、多元、动态的职业院校毕业生就业服务体系和毕业生就业质量跟踪调查制度。④重点支持100所省级高水平现代化职业学校建设，创建150所国家中等职业教育改革发展示范学校和优质特色学校。省级以上示范（骨干）高职院校增加到40所左右，实现省辖市全覆盖。重点建设300个中职、100个5年制高职、200个高职省级品牌专业和150个中职、50个5年制高职、200个高职省级特色专业，创建一批国家示范专业点。重点建设300个设备对接企业生产、技术对接职业岗位、设施装备先进一流，具备教学、培训、鉴定和生产等多种功能的中职高水平示范性实训基地，建设50个中职学生创业基地。重点支持示范（骨干）高职院校建设150个高技能人才培训基地和继续教育示范基地，使高职院校均建有省级以上实训基地。积极参与国家高职教学资源库建设，建设10个具有江苏特色的高职教学资源库，促进优质教学资源共建共享[①]。

---

① 《江苏省“十二五”教育发展规划》，《百度文库》2012年1月29日。

三、浙江省

本着与经济社会发展水平和财政承受能力相适应，满足职业学校基本教学与实习实训的需要，遵循精简、统一、效能的原则，2004年3月16日，浙江省人民政府办公厅转发省编办等单位《关于浙江省贯彻国家中小学教职工编制标准实施意见》(浙政办发〔2004〕22号)，明确规定"职业中学、特殊教育学校的教职工编制，由各地参照此编制标准并结合当地实际核定。"编制标准的出台，推动了职业学校的改革与发展，助推了大力发展职业教育，加快发展中等职业教育的历史需要。

"十一五"期间，浙江省为贯彻全国职业教育工作会议精神和《国务院关于大力发展职业教育的决定》，职业教育重点实施了"六项行动计划"，即职业院校助学奖学行动计划、中等职业学校实训基地建设行动计划、中等职业学校师资队伍建设行动计划、县级骨干职业学校建设行动计划、职业教育校企合作行动计划、提升劳动力素质行动计划。以实施"职业教育六项行动计划"为主要抓手，"十一五"期间，浙江省坚持"以服务为宗旨、以就业为导向"的办学指导思想，紧紧围绕"进口畅、出口旺、技能强、用得上"，加大投入强化基础，调整布局优化结构，改革创新挖掘内涵，加强管理保证质量，不断提升职业教育基础能力和吸引力，走出了一条具有鲜明浙江特色的中等职业教育发展道路[①]。①中职教育规模持续稳定在一个较高水平。实行对高中阶段教育发展的宏观调控，促进职业教育与普通教育协调发展，连续九年实现中职教育与普通高中教育招生规模保持大体相当，中职教育为社会输送了大量各类技能型人才，比较好地缓解了社会对技能型人才需求的紧张状况。②中职教育基础能力明显提升。自2006年实施"职业教育六项行动计划"以来，省、市、县总计投入职业教育资金已超过97亿元。各地普遍提高了生均公用经费标准。大量公共财政的投入，有力地促进了中职教育基础能力的快速提升。据统计，2009年全省中职学校生均建筑面积15.6平方米，比2005年增加24.8%；生均教学仪器设备值3318元，比2005年增加64.3%；专任教师学历合格率91.5%，比2005年提高9.7个百分点；"双师型"教师占专业课和实习指导教师比例达到57.2%，比2005年提高26.9个百分点。③优质职业教育资源覆盖面迅速扩大。2006年以来，全省新增国家级重点中职学校39所；新建中央财政支持的职业教育实训基地36个、省级实训基地131个、省级综合性公共实训基地22

① 浙江省教育厅《浙江省中等职业教育"十二五"发展规划》，浙教职成2010年178号。

个、市级实训基地175个;新增省级示范专业164个、市级示范专业253个;重点支持建设欠发达地区骨干职业学校的骨干专业90个。专业结构和学校布局得到优化。目前,全省已建设国家级重点中职学校105所、国家级重点技工学校15所、省级以上重点中职学校178所、省级以上重点技工学校33所;中央财政支持的中职教育实训基地48个、省级实训基地145个、省级综合性公共实训基地22个;省级示范专业311个。在省级以上重点职业学校(含技工学校)就读的学生已达52.47万人,占全省中职学校在校生总数的71.7%。④中职教育教学改革不断深化。推进校企合作,组建一批紧密型的职教集团,成立各级专业教学指导委员会,学校与行业企业的联系越来越广。推行工学结合、顶岗实习,学生培养与社会需求进一步接轨。推进以"公共课程+核心课程+项目教学"为主要特征的课程改革,推行学分制、分层教学制和毕业生"双证制"。加强创新德育工作,学生的整体职业素养和动手实践能力有了明显提高。四年来,全省中职学校毕业生一次就业率均在95%以上;历届全国职业技能大赛成绩均位列全国前茅;中职毕业生获取中级职业资格的比例为76.7%,比2005年提高了18.7个百分点。⑤服务型的大职教培训体系初步形成。全省各级中职学校和乡镇成校充分利用自身优势,拓宽社会服务功能,多形式开展农村预备劳动力、企业职工、农村劳动力素质等培训,2009年全省各级中职学校和乡镇成校年度培训规模已达191万人。

为全面贯彻科学发展观,深入实施"八八战略"和"创业富民、创新强省"总战略,根据《国家中长期教育改革和发展规划纲要(2010—2020年)》和《浙江省中长期教育改革和发展规划纲要(2010—2020年)》关于更好发展职业教育要求,积极服务浙江省经济社会发展,2010年,浙江省制定了中等职业教育"十二五"发展规划,并重点推进实施"中等职业教育现代化建设工程":①现代化示范学校建设工程。以现代化建设为标准,五年内建设100所左右浙江省中等职业教育改革发展示范学校,包括国家中等职业教育改革发展示范学校,充分发挥示范学校在中等职业教育改革创新中的示范引领作用。②专业结构调整推进工程。在加强设区市统筹的基础上,五年内,扶持建设200个左右中职教育特色专业、新兴专业和骨干专业,继续分类扶持建设好100个左右为先进制造业、现代服务业和现代农业服务的中职教育示范实训基地,定向专项扶持50个左右欠发达地区中职教育专业。③学生综合素质提升工程。五年内,重点扶持建设50所左右浙江省中等职业教育德育工作实验基地学校和50个左右中职学生创业基地;每年组织中职师生技能大赛、中职学生创新创业大赛、文明风采竞赛、中职教育先进典型宣传等活动,大力提高中职学生综合素养。④课程改革工程。围绕“公共课程+核心课程+项目教学”,五年内,完成建设50门以上中职教育骨干专业课程,推进中职教育资源信息化建设。⑤服务产业发展工程。五年内,组建一批由国家级和省级示范性高职院校牵头、相关中职学校参加、实行中高职一体化培养的职教集团;支持建设50个左右依托中职学校、整合行业企业资源、服务地方产业转型升级的产学研联合体;支持建设50个左右企业职工培训示范基地和50个左右中职教育校外实习实训示范基地;扶持建设一批省级职业教育开放实训中心。⑥教师队伍素质提升工程。五年内,组织开展各类中职骨干教师培训和专业课教师专业能力培训,其中省内培训20000名左右、省外培训300名左右、中外合作培训200名左右,资助200名左右中青年骨干教师在职攻读职业教育专业硕士学位;资助2000名左右特聘兼职教师;依托长三角地区职业教育资源,培训1000名左右中职学校校长和专业负责人,遴选培养30名左右中职学校优秀校长、100名左右专业带头人和150名左右教学名师。⑦成人继续教育推进工程。五年内,重点扶持欠发达地区130所乡镇成人文化技术学校的标准化建设,支持各地建设好100个城乡社区教育示范学校和100个新型农民素质培训示范基地,到2015年全省基本形成县(市、区)、乡镇(街道)、村(居)三级成人继续教育网络;资助50万名左右城乡居民参加成人“双证制”教育培训,组织农村未升学初高中毕业生参加6个月至1年的职业技能培训;依托省社区教育指导中心加快建设全省终身学习数字化公共服务平台,支持开发一批成人继续教育网络课程和精品教材。

2012年,浙江省中等职业教育(包括职业高中、普通中等专业学校、成人中等专业学校和技工学校)学校424所,比上年减少26所;招生23.88万人,比上年减少3.85万人,减少13.9%;在校生72.47万人,比上年减少4.03万人,减少5.3%;毕业生23.01万人,比上年增加1.58万人,增长7.4%。中职毕业生中获得职业资格证书的人数为17.93万人。完成农村预备劳动力培训3.3万人。专任教师3.23万人,生师比19.2∶1,专任教师学历合格率为94%,比上年提高0.8个百分点。双师型教师占专任教师和专业课教师的比例分别为34.8%、68.8%,比上年分别提高2.8个、3.6个百分点。生均校舍建筑面积17.3平方米,比上年增加1.4平方米;生均图书25.7册,比上年增加3.3册;生均仪器设备值5017元,比上年增加976元。职业高中273所,比上年减少19所;招生15.48万人,比上年减少2.67万人;在校生47.51万人,比上年减少2.63万人;毕业生15.51万人,比上年增加1.09万人。教职工2.91万人,其中专任教师2.49万人。普通中等专业学校46所,与上年持平;

招生3.41万人，比上年减少0.53万人；在校生10.89万人，比上年减少0.57万人；毕业生3.55万人，比上年增加0.59万人。教职工0.67万人，专任教师0.55万人。成人中等专业学校39所，比上年减少5所；招生1.43万人，比上年减少0.29万人；在校生3.46万人，比上年减少0.15万人；毕业生1.29万人，比上年减少0.19万人。教职工0.16万人，专任教师0.11万人。技工学校66所，比上年减少2所；招生3.55万人，比上年减少0.37万人；在校生10.61万人，比上年减少0.75万人；毕业生2.66万人，比上年增加0.09万人。推进校企合作，组建一批紧密型的职教集团，成立各级专业教学指导委员会，学校与行业企业的联系越来越广。推行工学结合、顶岗实习，学生培养与社会需求进一步接轨。推进以“公共课程＋核心课程＋项目教学”为主要特征的课程改革，推行学分制、分层教学制和毕业生“双证制”。加强创新德育工作，学生的整体职业素养和动手实践能力有了明显提高[①]。

四、安徽省

“十五”期间，安徽省职业教育坚持以就业为导向，以服务为宗旨，主动适应经济社会发展需要，面向市场办学，加强校企合作、产教结合，职业教育实现跨越式发展，取得了丰硕的成果。[②] 一是事业规模快速扩大。从2001年到2005年，安徽省中职招生经历了走出低谷、全面提升、快步跟进、蓬勃发展的四个阶段，年增长率分别达到40％、18.6％、27.8％、21.6％，实现了连续四年的跨越式发展，招生增幅始终居于全国前列。2005年全省中等职业学校共招生31.04万人。其中，普通中专、职业高中和成人中专三类共招生27.64万人，比2004年净增4.95万人，增长21.82％。全省中职在校生达到70.4万人，其中普通中专、职业高中、成人中专三类学校在校生63.3万人，比2000年增加24.2万人。全省中等职业学校举办各类培训达到15.56万人次，企业职工培训、农村劳动力转移培训和社会再就业培训进一步加强。二是“三重”建设成效显著。安徽省从2002年起启动中等职业学校“三重”（重点学校、重点专业和重点实习实训基地）建设，目前，全省已有国家级重点中等职业学校58所，省级示范中等职业学校30所，首批合格中等职业学校272所。全省已确定“三重”建设项目示范学校23所、示范专业（点）92个、示范实训基地31个。同时，已有高技能人才培训基地53个，20所优质中等职业学校实施了国债项

---

① 《2012年浙江教育事业发展统计公报》，2013年5月17日。

② 《“十五”我省职业教育在九个方面取得重大发展》，安徽教育网，2005年12月20日。

目,初步形成了一批具有一定竞争力和示范带动作用的骨干学校、示范专业和基地。区域布局进一步优化,办学效益和服务功能不断增强。三是办学基础整体加强。2004 年,全省中职学校(不含技校)校舍总面积达到 665.7 万平方米;教学、实验仪器设备资产 35.2 亿元,图书 1246 万册。其中,教学用计算机 5.6 万台,多媒体教室 1.6 万个,当年新增教学仪器设备资产 1.23 亿元。全省中职学校(不含技校)专任教师 19402 人,外聘教师 3248 人。普通中专专任教师学历合格率达到 80.83 %,职业高中 61.15 %,均比“十五”初期提高 10 多个百分点,“双师型”教师的比例均超过 30%。从 2001 年起,省级职教专项经费每年增加 200 万元,省级国债资金、三产发展资金用于中等职教的项目经费每年超过 1500 万元。2005 年仅省级,职教专项投入 1400 万元,国债项目投资 2000 万元。四是“两项计划”成果喜人。安徽省积极实施“农村劳动力转移培训”和“技能型紧缺人才培养”两项计划,并取得可喜成果。从 2004 年起,安徽省提出《安徽省实施教育部〈农村劳动力转移培训计划〉的工作方案》,各职业学校积极行动,充分利用专业、基地和师资等方面的优势,通过“阳光工程”培训,已实现培训转移 20 万多人。在技能型紧缺人才培养方面,以数控技术、汽车制造与维修、计算机技术与软件应用、旅游、现代服务业、现代农业等为重点,加强专业群建设,扶持骨干职业院校,部分专业技能型紧缺人才培养基地已形成一定的规模。五是体制机制改革走向深入。在办学体制方面,政府主导,行业、企业和社会力量共同参与、面向市场的多元化办学格局初步形成。2004 年,全省 510 所中职学校(不含技校)中,教育部门举办的 321 所,企事业组织、社会团体、其他社会组织及公民个人举办的 189 所,分别占 62.9%和 37.1%。全省民办高等教育机构 9 所。各类短期培训机构中,社会力量举办的已占主体。2005 年,全省中职毕业生获得职业资格证书的比例接近 40%。一些工科类高职毕业生取得双证书的比例达到了 80%左右。

本着职业教育发展应遵循精简、统一、效能的原则。2007 年 5 月 14 日,安徽省人民政府办公厅《关于印发〈安徽省中等职业学校机构编制管理暂行办法〉的通知》(皖政办〔2007〕23 号)。编制标准的出台,推动了职业学校的改革与发展,助推了大力发展职业教育,加快发展中等职业教育的历史需要。

“十一五”末,安徽省各类中等职业教育(不含技工学校)在校生 87.3 万人。《安徽省职业教育大省建设规划(2008—2012 年)》明确指出,全省中等职业教育年招生规模达到 40 万人左右,在校生规模达 100 万人以上,高中阶段教育职普规模大体相当。开展农村劳动力转移培训 500 万人以上,农村实用技术培训 5000 万人次以上,企业职工继续教育 1400 万人次以上,就业再就业及创业培训100万人次以上，劳动力素质得到普遍提升。职业教育办学实力显著增强。中等职业学校在校生规模，城市学校达3000人以上，农村学校达2000人以上，生均占地面积达30平方米以上，建筑面积达20平方米以上，仪器设备总值达3000元以上，图书达35册以上。建设200所以上国家级重点和省级示范中等职业学校，其中30所学校达到国家级示范标准；建设75所县（区）职教中心；建设4所国家示范性、10所省示范性高等职业院校；建设25所技师学院；建设300个中等职业教育重点专业点，200个高等职业教育重点专业点和50个技师教育重点专业点；300个中等职业教育重点实训基地，150个高等职业教育重点实训基地和50个技师教育重点实训基地。中等职业学校专任教师学历合格率达90%以上，其中国家级重点中等职业学校达95%以上；高等职业院校专任教师学历合格率达90%以上，其中硕士研究生比例达40%左右；职业院校“双师型”教师占专业课教师和实习指导教师的比例达到60%以上。职业教育服务经济社会发展的贡献度大幅提升。提高职业院校专业建设服务产业结构调整与转型升级的能力，五年为经济社会发展输送技能型人才220万人以上。中等职业学校毕业生就业率稳定在95%左右，高等职业院校毕业生就业率达到85%以上，职业院校毕业生“双证书”获取率达到85%以上，就业质量明显提升。

为全面实施《国家中长期教育改革和发展规划纲要（2010—2020年）》和《安徽省中长期教育改革和发展规划纲要（2010—2020年）》，根据《安徽省国民经济和社会发展第十二个五年规划纲要》和相关规划，编制出安徽省“十二五”教育发展规划。规划提出：到2015年，建设更具特色的职业教育。全省高中阶段教育在校生规模达到180万人，高中阶段毛入学率达到87%以上，实现中等职业教育与普通高中教育规模大体相当。初步建立起以就业、创业和技术创新为核心的职业教育体系，职业教育的人才培养、培训与产业结构调整、劳动力市场需求形成良好的互动机制。创新办学模式，基本建成富有安徽特色的现代职业教育体系：①按照省加速工业化、城镇化的发展目标要求，以自主创新与产业结构调整为契机，大力发展职业教育，推进职业教育与产业、职业院校与企业、专业设置与就业岗位的对接，建立适应经济发展方式转变、产业结构调整和社会发展要求，体现终身教育理念、中等和高等职业教育协调发展的现代职业教育体系。②积极开展皖江城市带承接产业转移职业教育办学模式改革试点和职业教育改革试验区建设。围绕服务我省产业结构升级及经济发展需要，开展企业职工教育和就业创业培训工程。支持皖北地区加快职业教育发展，引导骨干示范职业院校到皖北办学或开展联合办学、连锁办学。③深化职业教育办学体制改革，创新职业教育培养机制。建立健全政府主导、行业指导、企业参与的办学体制机制。实施骨干职业院校建设工程、基础能力建设工程和师资队伍建设工程，加强中等职业学校专业规范化建设和课程建设，加强职业教育数字化教学资源库建设，加强职业学校“双师型”教师队伍建设，推进校企合作、工学结合，推进职教集团建设和集团化办学，全面提高教育教学质量。④大力发展农村职业教育和民办职业教育。逐步探索建立农村职教培训资源整合机制。加强县级职教中心、乡镇成人文化技术学校建设，支持学校开设更多农业技术、农业经济和农村社会事业管理等方面的职业教育专业或培训项目，广泛开展新型农民培训和农村劳动力转移培训，服务县域经济发展。大力发展民办职业教育，鼓励企业及其他社会力量投资兴办职业院校。⑤积极推进市级人民政府统筹发展职业教育，鼓励市级整合各类教育资源，促进区域内中等职业教育与高等职业教育、继续教育的沟通与衔接，构建人才培养“立交桥”。推动有条件的市加强统筹规划，优化资源配置，积极开展职教园区建设。积极鼓励行业、企业、社会力量共同举办各种形式的职业教育。坚持学历教育与职业培训并举、全日制与非全日制并重，充分利用各类职业教育资源，灵活开展适合各类人员需要的职业教育和培训。大力推进社区和农村成人教育工作，努力构建终身教育体系，推进学习型社会建设①。

五、福建省

2007 年，福建省职业教育得到了长足发展，全省认真贯彻落实《福建省“十一五”教育发展专项规划》和《福建省教育厅 2007 年工作要点》，以科学发展观统领职业教育和终身教育工作。以实施中等职业教育“八项工程”（技能型紧缺人才培养工程、示范性中等职业学校建设工程、县级职教中心建设工程、中等职业教育实训基地建设工程、中等职业学校重点专业建设工程、中等职业学校教师队伍素质提高工程、职业培训与促进就业工程、农村实用人才培训工程）为抓手，扎实抓好中等职业教育招生工作，推进中等职业教育资源整合，推动中等职业教育事业持续健康协调发展。其中，各类中等职业教育招生 22.59 万人，在校生 57.95 万人，毕业生 14.67 万人。2007 年，全省教育经费总收入（含预算外资金等）为 349.83 亿元，比上年增长 20.1%，职业中学生均预算内教育事业经费 2526.38 元，比上年增长 20.8%；职业中学生均预算内公

① 《安徽省“十二五”教育事业发展规划》，安徽学位与高校科研网 2012 年。

用经费 339.46 元，比上年下降 14.4%。

2007 年 2 月 7 日，福建省根据实施“中等职业学校教师队伍素质提高工程”的要求，切实加强中等职业学校教师队伍建设，选派 270 名中职学校专业骨干教师参加国家级培训，组织中职学校 800 名左右专业骨干教师和 150 名左右文化基础课骨干教师参加省级培训，指导中职学校教师全员培训；支持中职学校面向社会聘请专业技术人员、高技能人才兼职任教。做好中央财政资助 100 名紧缺专业特聘兼职教师工作，并争取省级财政资助一批紧缺专业特聘兼职教师；落实中职学校教师到企业实践制度。指导中职学校建立稳定的教师到企业实践基地，建立专业课教师和实习指导教师到企业实践的考核和登记制度，使“专业教师每两年必须有两个月到企业或生产服务一线实践”的规定得到有效落实。鼓励中职学校文化课教师和相关管理人员定期到企业考察、调研[①]。

本着与经济社会发展水平和财政承受能力相适应，满足职业学校基本教学与实习实训的需要，遵循精简、统一、效能的原则。2007 年 6 月 18 日，福建省编办印发《福建省中等职业学校编制标准等问题的暂行意见》(闽委编办〔2007〕210 号)。编制标准的出台，推动了职业学校的改革与发展，助推了大力发展职业教育，加快发展中等职业教育的历史需要。

2011 年 6 月 10 日，福建省人民政府颁布《关于印发〈福建省“十二五”教育发展专项规划〉的通知》(闽政〔2011〕47 号)，[②]职业教育的工作规划为：①完善职业教育体系。探索建立适应经济发展方式转变和产业结构调整要求、体现终身教育理念、中等职业教育(含技工教育)和高等职业教育协调发展的现代职业教育体系。推动中高等职业教育在技能型人才培养的衔接，逐步建立中等职业学校毕业生注册升入高等职业院校学习的制度，积极组织动员应往届初高中毕业生及企业员工、农民工和现役、复转军人等接受职业教育。鼓励和支持职业院校参与企业职工培训、再就业培训、劳动力转移培训、农村实用技术培训等各类职业技术培训，充分利用职业教育资源组织好未升学初高中毕业生免费劳动预备制培训。在装备制造、电子信息、海洋产业等重点行业领域建设 50 个高技能人才培训中心，建立 30 个应用技术推广服务中心，建设 15 个高职继续教育示范基地，实现高职院校年培训规模与全日制在校生规模大

---

① 福建省教育厅：《关于印发〈2007 年福建省教育厅职业教育与成人教育处工作要点〉的通知》，闽教办职成 2007 年 2 号。

② 福建省人民政府：《关于印发〈福建省“十二五”教育发展专项规划〉的通知》，闽政 2011 年 47 号。

体相当。到2015年,形成中职与高职贯通、全日制与非全日制并重、学校教育与职业培训并举的职业教育发展格局。②推进中等职业教育基础能力建设。以设区市为单位,统筹规划中等职业学校建设,强化城乡、区域职业教育协调发展和资源综合利用,对不达标学校限期整改或合并、迁建,到2015年力争全部中等职业学校达到国家规定的设置标准。推进县级职教中心标准化建设,到2012年50%县级职教中心实现标准化,到2015年75%实现标准化。加快公共实训基地建设,到2012年各设区市基本建成20个区域公共实训基地,省直有关部门建设好10个行业性公共实训基地。积极创建国家中等职业教育改革发展示范学校、国家级示范专业、改革创新重点专业,到2012年,建设20所国家中等职业教育改革发展示范学校。提升中等职业教育信息化能力,到2012年完成全省职业教育信息化平台建设,开发30个以上仿真实训软件;到2015年,完成主干专业仿真实训软件省级资源库建设,基本实现教学与管理信息化。

六、湖南省

"十五"期间,湖南省中、高职招生人数稳步增长,分别达到35.3万人、14万人,年均增长率分别达15.2%、44.4%。中等职业学校(含技工学校)为社会各行各业输送了109.3万毕业生,高等职业学院输送了10.2万毕业生。中、高职毕业生年均就业率稳定保持在90%以上,中、高职毕业生分别占全省新增劳动力的21%、4.8%,职业教育在培养高素质劳动者和高技能人才方面的作用和效果日益显现。"十一五"期间,职业教育发展取得了显著成绩。截至2009年,全省中等职业教育(包括普通中等专业学校、职业高中、成人中等专业学校,不含技工学校)共有学校387所,比上年减少26所;招生35.08万人,比上年减少3.60万人;在校生104.82万人,比上年减少8.71万人。

本着与经济社会发展水平和财政承受能力相适应,满足职业学校基本教学与实习实训的需要,遵循精简、统一、效能的原则。2009年3月25日,湖南省机构编制委员会办公室、湖南省教育厅、湖南省财政厅印发《湖南省中等职业学校机构编制标准(试行)》(湘编办〔2009〕22号)。编制标准的出台,推动了职业学校的改革与发展,助推了大力发展职业教育,加快发展中等职业教育的历史需要。

为全面实施《国家中长期教育改革和发展规划纲要(2010—2020年)》和《湖南省中长期教育改革和发展规划纲要(2010—2020年)》,湖南省制定"十二五"教育发展规划,提出增强职业教育服务能力。职业教育的工作规划为:①统筹职业教育规划与建设,形成适应经济发展方式转变和产业结构调整要求的现代职业教育骨干体系。继续推动示范性职业院校建设，重点支持建设18所示范性（骨干）高等职业学院、70所示范性特色中等职业学校。以市州为基础，统筹规划和安排辖区内职业教育学校、专业布局，有效整合各类职业教育资源。原则上每个县市区重点建设好1所示范性中等职业学校。统筹资源办好县级职教中心，全省遴选建设40个示范性县级职教中心。建设50个左右对接我省支柱产业、战略性新兴产业的生产性实习实训教师认证培训基地。②切实推进校企合作。出台《关于进一步推进职业教育校企合作的意见》。建立职业院校与行业（企业）协作对话机制，以示范性高职院校为龙头，以产业领域内的规模企业和职业院校为主体，以合作项目为纽带，以自愿和互利共赢为原则，稳步推进职业教育集团化办学。遴选建设10个示范性职教集团，实现校企良性互动和共生发展。推动职业院校与行业（企业）的专业、课程和实习实训基地共建，共同培养"双师型"教师，实现校企合作育人。鼓励支持行业（企业）举办、参与职业教育。鼓励支持职业院校和行业（企业）联合开展应用技术研究和项目合作。切实落实《企业支付实习生报酬税前扣除管理办法》，加强顶岗实习管理，增强职业院校毕业生职业岗位适应能力和创业能力。③全面推进职业教育不同层次、职业教育与普通教育、职业学历教育与职业培训的沟通与衔接。加强弹性学习制度建设，逐步实现全省同层次职业院校学分互认。完善"双证书"制度，扩大高职院校招收中职毕业生范围和规模。④整体提升职业院校办学水平。加强职业人才需求预测，及时发布技能型人才需求信息。引导职业院校调整专业结构，加强专业建设，形成140个对应就业岗位的职业教育特色专业。重点扶持建设100个省内领先、全国一流的职业教育示范性特色专业。加强生产性实习实训基地建设。以职教基地和职教科技园为龙头，以职业教育集团为依托，重点建设适应工学结合要求、紧密对接产业发展需要、具有湖南特色的职业教育区域性公共实训基地，形成校企紧密合作、资源共享的办学实体。⑤加快示范性中等职业学校建设。把示范性中等职业学校建设与示范性普通高中建设摆在同等重要的位置，注重整合资源，努力实现城乡职业教育资源、中等和高等职业教育资源共享。进一步调整优化中等职业学校专业结构，推动其形成专业特色和品牌。⑥推进职业教育为"三农服务"。开展培养新型农民试点工作，建立完善内容丰富、形式多样、适应多元学习需求、覆盖城乡全体劳动者的职业培训体系。每年培训农村转移劳动力200万人次左右，农村实用技术培训200万人次左右[①]。

---

① 《湖南省建设教育强省"十二五"规划》，湖南省人民政府网站，2012年7月19日。

七、广西壮族自治区

面对广西工业化、城镇化快速推进的人才需求,全区各地职业教育发展得如火如荼。2010 年,全区中等职业学校校均招生规模达 844 人,比 2007 年的 632 人增加了 212 人,增幅达 34%。特别是在 2008—2010 年的职业教育攻坚期间,广西壮族自治区一方面加大各级财政对职业教育的投入,筹集基本建设资金,大力改善职业教育办学条件;另一方面高度重视职业教育的制度建设,以制度建设促进职业学校规范办学、促进职业教育科学发展。一是健全法律法规,为大力发展职业教育提供法制保障。在认真贯彻落实《自治区党委自治区人民政府关于全面实施职业教育攻坚的决定》的基础上,2008 年以来,自治区相继制定了《广西壮族自治区职业教育条例》(自治区人大常委会正在审议)、《自治区人民政府关于大力发展职业教育的若干规定》、《广西壮族自治区中等职业教育奖优扶先办法》、《广西壮族自治区职业教育攻坚评估验收办法》等系列促进职业教育发展的政策法规。二是加强对职业教育的统一管理,促进职业教育规模、专业设置与社会需求相适应。三是完善职业教育多元投入机制,增加公共财政对职业教育的投入,开展职业院校办学条件标准化建设,依法通过多种渠道筹集发展职业教育的资金。四是建立健全政府主导、依靠企业充分发挥行业作用、社会力量积极参与、公办与民办共同发展的多元办学格局。五是建立中等职业教育评估验收和奖优扶先机制,力促职业教育攻坚目标如期完成。六是建立教师队伍建设制度,为职业教育的可持续发展提供师资保障。制定实施了《广西职业教育攻坚期间中等职业教育管理干部培训(培养)工作规划》、《广西中等职业学校教师 2008—2010 年自治区级培养培训实施计划》。近三年,自治区本级财政安排中等职业教育师资培训经费 3000 多万元,共组织培训中等职业学校专业教师 1.5 万人次、校级领导 1500 人次,并派出 500 多名职业教育骨干教师到新加坡、德国、奥地利等国进修学习。

本着与经济社会发展水平和财政承受能力相适应,满足职业学校基本教学与实习实训的需要,遵循精简、统一、效能的原则。2009 年 10 月 26 日,广西壮族自治区机构编制委员会《关于印发〈广西壮族自治区中等职业学校机构编制管理暂行规定〉的通知》(桂编发〔2009〕3 号)。编制标准的出台,推动了职业学校的改革与发展,助推了大力发展职业教育,加快发展中等职业教育的历史需要。

2011 年,中等职业教育(不含技工学校)共有学校 327 所,比上年减少 30 所,招生 31.71 万人,比上年减少 6.38 万人,在校生 84.20 万人,比上年增加

3.24万人。中职学校总校舍面积为783万平方米，比去年增加了24万平方米，生均校舍面积为9平方米，与去年持平；图书为1480万册，比去年增加了139万册，生均图书为18册，比去年增加了1册；教学仪器设备值为20亿元，比去年增加了3亿元，生均教研仪器设备值为2415元，比去年增加了285元；每百名学生拥有计算机为13台，与去年持平。2011年，全区共有高等学校76所，其中高等专科学校8所，高等职业学院32所，独立设置的成人高校6所；各类高等教育在校学生77.83万人，比上年增加3.51万人；其中普通高等教育本专科招生数为18.83万人，比上年增加4528人，在校学生60.01万人，比上年增加3.26万人；成人高等教育本专科招生数为6.55万人，比去年减少4666人，在校学生15.56万人，比上年增加779人。

为全面实施《广西壮族自治区中长期教育改革和发展规划纲要(2010—2020年)》(简称广西教育规划纲要)，依据《广西壮族自治区国民经济和社会发展第十二个五年规划纲要》(简称广西“十二五”规划纲要)，制定出广西“十二五”教育规划。规划提出：“十二五”期间，职业教育吸引力要明显增强。建成100所优质中职特色学校、15所示范性高职院校、170个中高职实训基地、400个中高职示范(特色)专业点。中等职业教育在校生达到87万人，高等职业教育在校生达到38万人。职业教育的工作规划为：①推进国家民族地区职业教育综合改革试验区建设。落实区部共建协议，积极推进试验区建设，巩固职业教育攻坚成果。出台进一步加强职业教育发展的法规政策，逐步完善保障职业教育可持续发展的长效机制，强化职业教育基础能力建设，提高职业教育人才培养质量，促进职业院校内涵发展，提升职业教育服务民族地区经济社会发展的能力和水平。着力推进首府南宁职教园区、工业基地柳州职教园区、北部湾(钦州、北海)职教园区、边界国门崇左职教园区等职教园区建设，探索园区条件下职业教育集中办学模式。②创新职业教育体制机制。落实政府发展职业教育的职责，建立健全政府主导、行业指导、企业参与的职业教育办学体制机制。以设区市为主稳步推进中等职业学校管理体制改革。落实《广西中等职业学校机构编制管理暂行规定》，制定符合中等职业教育发展要求的教师资格认定制度。制定促进校企合作的优惠政策，推进职业教育产教合作、工学结合制度化。探索建立中、高等职业教育相互衔接、协调发展的现代职业教育人才培养体系。继续开展五年一贯制高等职业教育试点，试行“3+2”或“2+3”学制的中、高职一体化办学。支持行业、企业和职业院校组建行业性、区域性职教集团，探索职业教育集团的有效组织方式和运行模式。支持各类职业院校面向社会开放教育培训资源，向其他学校开放职业教育课程。③提高职业教育办学质量。按照区域特色优势产业和公共服务需求,优化职业院校布局和专业设置。制定实施中等职业学校设置标准和专业设置管理办法,推进中等职业学校标准化建设和专业规范化建设。以职业能力为本位开发课程体系和标准。全面推行工学结合、校企合作、顶岗实习的技能型人才培养模式。建立健全职业技能竞赛制度,广泛开展师生技能比赛。完善职业教育质量评价体系,引导质量评价更加注重就业导向和社会评价。④增强职业教育吸引力。完善职业教育支持政策,加大职业教育资助力度。完善学生生活资助和学费减免政策,逐步实行中等职业教育免费制度;建立健全职业院校学生顶岗实习中工伤和意外伤害保险制度;推进职业院校职业技能鉴定机构的建设和发展,积极推进职业教育学历证书和职业资格证书"双证书"制度,扩大和畅通职业院校毕业生继续深造的途径[①]。

八、河南省

为促进职业教育持续快速健康协调发展,更好地适应全面建设小康社会对高技能人才的需求,构建和谐中原的宏伟目标。2006 年,河南省人民政府颁布《贯彻〈国务院关于大力发展职业教育的决定〉的实施意见》(豫政〔2006〕20 号)、《河南省教育事业"十一五"发展规划》。截至 2010 年,河南省中等职业教育学校 890 所(含技工学校),招生 72.47 万人(含技工学校),在校生 189.31 万人(含技工学校)。中等职业教育的招生数和在校生数分别占高中阶段教育的 53.55%和 49.62%。全省中等职业教育教职工(不含技工学校)总数达 8.32 万人,专任教师 6.04 万人,专任教师中双师型达 1.05 万人,占总数的 17.38%,"双师型教师"占专业课教师总数的比例达到 31.04%,专任教师学历合格率达 83.06%,专任教师中具有研究生学历占总数的 3.92%。中等职业教育学校(不含技工学校)校舍建筑面积 1663.63 万平方米,比上午增加 116.03 万平方米,增长 7.5%。图书藏量达 3345.44 万册,生均教学仪器设备值 1472 元,拥有教学用计算机 17.06 万台,平均每百人拥有计算机 10 台。高职(专科)教育方面,高职院校 62 所,成人高等学校 15 所,专科招生为 26.7 万人,专科在校生为 76.95 万人,高职(专科)院校校均规模为 8557 人。

本着与经济社会发展水平和财政承受能力相适应,满足职业学校基本教学与实习实训的需要,遵循精简、统一、效能的原则。2010 年 8 月 6 日,河南省

① 《广西壮族自治区教育事业改革和发展"十二五"规划》,广西教育厅网站,2011 年 12 月 15 日。

编办印发《河南省编办、省教育厅、省财政厅、省人力资源和社会保障厅关于印发〈河南省中等职业学校教职工编制标准（试行）〉的通知》（豫编办〔2010〕211号）。编制标准的出台，对于加强中等职业学校师资队伍建设，推进技术进步和提高劳动者素质，促进河南省由人力资源大省向人力资源强省转变，实现中原崛起将起到积极推动作用。

2012年，河南省中等职业学校920所（校数、招生和在校生均含技工学校）。国家级重点中等职业学校165所，省部级中等职业学校172所，国家示范性中等职业学校62所。招生63.30万人，在校生173.87万人，中等职业教育的招生数和在校生数分别占高中阶段教育48.74%和47.44%。教职工7.64万人（办学条件均不含技工学校），其中专任教师5.72万人（其中双师型专任教师1.13万人），专任教师学历合格率87.51%，专任教师具有研究生及以上学历占总数5.28%。校舍建筑面积1719.11万平方米，图书藏量3111.24万册，教学仪器设备值29.48亿元①。

根据《河南省国民经济和社会发展第十二个五年规划纲要》和《河南省中长期教育改革和发展规划纲要（2010—2020年）》制定出河南省教育十二五规划，包括发展基础和总体思路、健全基本公共教育服务体系、构建现代职业教育体系、全面提高高等教育质量、深化教育体制改革、建设高素质专业化的教师队伍、促进学生全面发展、提高教育现代化水平、增强教育保障能力、强力推进依法治教、组织实施等11个部分。《规划》确定的主要目标是：到2015年，教育现代化水平得到提升，学习型社会初步形成，人力资源强省建设取得重大进展。教育事业科学发展，体制改革深入推进，教育结构更加合理，办学质量不断提高，创新和服务能力明显提升。劳动者的科学文化素质大幅度提高，人民群众多样化的教育需求逐步得到满足。创新人才培养体系逐步完善，各类专门人才和拔尖创新人才大量涌现，为经济社会发展提供充足的人才。职业教育规划是：要通过创新职业教育办学模式，畅通和拓宽技能型人才培养通道，加强职业教育基础能力建设，建立健全中高等职业教育的衔接机制，强化职业教育与现代产业体系、公共服务体系的相互衔接，加强职业教育与普通教育的相互沟通等六项措施构建现代职业教育体系②。

---

① 《2012年河南省教育事业发展统计公报》，河南省教育厅网站，2013年1月23日。

② 河南省教育厅《关于印发〈河南省教育事业发展“十二五”规划〉的通知》，2012年9月21日。

九、广东省

2004年,广东省各类中等职业教育招生24.65万人,增长5.7%;在校生65.54万人,增长3.9%;毕业生19.0万人;职业中学生均预算内教育事业费为3349.49元,增长9.89%。职业中学生均预算内公用经费比上一年增长9.48%。

本着与经济社会发展水平和财政承受能力相适应,满足职业学校基本教学与实习实训的需要,遵循精简、统一、效能的原则。2004年12月,广东省颁布《中等职业技术学校机构编制标准暂行规定》(粤机编办〔2004〕446号)。编制标准的出台,推动了职业学校的改革与发展,助推了大力发展职业教育,加快发展中等职业教育的历史需要。截至2010年,广东职业技术院校在校生、招生数分别达到295万人、125万人,比2006年分别增长了100%和90%。其中,中等职业教育学校(含技工学校)816所,在校生230万人。广东已形成全国最大规模的职业教育体系,2010年,中等职业学校招生102.3万人,在校生230万人,两项指标均位居全国第一。"十一五"期间,每年培训转移就业农村劳动力百万人,毕业生就业率连续五年超过96%,2010年达到98.3%,300万广东省职业技术院校毕业生进入社会就业。

广东省"十二五"教育规划指出,发展壮大职业教育。到2015年,建成集约化高水平的省级和各地级以上市职业教育基地(含技工教育基地);构建起满足区域需求、适应现代产业体系、具有广东特色的现代职业教育体系;各级各类职业教育在校生达到300万人以上;职业院校"双师型"、"一体化"教师占专业课教师比例达到60%以上;建设现代职业教育体系,推动中等职业教育统筹发展,加强职业教育实训中心建设,加快职业教育基地建设,深化职业教育教学改革,打造职业教育校企联盟;职业教育经费投入方面,"十一五"期间,广东省共投入职业技术教育经费91.14亿元。"十二五"期间广东省将安排34亿元人民币专项资金支持发展职业教育,其中,安排15亿元支持高等职业技术学院、高技能公共实训基地和中等职业技术教育实训中心建设,安排15亿元支持各地技工学校建设,新增安排4亿元支持技师学院建设。前两年将投入8.96亿元专项资金,用于支持全省各地中等职业技术学校和技工学校的新建、扩建、改建工程,实现中职学位的有效增长。同时,广东还要实现高等职业技术学院、中等职业技术学校增编经费,五年内计划安排增编经费33.71亿元,保障中职新增编制8232名、高职新增编制6230名的落实,并统筹安排师资培养培训专项经费,加强职业技术教育师资队伍建设等。

2011 年 11 月,《广东省中等职业技术学校机构编制标准》的出台,将进一步推动广东省加快发展现代职业教育。

十、重庆市

2011 年,重庆市中等职业技术学校调整到 236 所(含技工学校 72 所),其中民办中等职业技术学校 57 所。启动建设 20 所国家中等职业技术教育改革发展示范学校,建成国家级重点中等职业技术学校 57 所(含技工学校 15 所)、市级重点中等职业技术学校 40 所(含技工学校 5 所)。中等职业技术学校形成了一大批产教对接紧密、优势特色明显的重点专业,职业技能鉴定和竞赛评价选拔体系基本建立。详情见表 3-12①。

表 3-12 重庆市职业技术教育发展现状

主要指标		高等职业技术教育				中等职业技术教育				技工教育		
		2006 年	2011 年	变化情况	全国排位	2006 年	2011 年	变化情况	全国排位	2006 年	2011 年	变化情况
发展	学校数(所)	23	37	14		356	236	−120		80	55	−25
	优质学校比例(%)	4.3	32.4	28.1		21.9	41.1	19.2				
	招生数(人)	55944	75948	20004		196487	187214	−9273		40026	40000	−26
	在校学生数(人)	136245	206281	70036		440941	500120	59179		81306	120600	39294
规模	每十万人在校生人数	488	715	227	18	1579	1733	154	16			
	校均规模(人)	3218	4609	1391	17	1239	2119	880	5			
	教职工数(人)	8292	14352	6060		22889	23886	997		3956	5579	1623
办学条件	生均占地面积(m^2)	53.8	73.5	19.7		23.2	26.9	3.7		14.6	17.1	2.5
	生均校舍面积(m^2)	23.3	32.4	9.1	2	11.9	14	2.1	10	8.2	10	1.8
	生均仪器设备值(元)	3546.3	6272.7	2726.4	11	1623.5	2320.9	697.4	9	3286	5000	1714
	专任教师数(人)	5343	9624	4281		16500	18624	2089		3212	4713	1501
	专业课教师数(人)	3845	6545	2700		10287	11569	1282		2985	3756	771
	“双师型”教师数(人)	1761	3166	1405	14	2593	4360	1767	10	449	1199	750
	师生比	1∶18.8	1∶16.5	−2.3	6	1∶26.7	1∶26.9	0.2	15	1∶25.3	1∶25.6	0.3

(注:技工教育数据包含在中等职业技术教育内)

2012 年 5 月 11 日,中共重庆市委、重庆市人民政府《关于大力发展职业技

① 统计数据来自重庆市人民政府《关于印发〈重庆市职业技术教育改革发展规划〉的通知》,渝府发 2012 年 106 号。

术教育的决定》（渝委发〔2012〕11 号）[①]指出：坚持优先发展职业技术教育，努力培养造就数以百万计的技能人才和高素质劳动者，以面向市场、面向就业、面向人人、面向社会为目标，坚持整合资源、优化结构，高端引领、多元办学，内涵发展、提升质量，确保学有所教、教有所能、能有所用，努力办好人民满意、社会有用、终身受益的职业技术教育。预计到 2015 年，中等职业技术学校调整到 180 所（含技工学校 50 所），在校生达到 55 万人（含技工学校 16 万人），力争市外生源占 25%以上，继续保持普通高中和中等职业技术教育规模大体相当。职业技术学校累计向社会输送技能人才 90 万人以上，中、高等职业技术学校毕业生就业率分别达到 96%和 92%。健全面向全体城乡劳动者的终身职业培训体系，每年开展各类技能培训 200 万人次。取得职业资格证书的技能人才总量达到 400 万人，其中高技能人才超过 70 万人。完善职业技术教育多元办学体制和投入保障机制，畅通技能人才成长发展通道，基本形成现代职业技术教育体系。瞄准市场需求，形成与区域经济和产业发展匹配紧密、结构合理、覆盖广泛、特色鲜明的专业结构体系。立足提升先进制造业水平，加快建设支撑和服务“6＋1”支柱产业、“2＋10”战略性新兴产业的相关专业和专业群，优先发展信息技术、加工制造、石油化工、材料与能源、资源环境等类别专业。着眼生产性和生活性服务业上档升级，积极发展物流、商贸、旅游、护理、学前教育、金融事务、家政服务等相关专业。围绕现代农业发展，加强农林牧渔等涉农专业建设。制定重点专业技能人才培养标准，建立中、高职有机衔接、融会贯通的专业体系，实现重点专业对重点产业的全覆盖。完善教师队伍建设机制，着力建设高水平高素质的教师队伍。

2012 年 8 月 14 日，为贯彻落实《中共重庆市委重庆市人民政府关于大力发展职业技术教育的决定》（渝委发〔2012〕11 号）精神，全面提高重庆市职业技术学校教师队伍整体素质，重庆市教育委员会、重庆市人力资源和社会保障局印发《关于加强职业技术学校师资队伍建设的通知》（渝教发〔2012〕4 号），[②]就加强职教师资队伍建设进行了规划部署。配足配强职教师资，职业技术学校师生比达到规定比例。到 2015 年，全市高等职业技术学校专任教师总数达 1.5 万人，其中专业课教师 1 万人；中等职业技术学校专任教师总数达 3.2 万

① 中共重庆市委、重庆市人民政府《关于大力发展职业技术教育的决定》，渝委发 2012 年 11 号。

② 重庆市教育委员会、重庆市人力资源和社会保障局《关于加强职业技术学校师资队伍建设的通知》，渝教发 2012 年 4 号。

人,其中专业课教师 2.3 万人。职业技术学校专业课教师中兼职教师不低于 30%,其中高等职业技术学校不低于 40%。优化师资队伍结构。到 2015 年,全市高、中等职业技术学校专业课教师占专任教师总数 70%以上,其中“双师型”教师占专业课教师比例分别达 75%、50%以上,专任教师本科学历人数分别达 100%、90%以上,研究生层次教师人数分别达 40%、8%以上。加强“双师型”教师团队和市级优秀教学团队建设。健全培养培训体系。建立以全国重点建设基地、市级基地、行业企业、海外研修、远程培训等多元、灵活、开放的职教师资培养培训体系。到 2015 年,建成全国重点建设职教师资基地 3 个、市级重点基地 9 个、企业实践基地 20 个、海外研修基地 3 个、远程培训平台 2 个。创新教职工编制管理中等职业技术学校积极推行“编制到校、经费包干、公开招聘、动态管理”的编制管理模式,教师编制按照学生数每两年核定一次;学校空编人员经费由财政按照有关规定和标准予以补贴,学校包干使用;教师在编制数和岗位数内实行公开招聘。严格专业课教师准入。职业技术学校新任专业课教师须具备相应教师资格,如无两年及以上行业企业或生产服务一线实践经历的,试用期内还须到相关行业企业进行不少于 6 个月的实践,实践考核结果作为转正定级的重要依据。深化特聘兼职教师计划。打破年龄、身份、学历的限制,鼓励中等职业技术学校从行业企业聘请高技能人才和“能工巧匠”,从高等院校、科研院所聘请高层次人才从事实习实训指导和专业课教学。完善职称职务评聘办法。凡申请评审初、中、高级专业技术职务资格的专业课教师,应取得相应教师资格证和职业资格证书,并具有在行业企业或生产服务一线的实践经历。教师参与企业技术创新和发明等所获成果作为评聘职务的重要依据之一。逐步增加中等职业技术学校高级专业技术职务岗位。建立教师企业实践制度。严格执行专业课教师每两年必须有两个月以上时间到企业或生产服务一线实践要求。通过政策优惠、财政补助、校企共建等方式鼓励引导大型知名企业积极参与职业技术学校教师企业实践,落实实践场所和岗位,提供有针对性的服务和指导。加强“双师型”队伍建设,加大“双师型”教师招聘力度。各区县及市级有关部门要定期组织“双师型”教师招聘工作,对教育经验丰富、教学业绩突出、专业技能高超的优秀教师或急需紧缺“双师型”人才,经核准,可采取考核的方式予以招聘。鼓励职业技术学校按规定聘用社会“能工巧匠”、企业工程技术人员、获得全国职业技能大赛一等奖的高、中等职业技术学校毕业生担任特聘兼职教师,充实职业技术学校专业课教师队伍。加大“双师型”教师认证力度。市教委、市人力社保部门进一步拓展认证范围,完善重庆市职业技术学校“双师型”教师认证办法，加大“双师型”教师专项认证工作力度。

2012 年 9 月 13 日，《重庆市人民政府关于印发〈重庆市职业技术教育改革发展规划〉的通知》(渝府发〔2012〕106 号)[①]指出，预计到 2015 年，中等职业技术学校在校生达到 55 万人(含技工学校 16 万人)，力争市外生源达到 25%以上，继续保持普通高中和中等职业技术教育规模大体相当，职业技术学校累计向社会输送技能人才 90 万人以上。中、高等职业技术学校毕业生就业率分别达到 96%和 92%以上。健全面向全体劳动者的终身职业技能培训体系，每年开展各类职业技能培训 200 万人次。取得职业资格证书的技能人才总量达到 400 万人，其中高技能人才超过 70 万人。完善职业技术教育多元办学体制和投入保障机制，畅通技能人才成长发展通道，基本形成现代职业技术教育体系。到 2020 年，面向西部地区配置职业技术教育资源，普通高中与中等职业技术教育规模更加均衡，职业技术学校累计向社会输送技能人才 200 万人以上。每年开展各类职业技能培训达到 300 万人次。取得职业资格证书的技能人才总量达到 550 万人，其中高技能人才超过 110 万人(见表 3-13)。

表 3-13　重庆职业技术教育“十二五”主要目标

类　别	主要指标	2011 年	2015 年	变化情况
高等职业技术教育	学校数(所)	37	40	3
	优质学校占比(%)	32.4	55	22.6
	在校生数(万人)	20.6	25	4.4
	生均仪器设备值(元)	6272.7	7500	1227.3
	生均占地面积(m^2)	73.5	75	1.5
	生均校舍面积(m^2)	32.4	35	2.6
	校内实训基地(个)	66	116	50
	校均规模(人)	4609	*6000	1391

① 重庆市人民政府《关于印发〈重庆市职业技术教育改革发展规划〉的通知》，渝府发 2012 年 106 号。

续表

类　别	主要指标	2011 年	2015 年	变化情况
中等职业技术教育（含技工教育）	学校数（所）	236	180	－56
	优质学校占比（%）	41	67	26
	在校生数（万人）	50	55	5
	生均仪器设备值（元）	2320.9	3500	1179.1
	生均占地面积（m^2）	26.9	33	6.1
	生均校舍面积（m^2）	14	20	6
	校内实训基地（个）	261	361	100
	校均规模（人）	2119	3055	936
高级技工学校技师学院	学校数（所）	13	20	7
	在校生数（万人）	6	10	4
各类职业技能培训	技能人才（万人）	281	400	119
	高技能人才比例（%）	12.8	17.5	4.7

（说明：* 2015 年，高职 25 万在校生中，有 1 万在本科院校，故校均规模以 24 万为基数计算）

本着与经济社会发展水平和财政承受能力相适应，满足职业学校基本教学与实习实训的需要，遵循精简、统一、效能的原则。2012 年 11 月，重庆市出台《重庆市中等职业技术学校教职工编制标准及管理办法（试行）》（渝编办〔2012〕35 号）。编制标准的出台，将进一步推动重庆职业学校的改革与发展，培养一大批高素质劳动者和技术技能型人才，促进技术技能积累，助推加快发展现代职业教育，推动重庆经济社会的发展。

第四章

他山之石：中等职业学校人员编制核定的国际比较

关于中职教师编制情况的境外和国际比较是一个几乎没有人研究的话题，其原因在于：第一，我国关于国外职教师资的研究主要关注职业教育教师资格问题和培养培训问题，特别是职前的教育，还没有专门研究教师配置的成果。第二，世界各国中等职业教育体系不同，大体上可以分两个部分，一是以西方发达国家为代表的综合中学制度，也就是说这些国家少有专门的中等职业学校，中等职业教育是在综合中学内进行的，因此他们的职业教育教师配置情况很难单独查证。发展中国家的中等职业教育体系很多是以学校形式存在的，而且由于文化传统的巨大差异，亚洲国家的职业教育中单独设计中等职业学校的较多，如日本、韩国、新加坡等国和中国的台湾、香港地区。第三，各国（或地区）管理体制的不同，很多分权制国家的职业教育是由州政府甚至学区来管理，因此在一国内部也呈现出巨大的差异性，这给分析和比较带来很大困难。例如德国不莱梅大学技术与职业教育研究所菲利普.葛洛曼教授曾写道："国际范围内有关职业教育师资的信息是极度匮乏的。因此，由于背景信息的缺失，目前无法针对职教师资的某一个方面进行深入的研究"。[①] 在教师配置相关的基础数据的收集、使用上，经合组织（OECD）自 2001 年起便对各主要国家的生师比状况进行数据积累和整合，试图把当前各国教师配备状况以数据形式进行呈现，但其生师比的统计注明了不包括职业教育项目在内。

生师比对教育质量和教育公平的影响受关注。在国外，对教师编制问题进行系统的学术性研究的尚少，教师职业资格、教师素质及教师专业发展是学术界对教师问题关注的重点。当然，生师比是国外发达国家的教育机构进行

① 菲利普·葛洛曼：《国际视野下的职业教育师资培养》，外语教学与研究出版社 2011 年版。

自我评价和社会评价的重要指标，也是国外评判教育质量问题时关注的焦点问题。例如格林·霍华德(Green Howard)教授指出，为教师和校长设立与其岗位相关的专业标准是提升学校质量提升的关键环节。[①] 若干分析也表明，较低的生师比更能够给学生学业水平提升带来便利。所以，班级规模直接影响着教育质量。克瑞格(Krieger)博士直接以公立基础教育学校中的班级规模为研究主题，指出师生互动在影响学生学业成绩方面与班级规模的大小相比更为重要。[②]但是，政府在教育机构的教师配置问题上有着独特的立场，政府往往从节约成本的角度去审视教师配置问题。政府认为，高生师比未必对学生学业水平产生副作用。除了生师比外，社会经济状况、班级规模、种族、信仰等诸因素共同相互作用，影响着教育的成效。其次，教师配置问题事关教育公平。海克曼(Heckman)等指出，人力资本政策在推进社会公平中扮演重要角色，在学校领域，教师作为一种资源也应关注到社会公平、社会正义问题。[③] 霍姆斯.德怀特(Holmes Dwight R.)博士把教师的配置状况和学生受教育机会均等问题进行了研究，指出从学生作为受教育者的角度看，教师配置状况作为一种资源配置对学生受教育机会的均等产生了深远影响。[④]

第一节　亚洲国家中等职业教育教师配置——以日本为例

一、日本职业教育的现状

日本的教育体系主要由四个阶段构成，分别为学前教育阶段、初等教育阶段(小学)、中等教育阶段(初中与高中)、高等教育阶段。进行职业教育的学校主要有高等学校(为高中阶段教育，包括职业高中，是日本中等职业教育的主

---

① Howard Green. *Professional Standards for Teachers and School Leaders: A Key to School Improvement*. London: Taylor & Francis, 2004.

② Krieger and Jean Deen. Nature of Teacher/Student Interactions in Public Elementary Schools: Does Class Size Make a Difference? *Dissertation Abstracts International*, 1979, 62-11 (A): 3641.

③ Heckman, James J. Krueger, Alan B. Friedman, Benjamin M. *Inequality in America: What Role for Human Capital Policies?* Cambridge: Mass MIT Press, 2003.

④ Holmes Dwight R. Equality of Educational Opportunity: A Student-level Analysis of the Distribution of Teacher Resources. *Dissertation Abstracts International*, 2001, 61(1).

体），中等教育学校（为6年一贯制的初、高中学校），专修学校（主要为高职，但也包括一部分中等职业学校），各种学校（大部分为私立的非正规学校，如相当于我国的新东方教育学校），高等专门学校（为5年一贯制的中、高职学校），短期大学（主要为高等职业学院）。

据2011年文部省统计资料显示：日本各级各类职业教育机构（包括高等学校、中等教育学校、专修学校、各种学校）的学校数量、在校生人数及教师人数（见表4-1）。

表4-1　2011年日本各级各类职业教育机构现状（包括学校数量、在校生人数及教师人数）

各类职业学校	学校数（所）	在校生数（人）	教师数（人）
高等学校	4765	3191009	225104
中等教育学校	47	25609	1947
专修学校	3115	615418	140496
各种学校	1383	120061	8952

数据来源：日本文部省网站 http://www.e-stat.go.jp/SG1/estat/NewList.do?tid=000001011528.2011-10-22

普通学校学生数与职业科学生数分别占高等学校总人数的72.7%与27.3%（见图4-1）。各职业科学生数与普通学校学生数占高等学校总人数的百分比分别表现如下：农业科约为2.5%；家政科约为1.3%；福利科约为0.3%；看护科约为0.4%；水产科约为0.3%；情报科约为0.1%，工业科约为7.8%；商业科约为6.4%；综合学科约为5.1%及其他科目约为3.1%。（为方便统计把前六类职业科学生占高等学校总人数的百分比合计为4.9%，见图4-2）。

从图表数据可以看出，虽然日本中等职业学校在读学生数有86万多人，占全体高中学生总人数的27.3%。但从数量上来看不难发现，与20世纪80年代相比，职业教育正面临着生源不足和学生个体差异性明显、就业率下降、出路选择多样化等问题。据相关资料统计[①]，日本2009年毕业的106.3万名高中生中，约有80万人升入专修学校或大学继续学习，就业的只有20.6万人，选择继续学习和就业的比例分别为68.6%和18.2%。同年，在农业、商业、工业等10个职业科类，近30万人的高中毕业生中，选择就业比例均少于

① 课题组：《部分国家和地区中等职业教育分流情况》，《教育发展研究》2009年第23期，第12页。

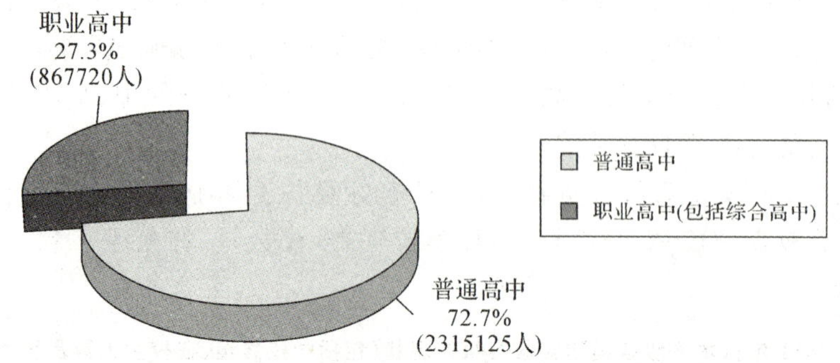

图 4-1　2011 年普通学校学生数与职业科学生数分别占高等学校总人数的百分比

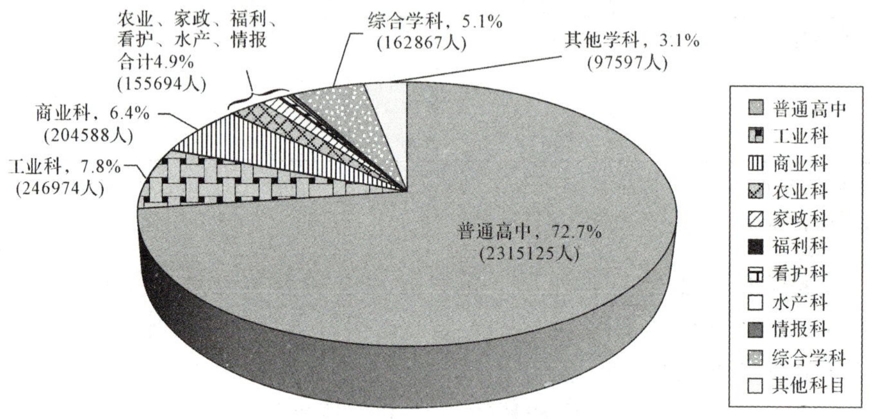

图 4-2　2011 年日本各职业科学生数与普通学校学生数占高等学校总人数的百分比

65%，继续升学的比例在 28%～89%之间。其中各职业类高中毕业生升入大学就读的比例为 14.5%～78.1%之间。为此，日本相关教育职能部门对中等职业教育重新进行了调整改革，更加重视实践、岗位体验活动；充实普通教育；重视对学生进行“职业生涯教育”；积极推进“产学合作”的办学形式。除此之外，文部省还顺应产业社会现状组建了一批新型专门高中，这其中有代表性的是“选修制综合科高中”和“科学技术高中”。

二、日本中等职业学校教师管理机构

健全的教师管理体制是建立一支高素质教师队伍的重要保证。就日本教育管理体制来看可以分为外部管理体制和内部管理体制，外部管理体制是指以对教育机关进行指导、监督的教育主管部门为中心的政府层面的管理体制，中等职业教育机构也接受教育主管部门的管理。内部管理体制指经营教育机构内设的管理机构。随着日本职业教育规模的扩大和组织的复杂化，职业教育的外部和内部管理机构也逐渐扩大，其管理业务也逐渐细分并专门化。

（一）外部管理机构——中央与地方教育管理机构

在日本，职业教育的外部管理由中央教育管理与地方教育管理组成，中央教育管理机构为文部省，地方教育管理机构为地方教育委员会和市町村[①]教育委员会。

1. 中央教育管理机构

日本中央教育管理机构为文部省，它统管全国一切教育机构，包括各级各类职业学校。如各种学校、职业高中、专修学校、短期大学、高等专门学校。

文部省是国家教育管理的执行机构，掌管与处理国家教育管理事务。如根据社会环境的变化向国会提出教育改革的建议、制定法律的实施细则或者颁布省令、指导各级地方教育部门的工作并提出建议。文部省设有高等教育局、初等中等教育局、大臣官房等机构，负责管理各附属机构，开展各项管理活动。

2. 地方教育管理机构

日本的地方行政机构由都道府县和市町村两级组成，因此其地方教育管理机构也分为地方教育委员会和市町村教育委员会两级，负责管理有关教育教学活动的行政事务。

地方政府的最高负责人，都道府县称为知事，市町村分别为市长、町长和村长，各自对当地的教育拥有运行、管理的职责，特别是要在财政上确保教育教学活动正常开展。同时，还要负责协调、处理文部省与地方教育行政的关系。都道府县知事与市町村长的分工各有不同，主要职能如下：

市町村是最基层的管理机构，负责设置、管理本地区的职业学校及其他与教育有关的社会设施。都道府县负责联络、调节、统一处理一些不适宜市町村教委处理的教育事务。如中等职业学校的教师的配置、流动、职务晋升、教师资格的考核与审查、校长的人事任命等。另外，都道府县还有权对市町村设置的学校的运行、管理等基本事项给予必要的规定、指导及帮助。但是，市町村教育委员会与都道府县教育委员会不存在上下级关系，是对等的。

地方教育行政事务比较繁杂，除了以上提到的一些工作是由地方知事来

---

① 注：市町村是日本的“基础地方公共团体”的总称，包括“市”、“町”和“村”和“广域地方公共团体”都道府县相，分别对应我国的市、镇、乡。

负责掌管外，还有大量的日常管理工作是由独立于地方行政机构，直属于地方行政长官的教育管理专门机构——教育委员会来掌管的。根据自治法第108条规定[①]，教育委员会“管理学校及其他教育机构，如有关学校的组织与设置、教职员工的人事管理、教育课程与教科书的使用等事务”。教育委员会一般由5人组成，委员由知事征得都道府县议会的同意后任命，任期4年，一般都是由在教育、文化、学术、服务等方面有卓越见解的地方名流担任，委员们都是兼职的，这样能更好地反映一般民众对教育的要求，主要职责是执行经教育委员会批准的基本方针政策，制定学校管理细则及教育委员会工作规则。然而教育委员会所管辖的具体事务主要由其下设的教育委员会事务局去执行，事务局的督导人员一般都是由曾有丰富的学校实际工作经验的校长、副校长担任，其主要职责是进入各种教育现场，听取意见，发现问题，与学校的校长们商议教育对策，努力促进本地区的教育教学水平的发展与提高。

综上所述，文部省、都道府县、市町村三级教育管理机构在中等职业学校教师管理中的主要职责分担如下：

(1)文部省：为中央总揽全国教育管理的行政部门，主要站在国家的角度从宏观上对教师进行管理，如负责对地方政府在教师组织管理上提出劝告和指导意见，指定教师培养机构并对其在培养教师过程中的课程设置、学科门类、教学组织等进行管理与评估，以颁布省令的形式出台基本的有关教师的各项权利与义务的规章制度及其实施细则等。

(2)都道府县：负责职业学校教师的任命、流动、警告及去留决议；对教师的教育教学活动进行监督；对教师的工作情况进行考核与评定，努力策划实施有关教育公务员在职培训所需要的设施、场所，制订实施奖励进修的途径和其他有关进修的计划，尤其是近年将全面推行的新录用者第一年的研修实习制度，即被录取当教师的人第一年没有独立开课的资格，要以进修、听课等形式，在老教师的传帮带下接受研修即新教师进修计划的制订与实行上；出台有关公立学校教师的配置及工资待遇等标准与细则；对教师的资格进行考核审查，授予教师许可证；对其下属的教育委员会进行一般性指示。

(3)市町村：一般不直接参与教师的管理，主要负责学校外勤人员的招聘、任用、薪酬等管理工作，以及在都道府县教委的委托下对教师进行管理(如负责向都道府县教育委员会汇报本地区各学校的教育教学动态、监督与指导教

---

① 《教育委员会的功能——日本地方掌管的教育行政事务》，http://www.3g-3g.com.cn/1222/brow466024.html.2011-9-10。

师的教学活动、负责对教师的教学工作进行考核评价、组织教师的在职培训等）。

（二）内部管理机构——中等职业学校内设机构

学校的教育管理活动，是在国家有关的办学基准及法律的保障下，在各级教育主管部门的监督指导下，根据学校的实际情况而展开的。学校管理的内部因素，一般由学生的特点、教职员组织、学校的设施设备、教育教学指导计划等方面构成。通过对这些要素的数量、质量界限的把握，并创造性地加以组合，充分正确利用这些要素，特别是发挥教师的积极作用，是职业学校在管理上取得成功的关键所在。正因为这样，日本的职业学校特别注重学校内部各职能部门的合理设置与各级职务的合理分工、努力寻求各职能部门与教育教学活动的内容与形式的有效结合。

1.学校内部管理机构

日本的中等职业教育机构，由于在办学目标和教学形式上的不同，其组织机构设置和各机构的校务分工也会有所不同。但总体上看，在校长之下，一般都分别设立学校教育组织机构、学校事务组织机构和学校运营组织机构三方面的管理机构。

（1）教育组织机构[①]

教育组织机构是学校内部最重要的组织机构，主要负责管理教师的教学活动和学生的教育活动，一般分为指导组织和学习组织两方面。指导组织是把直接担负各项教育教学活动任务的教师，按他们的业务专长分派到各教学活动中。日本职业高中的教师，一般都采取学科担任制来安排教学活动。如教务部在教师指导组织上，主要负责教师教学活动计划、教师校内进修、教师许可证管理、教师教学评价等有关事务。学习组织主要的任务是按年级、班级配置学生，是学校中学与教的最基本单位。

（2）事务组织机构

事务组织机构一般分为教务和总务两个方面。学校除教育活动外，还有一些对教学活动产生影响的相关事务需要处理，这些事务主要由教务和总务方面的组织及职员分担。如保健福利部：主要负责教职员的福利、奖金、工资及其他的社会保障方面的计划与发放。

---

① 沈学初：《当代日本职业教育》，山西教育出版社1996年版，第110—111页。

(3)运营组织机构

运营组织机构主要包括教职员会议和运营委员会。教职员会议是学校特有的一种组织形式,主要负责把全体教职员集合到同一组织体内,参与对学校的教育目标、教育课程的编制以及与教育活动直接相关的一些事项的研讨、决策,让全体教师都参与学校的管理活动;整合与协调各个职能部门有效地开展各项教育活动,促进学校整体机能的发挥。一般来说,教职员会议机能主要表现如下:传达校长和上级教育主管部门各种有关学校教育的意见精神,对学校经营重大事项提出询问或建议;对教职员的福利、保健、研修等事项进行审议等。

学校运营组织由各种委员会组成(如学生进路指导委员会、教科研究委员会、学校运营委员会等),其主要职责是:在各自专门职能的立场上,对学校经营组织进行计划、决策,并研讨和提出各项议案和对策。通过各委员会组织使教职员参与到学校经营管理中来,既集中了教职员的智慧,也调动教职员的积极性,使学校的经营管理能处在良好的运营状态之中。

2.学校内部主要的管理职务

学校管理必须根据学校实际情况,建立充分发挥人财物作用的组织机构,探寻适合学生实际,充分调动教职员积极性的管理方法,以期最终实现学校的教育目标。而担负起实现办学目标重任的,正是学校的校长、副校长和各部门的主任等干部。

(1)校长

日本学校教育法明确提出了"校长执掌校务,监督所属职员"。校长主要行使教育主管部门通过职务命令、通知、训令、规则等委任给他的职务权限。如对所属职员的管理、学校教学活动的管理、学校设施管理、处理如制订学生指导方针等校内事务和对外联络等有关事宜。从法律意义上说,校长是学校最终运营的责任者。在管理学校事务的过程中如果教职员意见产生分歧时,校长具有独自决策权。然而在实际的学校管理活动中,一些中等职业学校的校长对学校内部事务的管理投入不多,他们的主要任务是以学校法人的身份在校外展开各种与学校发展相关的活动。如加强与文部省及地方教委的联系、与学生家长及社区市民沟通、聘用优秀教师、添置教育设备、增加经费预算、建造新校舍等事务。校长要得到教员、学生的认可,必须在其任期内做成几件能够改良学校面貌的事情,扩大学校的影响,因此校长必须对社会各界积极展开公关活动,争取在社区成为有一定威信与声望的人。

(2)副校长

学校教育法规定:“副校长的主要是协助校长处理学校事务,加强与教职员工联系,协调好各部门之间的关系,必要时还要承担教育教学工作。”在学校实际管理活动中,副校长的职责主要体现在协助与协调机能上,如副校长要认真把握学校经营管理全局,通过如召集主持教职员工会议的形式,密切与教职员联系,深入了解学校各部门的运行情况,从中协调好各项工作。对管理过程中产生的一些问题,要有独立的判断能力,积极向校长提出建议。

(3)主任

主任为学校的中层干部,校务分担上处于中间管理层。一般由专业能力强、威信高的教职工担任。按文部省的规定在职业学校可设置的主任一般包括教务主任、学生指导主事、进路指导主事、学科主任、事务主任、保健主事、年级主任、学生宿舍主任以及根据学校教育教学活动需要设置的其他一些主任职位。就对教师的管理而言,主任职务的作用主要体现在对教师的帮助与指导上,如部门内的教职员,尤其是新进的年轻职员,在教学经验等方面可能还处于较弱的水平,在教学活动中需要有人给予帮助指导,具有丰富业务经验和扎实专业知识的主任,可与这些教师在共同的研究探讨中解决问题,建立信赖关系,发挥帮助指导的机能。

三、教师配置制度

日本是在教师管理方面取得有效成绩的国家之一,多年来积累了丰富的经验,制定了与社会经济的发展相适应的教师管理制度,特别是在中等职业学校师资配置标准方面建立了完善的法律法规。

(一)教师配置的基本情况

为了谋求中等职业学校的班级规模、教师定额配置的适当、合理,促进其教育水平的维持与提高,日本国会在1961年颁发了《关于公立高级中学的设置、适当配置和教职员定员标准的法律》。同时,日本内阁、文部省还分别制定了相应的政令及其实行办法,以配合上述法规的正确有效实施。为了吸收更多的有经验的社会优秀人才进入教师队伍,日本政府还放宽对教师学历资格的限制,提出了“特别教师许可”制度及“特别非常勤讲师”制度。这些法律法规从不同的角度对中等职业学校的教师定员标准及管理等方面进行了系统的规定。

1.师资配置标准的组织制定机构

日本法律规定,教师编制管理工作的法定权在中央政府,而具体操作权在各都道府县。学校教职工的人数以市、町、村为单位按班级数配置。因此，每个年度，都道府县教育主管部门都要根据学校班级数量及其相关变量来核定市、町、村中各中等职业学校应配置的基本教师数量，由此来确定各学校的基本教职员的数额。

2. 师资配置标准的组成

对于职业学校师资配置标准的组成要素，相关法律主要从教师定员标准、班额标准以及针对特殊学科门类而专门配置的教职员标准等方面进行了规定。主要表现如下：

(1)班额的标准。每班额定标准为 40 人(包括全日制和定时制)，有特殊需求时，可以超过此数，适当扩大班额。

(2)校长的配置标准。职业中学校长配置标准基本与初级中学和普通高中的校长配置标准相同。设 1 名校长和 1～2 名“教头”[①]。

(3)教师(包括教头教谕、助教谕和讲师)的配置标准。日本的高中一般实行全日制和定时制并存的制度，所以中等职业学校也分为全日制中等职业学校和定时制中等职业学校，因此，法律就全日制和定时制学校每班应该配备的教师人数分别作了规定，每班教师名额在一定的区间(全日制学校为 5～1.5 人；定时制学校为 5～1.143 人)[②]内变化，一般学校规模与教师人数成反比关系，规模增大人数减少。日本高中教师基本定员标准(见表 4-2)。

表 4-2 日本高中教师基本定员标准

	班级数(个)	每班应配备教师数(人)		班级数(个)	每班应配备教师数(人)
全日制	1	5.000	定时制	1	5.000
	2	3.500		2	3.500
	3～6	2.500		3	2.500
	7～15	2.000		4～6	2.162
	16～24	1.667		7～15	1.509
				16～24	1.250
	25 班以上	1.500		25 班以上	1.143

数据来源：教育系统人力资源配置与学校编制管理研究课题组.2008(6)：363

① 梁忠义：《战后日本教育研究》，江西教育出版社 1993 年版，第 301—302 页。

② 教育系统人力资源配置与学校编制研究课题组：《教育系统人力资源配置与学校编制管理研究课题组》，北京师范大学出版集团 2008 年版，第 355—357 页。

(4)保健教师的配置标准。全日制高中,班级数到达3～29班时配备1名保健教师,30个班级以上时配备2名保健教师;定时制高中,班级数到达4～29班时,配备1名保健教师,30个班级以上时配备2名保健教师。

(5)实习指导教师的配置标准。在家政科、商业科等职业高中,一般分派2～3名实习指导教师。在农业科、水产科、工业科等职业高中中有1～18个全日制班级的一般分派3名实习指导教师,18个班级以上的一般分派5名实习指导教师①。

(6)事务职员的配置标准。农业、水产、工业、商业、家政等职业高中,设有1～5个班级的学校,包括全日制与定时制学校,一般配2名事务职员,6～9个班的学校配3名,10～17个班的配4名,18个班以上的配5名事务职员;通信制课程中等职业学校的学生超过400人时,可以增配(学生数/400)名事务员(小数点一律升为1)②。

3.“特别教师许可”制度及“特别非常勤讲师”制度

为了让学生能更多地接触与了解社会,掌握与社会生活相关的知识与技能,日本学校在进行教育教学活动的过程中十分注重学生个性与社会实践能力的培养,这样教师也面临着自身素质的不断提高和能力的提升。为应对上述挑战,文部省颁布了“特别教师许可制度”和“特别非常勤讲师制度”,允许各学校,特别是在工业、商业、护理等职业学校,通过吸引一些拥有专业知识和技能的校外社会人士担任教学及学校管理工作③。

(1)特别教师许可证制度。特别教师许可证制度规定:没有上过大学或未在大学进行过培训的社会人员,因为其热衷教育事业,具备相应的教学能力,并且通过了教育部门组织的相关考核,就可以获得特别教师许可证,在学校担任教师,从事教学活动。如果获得特别许可证的教师在具备3年或3年以上从教经验并修满必需的学分后,经过教育部门的考查,合格者可获得普通教师许可证④。

---

① 教育系统人力资源配置与学校编制研究课题组:《教育系统人力资源配置与学校编制管理研究课题组》,北京师范大学出版集团2008年版,第355—357页。

② 戴家干:《从日本教育人力资源配置看教师编制管理的特点》,《比较教育研究》1999年第1期,第55—57页。

③ 日本文部科学省网站,2010年10月12日。

④ 中央教育審議会:《“今後の教員免許制度の在り方について”答申の要旨》,2010年11月3日。

(2)特别非常勤讲师制度。特别非常勤讲师制度,是指从社会上或其他学校聘请兼职教师的制度。这一制度旨在招募有特别才能的社会能人技士到学校担任教师,这样不仅发挥了其特长,为学校教学活动注入了新的活力,一定程度上也能缓解师资数量不足的问题。例如:从社会上聘请来的从事英语导游工作的相关人员可以担任英语口语课及班会活动课的教学工作。与获得特别许可证的教师不同,特别非常勤讲师资格的取得相对容易,因为他们一般都没有任何形式的许可证,除在学校担任教师外,还有另外的工作。如果特别非常勤教师经过自学掌握了担任教职所备的专业知识并且通过了教育部门对其实施的教师资格认定考试,也可以被授予教师许可证,成为专职教师[①]。

(二)日本教师配置中的选考制和流动制

1.教师录用的方法——“选考”

日本公立学校教师的任用主要由都道县教育委员会负责。获得教师许可证者只是证明其具备教师的任职资格,想进入中等职业学校从教,还得参加相关部门组织的教师录用考试。由于日本每年招聘的教师数量不多,加上近些年来教师总量也基本处于饱和状态,而前来参加教师录取考试的人员越来越多,因此教育部门采用“选考”的方式来选拔优秀的人才补充教师队伍。选考由三个阶段组成:第一阶段主要对应聘者进行基础理论知识、专业知识及面试的考查;第二阶段主要对其进行备课、试讲、专业技能的考查;第三阶段让试讲者进入课堂讲课,让学生对其进行评价及要求应考者参加体检,符合教师任用要求者,最后由各地方教育委员会的教育长进行任命。

选考结束以后,除非正式或临时的任用外,经过一定条件选拔被任用的新教师还有6个月到一年时间的试用期,在此期间,新教师的主要任务是在有经验教师的指导下,担任实际的教学工作(如听课,实习等)、参加各种形式的进修与学习。试用期结束后,学校正副校长根据初任者试用期间的实际表现进行客观地评估,合格者方可被任用为正式教师。不合格者学校会让其继续参加相关的培训或学习后再进行考核对其实施录用或劝其转职。

2.教师流动制度

第二次世界大战后,日本就开始在公立学校实施教师流动制度。日本教师定期流动制主要在小学、初中、中等职业学校、普通高中及特殊教育学校实

---

① 戴家干:《从日本教育人力资源配置看教师编制管理的特点》,《比较教育研究》1999年第1期,第55—57页。

行。从地域看一般分为两种情况:第一种情况是教师在不同的都道府县(相当于我国的省)之间流动,第二种情况是教师在同一个市、街区、村内部流动。就流动的规模来看第一种教师流动的规模与比例要小于第二种情况,因此"就近流动"是日本教师流动的地域特点。从流动的学校类型来看,主要有三种形式:第一种形式是教师在同种类型同一级别的学校间流动,例如,让教师在某地区或某几个地区的中职学校间流动等。第二,在公立基础教育不同级别的学校之间流动,如教师可以在高中、初中、小学之间的流动。第三,教师还可以在不同种类的学校间流动,如从高中、初中流向特殊教育学校等。因此,日本教师流动的方向具有多样性。

以东京都为例,其通过制定《教师流动实施纲要》规定,新教师在一所学校工作达到 6 年者或其他教师在一所学校工作达到 10 年者都要流动到别的学校,并以此为硬性条件,所有教师都要服从;为解决教师超编的问题,规定在市、区、街道范围内的学校及学校之间,如果师资队伍在男女比例、资格、年龄、专业等结构上不合理,有相关教师要进行合理轮换。与此同时如果教师的年龄在 57～60 周岁之间、女教师在妊娠或产假时间、教师长期不能完成正常的教学任务及任教年限小于 3 年的教师可以不进行流动[①]。另外还规定,各个学校的校长也要根据教育行政部门的相关要求积极参与流动。日本教师流动的实施办法是:市町村教育委员会接受市町村一级学校上报的教师调转材料,再转报给都道府县教育委员会,由都道府县教委行使任命权。都道府县一级学校教师的调动,由各学校校长将意见上报给都道府县教委由其行使任命权;当学校教师不够时,都道府县教育委员会可通过聘任、降级、调转、晋升等方式对教师进行重新安排。校长的调转则由教育长直接任命,校长本人也可提出换岗申请[②]。

因为日本中等职业学校等公立学校的教师属于公务员性质,所以其教师的定期流动具有政府直接主导、参与和调控的特点。又由于地域发展情况各不相同,因而日本的教师人事管理工作由各个都道府县的教育委员会在充分考虑市町村之间、非偏僻地区和偏僻地区之间的差异及同一学校教师构成的合理性等因素的基础上制定的。通过这种管理方式,缩小了地区间、学校间的差距,促进了教师资源的均衡配置与发展。

---

① 张婷:《日本教师的定期流动制度及其启示》,《江西教育》2008 年第 1 期,第 42 页。

② 姚侃:《建立教师流动制度推进基础教育师资队伍均衡发展》,《广东教育》2007 年第 4 期,第 53—55 页。

为使教师流动制度能够长期规范地实施，各都道府县都出台了相关的政策法规作为保障。如《国家公务员法》、《教育公务员特例法》把教师的流动管理纳入国家公务员的流动管理体系，并且规定中等职业学校的教师为教育公务员，享有与一般公务员相同的权利义务与责任，这样教师就和一般公务员一样必须按照法律规定参与人事流动。《行政不服审查法》、《关于地方教育管理组织及营运法律》对教师流动的时间、工资补助、权利与义务等方面作了具体的要求。如在教师的酬薪待遇方面，为配合教师的流动，日本政府在《偏僻地教育振兴法》(1974)中规定"为帮助在偏僻地区学校工作的教师及其生活福利及住宅建造而采取必要的措施，是地方教育管理部门的任务之一"[①]。该法同时规定，对流向偏远地区的教师，从变动之日起三年内，除本人工资外，对其增发偏远地区津贴。此外，还有单身赴任津贴、寒冷地区津贴等。通过教师流动相关措施的制定，在一定程度上保证了教师的流动的规范性、公平性和有效性。

四、日本教师配置管理的特点

(一)师资配置标准具有很强的权威性和严肃性

在日本，政令、省令和相关法律法规对学校的各项管理等都有具体明确的规定，规章制度十分健全。如有关教员配置标准方面的法律由国会以法律形式颁布，各地方政府、相关部门以及学校都必须遵照执行。例如，法律中关于中学每班班额不得超过四十名学生的规定，如果某学校一个年级有 41 人，学校和地方教育委员会根据规定，把 41 名学生分成 20 人与 21 人两个班级来管理[②]。因此，立法部门的权威性一定程度上也保证了执法的严肃性。

(二)师资配置标准具有完整性和系统性

一是编制内容的完整性，法律对学校管理岗数量、教师数量、内设机构、班级定额以及编制核定办法、编制管理制度等都有具体明确的规定；二是法规体系的系统性，不但有关于教师配备的法规，而且各道府县、市町村都有配套的具体实施办法，不同性质学校的教师定员标准在文部省颁发的相应设置基准中都做了基本的规范。

---

① 曾天山:《向贫困和愚昧宣战》,广西教育出版社 1998 年版,第 168 页。

② 教育系统人力资源配置与学校编制研究课题组:《教育系统人力资源配置与学校编制管理研究课题组》,北京师范大学出版集团 2008 年版,第 356 页。

（三）师资配置标准的集中性和有序性

日本学校的教师编制管理实行以都道府县教委为主体，文部省宏观控制、审批监督的高度集中管理体制，市町村在都道府县教委的委托下实施教师配置工作。但在具体的操作过程中，首先，各都道府县教委根据有关法定的班额标准提出合适与本地的班级编制基准，具体有市町村教委组织实施。其次，个都道府县教委每学年都要一市町村为单位核定学校教师定员数，并将所辖区内学校的班级数和教师定员数及其实施标准向文部省书面报告。文部省负责对学校的编制定员数的审批，并监督、指导各都道府县教委的编制工作。这样学校教师的定员标准可以结合教育的发展而得到及时修改和补充，反映出了日本教职员编制分级管理、各负其责、上下沟通的良好程序。

（四）师资配置标准的刚性与弹性相结合

在教职员配置上，一方面法律规定了学校教师的法定基本标准；另一方面法律又分层授权政府，文部省制定机动岗位，同时，还允许各都道府县根据本地区的教育和财力状况适当浮动；关于教师工资，国库负担50%经费的做法又给地方政府在确定本地区实际编制数时留有余地，只要学校确有特殊需求（如聘请兼职教师），教师配置的标准可以根据实际情况自己控制[①]。

（五）师资配置标准的经济属性

日本实行的人员经费单列，编制经费与财政拨款直接挂钩。其法律规定各级各类学校的教师的定员标准，目的之一就是要确保举办者（包括政府）依法支付学校教职员的人员经费。日本政府一般是按照教师的人员经费、学生的公用经费以及校舍基建和维修费等项目分项给予核拨经费。中等职业学校国库每年按文部省认可的教师定员数所需要的人员经费的1/2拨付给各都道府县，另外的1/2由都道府县财政负担，市町村一般只承担教师以外人员的工资及其学校的运营、维修等费用。从运作的实际情况来看，小学、初中所需经费都是由国库、都道府县、市町村各承担1/3，职业高中所需要的经费几乎是由都道府县或市町村从地方财政中开支。

---

① 戴家干：《从日本教育人力资源配置看教师编制管理的特点》，《比较教育研究》1999年第1期，第57页。

第二节 欧美国家高中阶段职业教育教师的配置——以美国为例

一、美国高中阶段生涯与技术教育概况

在美国高中阶段，主要由三个机构提供生涯与技术教育：综合高中、全日制生涯与技术教育高中、地区生涯与技术教育高中。综合高中典型的特点是有一个学术中心，但同时也提供在校或非在校的生涯与技术教育教育。全日制生涯与技术教育学校非常注重实际的技术教育和学术课程作业，学生们一般整天都在学校。地区生涯与技术教育学校提供非全日制生涯与技术教育，其学生可在当地高中接受全部或部分的教育。这些学校也可招收中学后学生或成人学生。

美国大约有18000所公立高中学校（见表4-3），其中，有5%的学校是全日制生涯与技术教育高中（大约有900所）。此外46%的综合高中与地区生涯技术教育合作开设生涯与技术教育课程，49%的高中自己提供这种教育。

表4-3 公立学校与私立学校十年级学生人数及比例分布

学校类型				
学校部门	总数	全日制生涯与技术教育高中	包含地区职业技术教育的综合高中	不包含地区职业技术教育的综合高中
公立学校				
人数（人）	14955322	900	8200	8900
比例（%）	100.0	5.2	45.6	49.2
私立学校				
人数（人）	1309000			6000
比例（%）	100.0	0.2	4.11	95.7

数据来源：High Schools in the United States fact sheet，[EB] http://nces.ed.gov/2012.

同时，美国大约有6000所私立高中。29%的私立综合高中以在校或非在校形式。至少提供一种职教课程，由于私立高中的影响力较小，而且联邦政府更加关注公立高中，本部分主要就公立高中的生涯与技术教育展开。

（一）全日制生涯与技术教育高中

与综合高中相比，全日制生涯与技术教育高中招收的学生数量要超过另

外两种类型的综合高中(见表4-4)。因为全日制生涯与技术教育高中规模大于综合高中,所以它们招收的学生数量所占比例也较大。这就是为什么全日制生涯与技术教育高中虽然只占公立高中的5%但却招收了9%的十年级学生。由地区生涯与技术教育高中代理的综合高中招收了42%的十年级学生,而独立的综合高中则招收了49%的十年级学生。

表4-4　不同类型公立学校招收十年级学生比例分布

学校类型				
学校规模(人)	百分比(%)	全日制生涯与技术教育高中	包含地区职业技术教育的综合高中	不包含地区职业技术教育的综合高中
1～599	55.2	18.1	55.3	59.1
600～1199	25.6	51.0	28.3	20.4
1200～1999	13.3	24.7	11.9	13.5
2000以上	5.8	6.2	4.5	7.0
是否由地区生涯与技术教育学校代理				
是	48.0	43.3	100.0	
否	52.0	56.7		100.0
地区类型				
多高中地区	45.4	52.3	46.2	44.0
少高中地区	54.6	47.7	53.8	56.0
分布地区				
城市	15.1	18.9	7.1	22.1
郊区	41.4	57.8	46.2	35.3
农村	43.5	23.2	46.7	42.6

数据来源:Career and Technical Education in the United States: 1990 to 2005 Statistical Analysis Report[EB]. http://www.eric.ed.gov 2005.

(二)地区生涯与技术教育高中

美国一项调查表明(见表4-5),在被调查的41个州中大约有1200所地区生涯与技术教育高中。地区生涯与技术教育高中主要集中在南方(44%),紧随其后的是中西部(24%),东北部(22%),西部(10%)。相比于公立高中及其学生的地域分布,地区生涯与技术教育高中大部分位于南部和东北部,少数位于西部。因此，根据这些地域的高中和学生数量，地区生涯与技术教育高中在南部和东北部比例显得过多了，而西部就显得过少。

表 4-5 美国地区生涯与技术教育高中在各州分布

州	总数（所）	州	总数（所）	州	总数（所）
所有州	1191	蒙大纳	0	马里兰	15
阿拉巴马	61	内布拉斯加	0	马萨诸塞	1
阿拉斯加	2	内华达	0	密西根	62
亚利桑那	11	新罕布夏	27	明尼苏达	29
阿肯萨斯	23	新泽西	55	密西西比	90
加利福尼亚	59	新墨西哥	5	华盛顿	10
科罗拉多	11	纽约	38	西弗吉尼亚	31
康涅狄格	0	北卡罗来纳	9	威斯康星	14
德拉瓦	0	北达科他	7	怀俄明	0
哥伦比亚特区	0	俄亥俄	59	密苏里	56
佛罗里达	37	俄克拉荷马	54	德克萨斯	14
佐治亚	0	俄勒冈	2	犹他	10
夏威夷	0	宾夕法尼亚	81	维蒙特	17
爱德华	10	罗德岛	11	弗吉尼亚	49
伊利诺伊	26	南卡罗来纳	40	肯萨斯	1
印第安纳	29	南达科塔	5	肯塔基	68
爱荷华	0	田纳西	24	路易斯安那	11
缅因	27				

数据来源：Career and Technical Education in the United States：1990 to 2005 Statistical Analysis Report[EB]. 2005.

虽然主要中等生涯与技术教育包括全日制生涯与技术教育高中，综合高中和地区生涯与技术教育高中，但是中学生同样可以在其他机构接受生涯与技术教育课程。

二、生涯与技术教育的教师来源

教师在学生学业成绩中扮演十分重要的角色。稳定的、高质量的师资队伍也是保持学校声望与地位的重要因素。从教师结构状况来看,美国中等生涯与技术教育的教师主要来源三方面:"(1)师范教育机构培养的有正式学位的毕业生;(2)现任教师经训练后改行从事职业教育者;(3)从当地企业、公司、商店或社区中聘请的有一技之长的专家。"[①]不论是兼职教师,还是专职教师,他们多数具有硕士以上学位。2008 年兼职教师中,拥有硕士学位以上者占 69.5%,专职教师中占 81.7%。[②] 从性别比例来看,在美国职业技术教师教育者中,女性教师所占的比例不断增长。1990 年女性教师只占 29%,2010 年的研究中女性教师占职业技术教师教育者中的比例为 48%。[③]

从 20 世纪八九十年代,美国出现了生涯与技术教育教师的短缺。一方面由于培养职业技术类教师需要大量设备,而且入学读职教专业的学生数不断减少,导致学生人均成本上升,使得许多院校减少或取消了此类教师培养计划,部分毕业生直接去企业工作了而不是去当老师。[④] 另一方面在高中和社区学院层面注册生涯与技术教育课程的学生却越来越多,再加上美国达到退休年龄的教师比例不断增加,各州都反映职业技术教师的缺乏。因此,雇佣来自替代路径的教师成为一种普遍做法。一次 12000 名生涯与技术教育教师的大型调查发现,新雇的五年以下的教师中,25%来自于大学毕业生,75%的教

---

① J. Palmer. Instructional Faculty and Staff in Public 2-year Colleges. Washington: U. S. Department of Education, *National Center for Education Statistics*[R]. 2000:27-39.

② Michael Strong, Wendy Baron . An Analysis of Mentoring Conversations with Beginning Teacher: Suggestions and Responses. *Teaching and Teacher Education*, 2004(1): 47-57.

③ Michael Strong, Wendy Baron . An Analysis of Mentoring Conversations With Beginning Teacher : Suggestions and Responses. *Teaching and Teacher Education*, 2004(1): 47-57.

④ R. L. Lynch & S. K. Ruhland. Career and Technical Teaching and Teacher Education in the United States of America. *Technical and Vocational Education and Training*, 2007(7): 277-307.

师通过替代路径来自于大学以外的机构。[①] 此替代路径吸引了很多不能从传统路径进入教师行业，拓展教师来源的重要途径。在一些职业领域，特别是建筑和机械行业，替代路径是招聘生涯与技术教育教师的基本途径。

三、生涯与技术教育教师的资格认证制度

职教师资队伍建设是职教发展的重要方面。美国职业技术教育层次和种类多种多样，其教师的情况也各不相同。不过，各州对生涯与技术教师的实践性和技术性的要求都比普通课程教师高得多，其教师资格除州政府颁布的有关颁发教师证书的规定外，特别强调职业技术教师的实践经验。

（一）教师资格证书的获取途径

在美国，教师实行资格证书制，即必须持有州教育主管部门颁发的许可证方能任教。获得职业教师资格证书的途径有两种，第一种途径也就是广泛被大家所知道的传统途径，即接受大学教育，以取得教师资格证书。另一种途径，叫做替代途径（alternative pathway），即通过积累工作经验获得证书的途径，美国的大多数生涯与技术教育（CTE）教师都是通过这个路径进入教师领域的，直接从大学毕业的比例比较少。由于职业技术教育的特殊性，学校聘用教师时非常重视教师的直接工作经验，下面我们具体讨论替代途径的相关情况：

替代途径在美国的俄亥俄州又称为B途径，这条途径，"是获得职业教师资格证书最完整的途径，它包含了四个阶段：（1）做出聘用决定；（2）完成申请证书需要学习的课程，获得临时证书；（3）完成申请证书需要的测试，获得专业证书；（4）更新和维护证书。"[②]从其四个阶段我们可以看到，替代路径的基本内涵是，先让申请者获得临时证书，然后逐步过渡到专业的证书。而临时证书的获得资格非常简单，只要拥有高中以上的学历，并有5年以上全职工作的经验，以及完成4个学制学分以上的职前准备课程，就可以获得临时职业教育教师职业资格证书。

---

① G. Bottoms, K. McNally. (2005). Actions States Can Take to Place a Highly Qualified Career/Technical Teacher in Every Classroom. Atlanta, GA: Southern Regional Education Board. http://publications.sreb.org/2005/05V73_career_tech_state_actions.pdf, 2012-01-09

② 徐国庆：《美国职业教育教师职业资格证书制度研究——以俄亥俄州为例》，《外国教育研究》2011年第1期。

（二）教师职业资格证书的基本内涵

"美国的教师职业资格证书的颁发是针对特定领域的，而且不能跨领域使用。职业教育教师职业资格证书包括6个职业领域，即农业、健康、商务、家庭与消费科学、市场营销行业与工业。"[①]由于美国职业教育教师职业资格证书分为永久证书和临时证书，证书的获得不是一个终身的行为，而是一个不断更新递进的过程。

关于美国职业教师资格证书的分类，美国职教教师证通常有这样几种：见习/临时证、正式/长期证、紧急证、私立学校证和替代证。大多数州对于不同岗位的教职人员提供不同种类的资格认定，行政人员、教师和学校内的其他专业人员都有相应的岗位证书，如图书管理员、阅读专家和咨询员。

随着制度的不断完善，美国教师职业资格证书的审查制度与教师教育过程相结合，突破了过去只关注课时、学分等外部指标的做法，将资格审查的重点转向对申请者已有的知识和能力的考查，将教师职业资格证书审查与教师教育结合起来，将教师教育纳入专业规范的程序之中。这样的审查严格了程序，提高了教师入职的专业标准，真正起到了审查与把关的作用，实现了由外部规范向内部规范的转变。

（三）教师职业资格证书的发放情况

由于美国在职教师资培养标准方面，既有全国性的标准，也有地方性的要求，因此，州教育部门可以制定自己的标准，颁发暂时的教师资格证书。为了有利于教师在州与州之间的流动，全国教学专业标准委员会（National Board for Professional Teaching Standards）设立了专门的资金项目，支持全国教师证书标准的开发，试图通过建立一个自愿的全国性证书系统，鉴定优秀的教师，教师在申请全国性资格证书之前，必须具备以下条件：获得学士学位，拥有州授予的教师执照，有三年或三年以上的教学经验。申请这种证书的教师，必须参加不同于传统的考核。考核的内容包括教师的课堂教学和在考核指定场所进行的教学活动，写出三周的单元教学计划，并进行自评。2007年底，美国对教师资格制度进行大规模的制度重构，教师资格认证制度主要由各州来进行微调。由于这两种途径，在美国绝大多数州启用了三级教师资格认证制度

---

① 徐国庆：《美国职业教育教师职业资格证书制度研究——以俄亥俄州为例》，《外国教育研究》2011年第1期。

以取代现行的两级资格认证制度。另外，教师的职级晋升只取决于效绩评估，而不是那么多标准化的额外课程或研讨会。[①]

（四）教师职业资格考试制度

值得一提的是诞生于1992年的普瑞克西斯考试体系（The Praxis Series），如今已经取代了美国的国家教师测试，成为美国国内最具权威与应用最广泛的教师资格考试制度。到2008年，美国已有47个州利用普瑞克西斯考试对教师资格申请人进行考核，普瑞克西斯考试体系尤其强调教师候选人把习得的理论知识运用于具体的教育教学实践的能力。它包括三个系列：Praxis Ⅰ、Praxis Ⅱ和Praxis Ⅲ。Praxis Ⅰ用以测试教师候选人基本的学业技能水平，决定其是否能进入教师培养计划（Teacher Education Program）；Praxis Ⅱ用以考查候选人的学科专业知识和教学知识，决定其是否能进入"新任教师实习计划"（Entry Year Teacher Program），是整个体系中内容最丰富、相对最重要的环节；PraxisⅢ 用以评估新任教师的实际课堂教学技能水平，决定其是否能长期从事教育教学工作。

四、美国生涯与技术教育教师聘任

美、英两国的中小学教师，一般具有公务雇员的身份。所谓公务雇员，就是在身份上兼具公务员和雇员的两种特征。教育的公务员特征，是指教师主要由地方政府任用，享有公务员的某些特权，与地方政府在行政上是隶属关系；教师的雇员特征，是指教师和地方教育当局签订聘任合同，约定任职期限以及双方的权利、义务，两者之间具有一种合同关系。

（一）聘用程序

在美国，教师是以专业被聘者的身份出现的，资格证是申请教师职位的必要前提，这也就是说所有的教师职位申请者必须拥有适合其教授年级水平或将负责的学科领域的资格证书，满足州适任标准（如，按证书授予法规和规章得到许可）及地方资格标准（如，满足特殊类型教育训练和经历的工作规格）两个适任标准，且通过教师资格审查合格以后才有可能获得聘任，有执教资格。另外，美国大部分州要求中小学教师学历的最基本标准是学士学位和硕士学位。教师资格审查一般由州教育厅负责，审查内容包括学位与学历、教学技能、测验成绩等。

---

① Benjamin Safari, David L. Joust, R. Todd. Stone Breaker. Race, Poverty and Teacher Mobility. *Economics of Education Review*. 2008, 26(2):145-159.

除了拥有资格证书作为先决条件之外，州和学区还设定了公立学校聘任的其他必要条件，如要求被聘者在聘用者居住区域内居住；在首次和定期的身体和医学检查中符合健康标准；是本国家的公民；要求教师采取忠诚誓言宣誓以支持宪法政府，反对任何武力或暴力颠覆；在工作义务和个人、财政、政治或家庭利益上保持一致，没有冲突等，从而排除了那些个人情况大失众望或危及适当工作表现的个别教师。

在美国，教师聘任的一般程序是：首先根据当前及长远对教师的需求，由学区人事关系部主任在报纸和杂志上公开刊登招聘广告。广告必须公开有关空缺职位的详细情况。它包括：校名、年级、学科、职位的资格要求，工作量、报酬以及申请程序。应聘者须向学区递交申请表及相关的书面材料，主要包括毕业证、教师许可证、测试成绩单、健康证明以及推荐信等。申请当教师的人员经过选拔委员会（由学监或校长、教学主任、学区教育委员会或学校董事会组成）的考核，通过提问、交谈、笔试等方式全面考察申请人的教育观念、知识水平、性格特点、交往及团队协作能力等，考核合格后由选拔委员会向学区教育委员会或学校董事会推荐，并由学区教育委员会或学校董事会决定聘任，签订聘约，试用期三年。获得聘任的教师需要与学校董事会签订聘约，通过合同的形式来规定并保障双方的权利与义务。

（二）生涯与技术教育教师的聘任资格

美国职业教育教师资格标准的要求中，教师的工作经验是首要的考虑因素。从 1917 年史密斯—休士法案就规定只有拥有实际工作经验的教师才能教授联邦支持的职业技术类课程。但是由于美国教育权在各州，各州对于担任生涯与技术教育教师的资格要求存在一定的差别。2007 年，俄亥俄州立大学的博士生 Zirkle 等人完成了一个重要的科研项目，比较了美国 50 个州和哥伦比亚特区职业教育教师资格证书的标准要求。在学历要求上，在他们所调查的 105 条替代路径中，有 53 条要求学士学位，有 22 条则只要求高中文凭。[①]其次，工作经验是替代路径的普遍要求，但各州衡量生涯与技术教育教师工作经验的标准不同。一项对美国 31 个州的比较研究发现：22 个州要求有工作经验，大多数是 2 年以上，伊利诺伊州、密西西比州、田纳西州要求 1 年以上全职工作经验，有 7 个州要求 4 年工作经验，阿肯色州、佛罗里达州、马里兰州、

---

① C. J. Zirkle, L. Martin & N. L. McCaslin. Study of State Certification/Licensure Requirements for Secondary Career and Technical Education Teachers. http://136.165.122.102/UserFiles/File/pubs/State_Certification_secondary_teachers.pdf, 2012-05-10

新泽西州对工作经验没有要求。① 一般来说,来自贸易和健康领域的教师行业工作年限(15 年)比其他行业要高(平均 8 年),是一般学科教师的 3 倍。最后,对于来自企业的教师技术水平的衡量,22 个州用 Praxis Ⅱ 学科测验 8 来衡量他们工作领域的知识,而另外 4 个州(佛罗里达、纽约、德克萨斯和俄克拉荷马)有自己的测验,8 个州要求有国家职业能力测试机构的证书(National Occupation Competency Testing Institute, NDCCII)有些州会用州的证书或国家行业测试的证书来衡量教师的技术水平。②

(三)美国的教师聘任特点

主要通过学校董事会与教师工会及教师签订聘任合同的方式来规定学校、教师的权利和义务,规范学校和教师的行为,调节学校和教师之间的法律关系,明确、具体、细致,易操作。

教师聘任条件严格。教师资格证书作为教师受聘任的先决条件,能保证教师队伍的高素质、高水平,有利于保证教育教学的质量。

教师招聘公开,招聘程序严谨、科学。从登广告招募到签订聘约,应聘者对其应聘工作岗位的性质、内容、待遇是十分明确的。即应聘者对其工作的具体安排是主动选择确定的,接受的是竞争与择优,实际上不存在被动接受委派工作的过程。

五、美国高中生涯与技术教育教师短缺及其举措

美国的生涯与技术教育的教师紧缺并非是近期的问题,学校常常招不到合适的老师。为了了解职业技术教育在全国范围内的发展情况,每年国家职业技术教育协会(NASDCTEC)都会对其成员进行调查。根据 2012 年来自 50 个州和地区的调查结果,并在 2008 年和 2010 年的调查比较分析的基础上,(NASDCTEC)撰写了一系列的概要文件描述了职业教育的四个关键问题:职业生涯集群和程序的研究,CTE 教师短缺问题,相关治理问题,CTE 资金问

① G. Bottoms. & K. McNally. (2005). Actions States Can Take to Place a Highly Qualified Career/Technical Teacher in Every Classroom. Atlanta, GA: Southern Regional Education Board. http://publications. sreb. org/2005/05V73_career_tech_state_actions. pdf, 2012-02-15

② Gene Bottoms and Kathleen McNally. (2005). Actions states can take to place a highly qualified career/technical teacher in every classroom. Atlanta, GA: Southern Regional Education Board. http://publications. sreb. org/2005/05V73_career_tech_state_actions. pdf, 2012-01-09

题。在 2008 年，超过 70％的被调查者在他们的声明中指出缺乏中级科学、技术、工程和数学（STEM）学科的教师；到 2012 年，这一比例下降到 46％，这表明学校在过去的四年招聘了更多科学、工程和数学学科的教师。职业群中职业和技术教育（CTE）教师的短缺会影响中等和高等教育包括健康科学、技术、工程、数学和制造业的发展。

2008 年的数据表明，州主管强调对在健康科学、技术、工程和数学和制造业的中级生涯与技术教育教师需求。劳动力市场预测显示：到 2018 年将大幅增加这些领域就业人数，特别是在健康科学和制造业。同时我们看到，教师在对学生的能力发展，知识储备，以及工作准备中扮演了极其重要的角色。因此，快速的解决职业教育教师的短缺问题已经成了燃眉之急。制造业方面情况也不容乐观，技能缺口的问题同样困扰着这个行业的发展。48％制造业的主管抱怨他们找不到合格的工作人员。由于合格的工人越来越少，制造业方面的 CTE 项目正努力雇佣和保留这方面的专家。1/3 的州领导人称在 2012 年他们州缺少制造业方面的 CTE 老师，并且这个比例自 2010 年一直维持着。

另外，2012 年的调查显示在农业，食品和自然资源方面的 CTE 专业教师需求激增，已经从 2010 年的 23％上升到 2012 年的 35％。自 2008 年起，在中等教育方面 CTE 老师最紧缺的三个领域是：保健科学，STEM（科学，技术，工程，数学），制造业，这与高等教育水平方面老师的紧缺相一致。2010 年，超过四分之一的声明中提到了在健康科学领域的高等教育 CTE 人才短缺，几乎同样数量声明中提到了 STEM（科学、技术、工程、数学）人才缺少，同时 15％的州长报告了制造业的 CTE 人才短缺。这三个领域的人才短缺状况显然将持续到 2012 年，更何况还有相当数量的农业，食品和自然资源与信息技术领域的 CTE 人才缺口。

就完善 CTE 教师或教员的招聘和留任的方案而言，很多州的主管已经采取措施来提高 CTE 教师或教员的招募和留用问题，但这并不是没有困难的事情。2010 年，州政府已成功地招募和留用了一部分 CTE 老师，并将比例从 2008 的 54％增长至 63％，但到 2012 年又降回到 54％。州政府表示，在高等教育中，技术类教员的招募及留任情况也从 2010 的 44％降至 2012 年的 29％。2012 年，州政府并没有执行针对 CTE 教师雇员的聘用留任计划，它没有执行的最大的障碍可能是需要超过一半的成本问题。对现有的雇员来说，预算的紧缩也导致了雇员的减少和更加沉重的工作负担，而有 1/3 的州董事则表示员工能力是有限的，在目前的条件下这些举措不容易被实现。

为此，联邦政府设置了三点举措，以满足不断增长的职业技术教育教师需求：

举措一：创建一个临时教师的数据库，临时教师候选人有不同的背景，教育程度，不同的培训背景和就业经验，创建数据库帮助临时教师快速找到适合自己的岗位。

举措二：鼓励CTE临时教师候选人不持有大学学位的攻读学位，为他们提供了一个大学学分选项完成临时教师计划。

举措三：向CTE临时教师候选人提供教学和评估的工具和资源，以便于他们做好准备，以满足21世纪CTE课堂的需求，促进有效教学。

第三节　国外中等职业教育教师配置的基本特点

一、任命制和聘任制是两种主要的教师配置方式

教师配置具有多种形式，任命制和聘用制是两种基本教师任用方式。日本是东方经济大国，与中国有相近的文化传统，在长期发展变革中采用了教师作为教育公务员的任命制，对教育公务员的义务身份、惩戒等情况都有详细的法律规定，一切依法执行，依法管理。在具体执行过程中，采用多样化的任用和选拔方式，使得选拔任用过程更加灵活并贴近实际需求，也有利于教师的成长。而美国是西方发达资本主义国家，普遍采用聘任制，聘任者与教师是一种契约关系，双方处于平等地位，通过契约明确并保障双方的权利和义务。这种直接、公开向社会招募教师的做法，有助于任用的公正性，有助于扩大师资的来源，让教师队伍在实际知识、能力、阅历等素质结构方面的整体合理化。

二、教师学位证书、资格证书体系是教师配置的基本工具

（一）完善的学位证书体系，满足不同层次人群接受职教教师教育的需要

学位证书反映了人们接受教育的程度与水平。国外对于职业教育师资培养有相对完善的学位证书体系，能满足不同层次受教育者接受各种形式的职教教师教育，满足不同的职教教师岗位要求。例如日本的职业教师称为职业训练指导员，由职业能力开发大学培养。这类大学设立4年制长期课程、2年制研究生课程和6个月短期课程。4年制长期课程招收高中毕业生，培养具有较高理论知识、专业技能和教学能力的教师。2年制研究生课程相当于普

通大学硕士学位课程，其目的在于培养具有出色研究开发能力的职业训练指导员。6个月短期课程是为具有专业技能和有实践经验者开设的，参加学习者要经过考试，而且必须通过国家二级技能士考试，有3年以上的实践工作经验，或具有同等技能水平，即必须具备双师素质。这样能够分别培养合格的专业理论课教师与实践指导教师。但我国完整的职教师资学位制度还未建立起来，特别重要的是我国目前对实践指导教师还没有制定出科学的职业标准，也没有明确的培养机构与学位证书制度作保障。

（二）多层级的资格证书体系，拓展了教师的专业发展空间

实行教师资格证书制度是国际通用的做法。在日本、韩国、澳大利亚、德国、美国等都有多样的职教教师资格证书。多种教师资格证书为不同的人进入教育领域打开了通道，满足了职业教育不同领域的需要。

日本中等职业学校教师资格证书由各都道府县教育委员会负责颁发。一般是教师资格证申请者在文部省指定的养护教谕养成机构或相关大学，修完规定的课程，获得相应的学分后，再参加教育职员认定考试，到达要求的申请者（如果为申请者应届毕业生则还需要通过毕业论文），由各都道府县教育委员会给其颁发教师资格证书。日本的教师资格证书分为普通许可证、特别许可证及临时许可证三种类型。普通教师资格证书是指不同类型的学校中，教师以及养护教师的资格证书，分为一种证书、二种证书和专修证书（高中教师的资格证书，分为一种证书和专修证书）。特别教师资格证书是指不同类型学校中的教师的资格证书。临时教师资格证书是指不同类型学校中，助理教师以及养护助理教师的资格证书。在日本中等职业学校的教师资格证书分为两种，第一种证书为“一种”证书，第二种为“专修”证书[①]。从学历角度上看，两种证书的要求是不同的，“一种”证书要求教师获得学士学位，而“专修”证书的要求是在研究生院进修学习的时间达到一年以上或者教师获得硕士学位，并且要获得这两类证书师范生在培训学习期间都要修完一定的教育学课程学分。另外，如果“一种”证书的教师想获得专修证书，则还需要经过相关的考试，考试合格者才能获取。为提高教师教育教学的质量，日本从2006年开始实行教师资格证定期更新制度。每过10年要对教师的任教资格重新进行考核并更新其资格证书，更新制度不仅提高教师的教学水平，而且也起到了清除部分不合格教师的作用。近些年来，教师的社会实践能力也越来越受到人们

① 王智新：《当代日本教育管理》，山西教育出版社1995年版，第132—133页。

的注重，并且教育相关部门把其作为获取教师资格证书的一个重要条件。所以，为取得教师资格证书，有一部分学生毕业后先进入企业生产、服务等一线岗位锻炼自己的能力或者先以实习助理教师的身份参加教学活动，等积累到一定的社会经验后，再通过申请教师资格证书，进入正式的教师岗位。

美国职教教师证通常有这样几种：见习/临时证、正式/长期证、紧急证、私立学校证和替代证。大多数州对于不同岗位的教职人员提供不同种类的资格认定，行政人员、教师和学校内的其他专业人员都有相应的岗位证书，如图书管理员、阅读专家和咨询员。美国的教师职业资格证书的颁发是针对特定领域的，而且不能跨领域使用。职业教育教师职业资格证书包括 6 个职业领域，即农业、健康、商务、家庭与消费科学、市场营销行业与工业。由于美国职业教育教师职业资格证书分为永久证书和临时证书，证书的获得不是一个终身的行为，而是一个不断更新递进的过程。获得职业教师资格证书的途径有两种，第一种途径就是传统途径，即接受大学教育后通过考试获得教师资格证书。另一种途径，叫做替代途径(alternative pathway)，即通过积累工作经验获得证书。直接从大学毕业的做生涯与技术教育教师的比例比较小，学校聘用教师时非常重视教师的直接工作经验。以俄亥俄州为例，替代途径“是获得职业教师资格证书最完整的途径，它包含了四个阶段：①做出聘用决定；②完成申请证书需要学习的课程，获得临时证书；③完成申请证书需要的测试，获得专业证书；④更新和维护证书。”[①]从其四个阶段我们可以看到，替代路径的基本内涵是，先让申请者获得临时证书，然后逐步过渡到专业的证书。而临时证书的获得资格非常简单，只要拥有高中以上的学历，并有 5 年以上全职工作的经验，以及完成四个学制学分以上的职前准备课程，就可以获得临时职业教育教师职业资格证书。

多层级的资格证书体系，不仅吸引了来自各方的能人志士，而且为教师的发展提供了广阔的空间，教师可以对照自己的条件，应聘合适的教职岗位，而且能够不断地提升资格，获得更好的发展机会与社会地位、经济待遇。

三、任职资格上有明确的教育教学素养的要求

无论哪个国家，对于担任教师要有教育教学素养具有共性的认识，特别是德国的要求更高更严格。根据德国《职业教育法》和《实训教师资格条例》的规

---

① 徐国庆:《美国职业教育教师职业资格证书制度研究——以俄亥俄州为例》,《外国教育研究》2011 年第 1 期。

定，只有在品格上和业务上均适合职业教育工作，并且具有条例中所要求的职业教育学和劳动教育学知识并通过相应考试的人才可以作为实训教师。因此实训教师的培养包括业务资格培训、职业教育学和劳动教育学进修。英国的职教师资除了专业要求外，在教学能力方面对职业教师还有三个要求：(1)根据学习者的需求，针对其个体特点制订学习计划；(2)对学习者的情况进行定期评估，为学习者提供各方面的学习支持；(3)对学习过程进行监管，并能在教学过程中开发和应用各种教育技术。澳大利亚对职教师资的要求除必须具有丰富的专业知识外，还必须具有从事跨学科的教学能力、特殊教育能力、环境教育能力、运用现代教育信息能力、编写教学计划、讲授理论课和指导学生实践的能力。在教育教学能力培养过程中，教育实习环节受到特别的重视。因此，作为基本工作能力的教育教学素养是各个国家在培养和聘任职教教师时都是很受重视的。

四、教师聘用都有明确的技能水平或实践经验的要求

重视行业实践经验是国外职业技术教师选聘的基本要求，澳大利亚、德国、美国等都特别重视行业经验在职业教育课程教学中的作用。例如澳大利亚技术与继续教育学院(TAFE)的教师，都是从有实践经验的专业技术人员中招聘，而且一般要求有 5 年相关行业专业工作的经历。美国各州的对招聘教师的基本要求为：教师应当胜任他们的教学工作，一般应在他们所教范围取得学士学位，并对所教技术课程有 1 年以上实际工作经验，在合适的技术领域有 5 年以上经验的可以代替学士学位要求。负责安排和监督执行教育计划的人，必须有硕士学位或其他高等训练，并有相应领域的工作经验。在相关的科目上，教师要有工业、商业、销售方面的最新经验，或者有所讲授技术的有关专业的实践经验，这些经验要包括一些团体的最新成果，还要有当顾问和单独判断与研究的能力。

五、不断提高教师的经济待遇与社会地位是教师配置的保障

职教教师的经济待遇与社会地位是职教师资队伍建设的主要内容，是稳定职教教师队伍的重要保障，也是职教教师专业地位的重要体现。许多国家都制定了提高教师经济待遇与社会地位的相关规定，巩固了职教教师的专业身份。

在德国，职业学校的老师和其他国立学校的老师一样都是终身公务员，享受国家公务员的待遇，有比较稳定的职业环境。日本实行教育公务员制度，提

高教师身份。《教育公务员特例法》第3条规定，凡是按照日本《学校设立法》第一条、第二条规定所设立的公立、国立的各级各类学校的校长、副校长、幼儿园园长、教师、专职教育研究人员以及各地方教育委员会的教育长和教育管理人员等通过教育为全体国民服务的教职员工为日本的"教育公务员"。该法律第一章第三条又进一步规定"国立学校的校长、教师以及其他系部主任等人员（包括国立教育研究机构的相应人员）的身份为国家公务员；公立学校的校长、教师、系部主任以及地方专职教育管理人员的身份为地方公务员。"通过这项制度把中等职业学校教师的录用、任免、流动、晋级以及各种福利待遇建立在公务员工资福利政策的基础上，按照《教育公务员特例法》和《教育基本法》中的有关特殊补充规定和具体的管理标准来执行。日本1974年国会通过了《人才确保法》，规定中小学教师的工资要高于一般国家公务人员。现在，日本的各级各类学校教师的工资，除少数国家官员外，在国家公务员中最高。在教师队伍内部，职业学校教师要比普通学校教师的工资高。

澳大利亚在大力加快职业教育师资队伍建设的同时，也制定相关政策，不断提高职业教育教师的社会地位和经济地位。一项民意测验表明，在澳大利亚135种职业排名中，中学教师名列27位，小学教师名列45位，而职业教育教师名列前15位。职业教育教师的年工资在3万～4.6万澳元之间。职业教育教师还能享受到继续教育、培训、休假、健康保障等方面的优惠措施。随着职业教育健康快速的发展，澳大利亚职业教育教师的地位将得到更大的提高。吸引有识之士的加入，形成良性的竞争机制，有利于师资队伍的稳定和教师素养的提高。

职教教师经济待遇与社会地位的确立，为吸引优秀人才进入职教教师队伍奠定了基础，更为职教教师的专业化培养提供了物质保障。从职教发达国家培养职教教师的历程中，我们可以看到，由于职教教师素质的特殊性，职教教师的培养周期相对较长，培养成本也较高。为了使职教教师培养走上专业化、规范化之路，必须大力提升职教教师的专业地位。

第五章

职教特色:中等职业学校人员编制影响因素分析

第一节　影响编制核定的可能性因素假设

通过对新中国成立后我国中等职业学校人员编制标准相关政策的梳理以及省际、国际比较,了解了可能影响中等职业学校人员编制标准的12个因素。这些因素包括专业类别、课程类型、学校等级、区域差异、学校规模、生师比、生员比、班额、教师工作量、内设机构、校级领导职数和兼职教师。

一、专业类别

中等职业教育是按社会职业的划分与归类而进行的职业知识、能力与态度的教育,其目的是培养一批动手能力与岗位适应能力强的初中级技术人才。因此职业教育十分强调学生实践技能的培养,实践课程占据较大比例。不同的专业在实践过程中所用方法、所需教师各不相同。因此,专业设置是职业学校区别于普通学校的主要标志,是职业教育组织构成的显著特点。

新中国成立后,国家和部分省(市)在制定中等职业学校人员编制时,考虑到了这一因素的影响,在确定编制衡量指标时,区分专业。比如《广东省中等职业技术学校机构编制标准暂行规定》在确定编制时,考虑到专业的影响,"艺术体育类学校在编制计算过程中参数是1.80～2.00;工农林水医类学校在编制计算过程中参数是1.06;综合类学校在编制计算过程中参数是1.03;财经政法管理类学校在编制计算过程中参数是1.00。"又如《湖南省中等职业学校机构编制标准(试行)》考虑到专业的差异,制定不同的生员比,"中等职业学校各类专业的生员比分别是:农工医卫类为11∶1,商贸财经类为14.5∶1,文化艺术与体育类为 7∶1。从事特殊教育的中等职业学校，参照文化艺术与体育类专业标准执行。”[①]由两省制定的《编制标准》可以看出，他们在确定编制衡量指标时，会考虑到专业的影响，艺术和体育类所占资源相对较多，商贸财经类所占资源较少。

二、课程类型

课程类型是指中职学生所上课程的类型，一般包括公共基础课和专业技能课，顶岗实习包括在专业技能课之中。新中国成立后，国家和部分省(市)在制定中等职业学校人员编制时，考虑到了这一因素的影响。比如，1954 年由劳动部颁布的《关于技工学校暂行办法草案》明确规定了技工学校各类课程的比例：技术实习课占总课时的 50%～60%，技术理论、政治、文化、体育等课程占 40%～50%[②]；1990 年由国家教委颁布的《省级重点职业高级中学的标准》中要求“贯彻理论与实际相结合的教学原则，专业理论教学和操作技能训练密切配合。技艺性较强的专业(工种)，实习学时数不少于总学时数的 50%”[③]；再如 2009 年教育部制定了《关于制定中等职业学校教学计划的原则意见》，对中职学校的课程类型、任务、形式、教学量和要求做了详细规定。中等职业教育课程设置分为公共基础课程和专业技能课程两大类，实习实训包含在专业技能课之内。其中公共基础课程学时一般占总学时的 1/3，累计总学时约为一学年；专业技能课程学时一般占总学时的 2/3，其中顶岗实习累计总学时约为一学年。[④]

由历年来国家制定的涉及课程类型的政策中可以看出，在制定编制标准时国家会考虑各类课程课时数所占比例，一般都会比较注重中职学生的实践操作能力，实习实践课时量不低于总课时数的 50%。

三、学校等级

学校等级指国家按照中等职业学校的办学条件、办学效益、办学质量等指标评定的国家级重点中等职业学校、省级重点中等职业学校和和普通中等职业技术学校。

---

① 湖南省委机构编制委员会、湖南省教育厅、湖南省财政厅印发的《湖南省中等职业学校机构编制标准(试行)》，湘编办 2009 年 22 号。

② 劳动部印发的《关于技工学校暂行办法草案》，劳人培 1954 年 8 号。

③ 国家教育委员会印发的《省级重点职业高级中学的标准》，教职 1990 年 8 号。

④ 教育部印发的《关于制定中等职业学校教学计划的原则意见》，教职成 2009 年 2 号。

为了进一步推进中等职业学校布局结构的调整,加强骨干中等职业学校的示范性,国家在各地中职学校合格性评估工作的基础上,开展了国家级重点中等职业学校的认定工作,并于2003年选取了1076所办学特色鲜明、质量和效益高、注重改革、有良好的声誉,社会形象好的中等职业学校作为国家级重点中等职业学校。国家级重点中等职业学校评定有力地推动了中等职业学校的教学质量和教学效益的提高,提升了中等职业教育的整体培养能力,促进了其招生规模的扩大,对中等职业教育健康快速持续的发展发挥了重要作用。[①]与此同时,各省根据自身实际条件,对照国家级与省级重点中等职业学校评估指标体系的要求,选取了一批办学条件好、教育质量高、社会声誉好的中职学校作为本省的重点中等职业学校。这样,在现阶段我国的中等职业学校中,就形成了三个等级,即国家级重点中等职业学校、省级重点中等职业学校和普通中等职业学校。它们在资源配置、教学质量和效益等方面存在着差异。

从历史上看,国家在对学校人员编制核定标准时,时有把学校等级作为定编参照指标。1985年由国家教委、劳动人事部制定的《全日制普通中等专业学校人员编制标准(试行)》中考虑到学校等级对编制的影响,提出"列为全国重点的中等专业学校,以及专业设置在六个以上的中等专业学校可另外增加编制10%左右。"[②]而近几年来,部分省市根据本省的地域特色颁布了各自的政策,其中考虑学校等级影响的主要有:《福建省中等职业学校编制标准等问题的暂行意见》提出"省属和设区市属中等职业学校按我省普通高中城市标准(即生员比12.5∶1)核定,每班再加0.3个编制。中等职业学校校级领导职数一般为4名(正职1名、副职3名),国家级和省级重点中等职业学校可分别增加副职2名和1名。学校党组织领导由校行政领导兼任内设机构领导职数,按该校内设机构限额数的2倍核定。"[③];《广东省中等职业技术学校机构编制标准暂行规定》在计算教职工编制标准时给出国家级重点学校参数为1.06,省级重点学校参数为1.03,普通学校参数为1.00。[④];《湖南省中等职业

---

① 教育部印发的《教育部办公厅关于公布2008年认定的国家级重点中等职业学校名单的通知》,教职成厅2009年1号。

② 国家教委、劳动人事部印发的《全日制普通中等专业学校人员编制标准(试行)》,教职1985年8号。

③ 福建省委机构编制委员会办公室、福建省教育厅、福建省劳动和社会保障厅、福建省财政厅印发的《福建省中等职业学校编制标准等问题的暂行意见》,闽委编办2007年210号。

④ 广东省编办、省教育厅、省劳动保障厅、省财政厅印发的《广东省中等职业技术学校机构编制标准暂行规定》,粤机编办2004年446号。

学校机构编制标准(试行)》提出"获得国家级示范性中等职业学校建设单位资格的学校,人员编制数可在核定编制总数基础上上浮5%;获得省级示范性中等职业学校建设单位资格的学校,人员编制数可在核定编制总数基础上上浮3%。上浮编制的部分仅用于教师的引进。"①

四、地域差异

根据我国各地的地理位置和经济发展水平,2000年国家把我国大陆区域整体上划分为东中西三大经济区。东部地区包括海南、广西、广东、福建、浙江、上海、江苏、山东、天津、河北、北京、辽宁12个省(市、自治区),面积为129.4万平方千米,占我国国土总面积的13.5%;中部地区包括湖南、湖北、江西、安徽、山西、河南、内蒙古、吉林、黑龙江9个省(自治区),面积为281.8万平方千米,占我国国土总面积的29.3%;西部地区包括云南、贵州、四川、西藏、青海、宁夏、新疆、甘肃、陕西9个省(自治区),面积为541.4万平方千米,占我国国土总面积的56.4%。由于经济等各方面的差异,东中西部的中等职业学校师资也可能存在差异,1986年由劳动人事部、国家教委颁布的《技工学校机构设置和人员编制标准暂行规定》中考虑到地区差异,"对少数民族地区、远郊区和由学校单独组织教职工的生活物品供应,以及集体福利设施的学校,可适当增加人员编制,但一般不得超过教职工编制总数的5%~10%。"②

五、学校规模

学校规模是指按全日制普通中等职业教育计划统一招生的学生人数。为了计算方便,本研究所指的学校规模是指学校近三年在读人数的平均值。在2011年招生任务已完成的前提下,2011年学校规模=(2009人数+2010人数+2011人数)/3。

从历史上看,国家在对学校人员编制核定标准时,会把学校规模的大小作为重要的定编参照指标:1985年国家教委、人事部制定颁布的《全日制普通中等专业学校人员编制标准(试行)》规定根据学校规模来核定生师比,"凡学校规模为640人、960人、1280人、1600人的,按表列编制比例计算。规模不到

① 湖南省委机构编制委员会、湖南省教育厅、湖南省财政厅印发的《湖南省中等职业学校机构编制标准(试行)》,湘编办2009年22号。

② 劳动人事部印发的《技工学校机构设置和人员编制标准暂行规定》,劳人培1986年9号。

640 人的,仍按 640 人规模的比例计算。规模超过 1600 人的,仍按 1600 人规模的比例计算。其他规模的学校,按直线插入法计算。”[①]1986 年由劳动人事部、国家教委颁布的《技工学校工作条例》对技工学校的最小办学规模提出要求:“规模不宜过小,在校学生一般不应少于 200 人。”[②]2001 年教育部职成教司通过《中等职业学校设置标准(试行)》,对中职学校的基本办学规模做了统一规定,区分城市学校和县镇学校。“设置中等职业学校,要有基本的办学规模。学校学历教育在校生数,校址在城市的学校 960 人以上,校址在县镇及农村的学校 600 人以上。”[③]2010 年教育部职成教司修改《中等职业学校设置标准(试行)》,“中等职业学校应当具备基本的办学规模。其中,学校学历教育在校生数应在 1200 人以上。”[④]学校规模不再区分城市学校和农村学校。

许多省(市)对中职学校定编时都考虑了“学校规模”,《广东省中等职业技术学校机构编制标准暂行规定》、《安徽省中等职业学校机构编制管理暂行办法》、《广西壮族自治区中等职业学校机构编制管理暂行规定》、《河南省中等职业学校教职工编制标准(试行)》、《重庆市中等职业技术学校教职工编制标准及管理办法(试行)》均以在校学生数为根据,对中职学校生员比做了详细规定。详见表 3-7。

六、生师比

中等职业学校的生师比是指在校生与专任教师之比。它反映的是每位教师负责教育学生的人数。中职学校的专任教师指属于学校编制的,专职从事理论教学和实践教学的人员,不包括校长、书记等主要从事行政管理的兼课人员。中职学校的课程一般包括公共基础课和专业技能课,顶岗实习包括在专业技能课之中。这就决定了中职学校的教师类别是文化课教师、专业课教师和实习指导教师。一般情况下,实习指导教师应控制在专任教师数的 15%以内。既是理论课教师又是实习指导教师的按某一类统计。[⑤]

从历史上看,国家在对学校人员编制核定标准时,会考虑不同类别的教师,确定编制:1954 年 4 月 25 日由劳动部颁布的《劳动部关于技工学校暂行办

---

① 国家教委、劳动人事部印发的《全日制普通中等专业学校人员编制标准(试行)》,教职 1985 年 8 号。

② 劳动人事部、国家教育委员会印发的《技工学校工作条例》,劳人培 1986 年 22 号。

③ 教育部印发的《中等职业学校设置标准(试行)》,教职成 2001 年 8 号。

④ 教育部印发的《中等职业学校设置标准》,教职成 2010 年 12 号。

⑤ 教育部印发的《国家级重点中等职业学校评估指标体系总表》,教职成 2005 年。

法草案》中对各类专任教师的从业标准做出了相应规定:“技工学校的教师,应尽量做到以专任为主。技术理论教师,应由相当于中等技术学校毕业以上程度的技术人员担任;技术实习教师,应选拔具有高小以上文化程度(小学6年级以上)及有一般技术理论常识的优秀技工担任。政治课须配备能够胜任的教师担任之。”[①]1990年由国家教委制定的《省级重点职业高级中学的标准》中按课时量确定教师比例“文化课、专业课和实习指导教师的配备比例以文化课、专业课、实习课课时比例为依据。”[②]“除特殊专业外,专任教师与学生的比例,应达到1∶10以上。”[③]2001年教育部在印发《关于“十五”期间加强中等职业学校教师队伍建设的意见》的通知中指出,“专业课教师在教师总量中的比例达到60%,每个专业至少有3～5名专业课教师。”[④]2010年教育部职成教司制定的《中等职业学校设置标准》中规定“生师比达到20∶1”。

考虑到教师类别定编的浙江省在《关于进一步加强中等职业学校教师队伍建设的若干意见》中提出浙江省中职学校教师类别,“中等职业学校的专任教师分文化课教师、专业课教师、实习指导教师3类”。同时,该意见还对各类教师所占比例进行了详细规定,“专业课和实习指导教师占专任教师总数的比例应逐步达到60%左右,其中实习指导教师原则上不超过教师总数的10%。”[⑤]

七、生员比

中等职业学校的生员比是指在校生与学校教职员工之比,它反映的是每位教职员工负责服务学生的人数。为了和“教职员工”的称谓相区别,将专任教师、教学辅助人员、行政管理人员和后勤服务人员统称为“教职人员”。即编制标准应主要对教职人员(简称“员”)的编制进行核定。①专任教师编制主要是指专职从事文化理论课、专业课和生产实习指导课程的教学人员的编制,包括从事教学工作为主,兼作党、政工作的人员。②教学辅助人员编制主要指从事实验实训设施的维护和管理、图书资料管理、电化教育等具有教学辅助功能工作的人员的编制。③行政管理人员编制主要指专职从事行政管理、党务、群

① 劳动部印发的《劳动部关于技工学校暂行办法草案》,劳人培1954年8号。

②③ 国家教育委员会印发的《省级重点职业高级中学的标准》,教职1990年8号。

④ 教育部印发的《关于“十五”期间加强中等职业学校教师队伍建设的意见》,教职成2001年10号。

⑤ 浙江省教育厅印发的《关于进一步加强中等职业学校教师队伍建设的若干意见》,浙教职成2008年241号。

团工作的人员的编制。④后勤服务人员编制指学校中实行经济独立核算管理,逐步社会化或部分社会化的生活后勤服务单位中的人员编制。

从历史上看,国家在对中职学校人员编制核定标准时,会把生员比作为重要的参照指标。1954 年由劳动部制定的《关于技工学校暂行办法草案》中首次对技工学校的生员比做出规定:“教职员工与学生配备的比例,一般为 1∶5～1∶8。(培养新的师资,不在此限);其中教员与其他人员的比例,由各产业主管部自行编订。”[①];1986 年由劳动人事部、国家教委颁布了《技工学校机构设置和人员编制标准暂行规定》,综合考虑了学校规模和教职工类别,确定了新的生员比。

部分省(市)对中职学校定编时,涉及了生员比:《广东省中等职业技术学校机构编制标准暂行规定》,根据在校学生数确定生员比;《福建省中等职业学校编制标准等问题的暂行意见》提出:“中等职业学校编制按生员比核定。其中,艺术、体育类中等职业学校按生员比 3∶1 比例核定;其他省属和设区市属中等职业学校按我省普通高中城市标准(即生员比 12.5∶1)核定,每班再加 0.3 个编制;县(市、区)属中等职业学校按我省普通高中县镇标准(即生员比 13∶1)核定,每班再加 0.3 个编制。”[②]《湖南省中等职业学校机构编制标准(试行)》提出:“中等职业学校人员编制总数等于学校各类专业学生人数除以各类专业生员比的数值之和。”[③]《河南省中等职业学校教职工编制标准(试行)》,综合考虑在校学生数确定生员比。

八、班额

在我国中职学校中,班级教学至今仍是学校基本的教学形式,是教师配备的一个重要影响因素。班额是指一个教学班中的学生数量(班额=学生数/班级数),也是一名任课教师在某段教学时间内所面对的学生数量。

从历史上看,国家在对学校人员编制核定标准时,会把班额作为重要的参照指标。1952 年教育部颁发了《中等技术学校暂行实施办法》,规定了“中等技术学校每班 50 人左右。”[④]1980 年教育部颁发的《中等师范学校规程(试

---

① 劳动部印发的《关于技工学校暂行办法草案》,劳人培 1954 年 8 号。

② 福建省委机构编制委员会办公室,福建省教育厅,福建省劳动和社会保障厅,福建省财政厅印发的《福建省中等职业学校编制标准等问题的暂行意见》,闽委编办 2007 年 210 号。

③ 湖南省委机构编制委员会、湖南省教育厅、湖南省财政厅印发的《湖南省中等职业学校机构编制标准(试行)》,湘编办 2009 年 22 号。

④ 教育部印发的《中等技术学校暂行实施办法》,教职 1952 年 2 号。

行)》中规定:“中等师范学校每班40人。”[1]1984年教育部颁发的《关于中等师范学校和全日制中小学教职工编制标准的意见》中规定:“城镇中学班额为45～50人,小学班额为40～45人;农村初中班额为40～45人,小学班额为30～35人。”详见表5-1。1985年教育部颁布的《全日制普通中等专业学校人员编制标准(试行)》中对班额做出规定“班额确定为40人/班”,《标准》中提到“制定编制标准应结合考虑专业分类和学校规模确定相应的生员比和生师比,但不区别不同专业类型的班额,即不同专业类型的班额是一样的。”[2]此时,已开始考虑专业对编制的影响。

表5-1 中等师范学校和全日制中小学教职工编制标准[3]

学校类别	城镇				农村			
	每班平均学生数(人)	每班平均教职工数(人)			每班平均学生数(人)	每班平均教职工数(人)		
		小计	教师	职工		小计	教师	职工
高中	45～50	4	2.8	1.2	45～50	4.0	2.8	1.2
初中	45～50	3.7	2.5	1.2	40～45	3.5	2.5	1
小学	40～45	2.2	1.7	0.5	30～35	1.4	1.3	0.1
中等师范学校	40	6.0～6.5	3.5～4.0	2.5				

部分省(市)对中职学校定编时,考虑“班额”的主要有:《山东省技工学校机构设置和人员编制标准暂行规定(草案)》规定:“技工学校的班级名额,文化技术理论课按40名、生产实习课按20名计算。”[4];《重庆市中小学教职工编制标准实施办法》,第一次提出依据专业类型确定班额:“文科类专业学校45人/班;理工农医类专业学校40人/班。”[5]

---

① 教育部印发的《中等师范学校规程(试行)》,教师1980年4号。

② 国家教委、劳动人事部印发的《全日制普通中等专业学校人员编制标准(试行)》,教职1985年8号。

③ 教育部印发的《关于中等师范学校和全日制中小学教职工编制标准的意见》,教计1984年239号。

④ 山东省劳动局印发的《山东省技工学校机构设置和人员编制标准暂行规定(草案)》,鲁劳培1984年122号。

⑤ 重庆市编办、市教委、市财政局印发的《重庆市中小学教职工编制标准实施办法》,渝办发2002年136号。

九、教师工作量

教师工作量是指教师在一定时间内所完成教育教学任务的劳动量和质量。它是由国家法定工作时间和教育教学任务决定的。

从历史上看，国家在对学校人员编制核定标准时，会把教师工程量作为重要的定编参照指标。1980 年由教育部颁布的《中等师范学校规程（试行）》对教师工作量做出相应规定："中等师范学校每年授课时间不得少于九个月（包括实际上课和复习考试的时间），生产劳动半个月，寒暑假两个半月。"[①]1986 年由劳动人事部、国家教委制定的《技工学校工作条例》对教师工作量的安排是："技工学校教师的任课时数，根据所任课程、年级的不同分别确定。担任生产（业务）实习课的，根据技工学校人员编制标准的有关规定，按负责一个实习教学班确定；担任文化、技术理论课和其他各门课程的，一般按每周 12～16 课时安排。"[②]2009 年由教育部制定的《关于制定中等职业学校教学计划的原则意见》对教学时间做了详细规定："每学年为 52 周，其中教学时间 40 周（含复习考试），假期 12 周。周学时一般为 28。顶岗实习一般按每周 30 小时（1 小时折 1 学时）安排。"[③]

十、内设机构

内设机构指独立机构的内部组织。在我国中职学校中，内设机构一般包括学校党支部、学校办公室、招生就业办公室、学生科、总务科、教务科、校团委、安全保卫科、培训中心和校办工厂等。

从历史上看，国家在对学校人员编制核定标准时，会把内设机构作为重要的参照指标。1954 年由劳动部颁布的《关于技工学校暂行办法草案》中首次对技工学校机构做出规定："技工学校应健全教导科（处）、总务科（处）等工作机构。"[④]1985 年由国家教委制定的《全日制普通中等专业学校人员编制标准（试行）》中指出："中等专业学校的附属机构（如校办实习工厂、农场、林场、药厂、医院等）人员，应单独计算编制。"[⑤]1986 年由劳动人事部、国家教委颁布

---

① 教育部印发的《中等师范学校规程（试行）》，教师 1980 年 4 号。

② 劳动人事部、国家教育委员会印发的《技工学校工作条例》，劳人培 1986 年 22 号。

③ 教育部印发的《关于制定中等职业学校教学计划的原则意见》，教职成 2009 年 2 号。

④ 劳动部印发的《关于技工学校暂行办法草案》，劳人培 1954 年 8 号。

⑤ 国家教委，劳动人事部印发的《全日制普通中等专业学校人员编制标准（试行）》，教职 1985 年 8 号。

的《技工学校机构设置和人员编制标准暂行规定》中对具体的内设机构做出规定："技工学校的机构，一般可设学校办公室、教务科、政治工作科、总务科和实习工厂(场、店)。"[①]2001年由教育部制定的《中等职业学校设置标准(试行)》中提出"设置中等职业学校，须建立必要的教育教学和管理等工作机构"。

部分省(市)对中职学校定编时，涉及内设机构的主要有以下几个省市的政策：《山东省技工学校机构设置和人员编制标准暂行规定(草案)》中对山东省技工学校的内设机构做了详细规定："技工学校一般可设学校办公室、教务科、学生科、总务科、政治工作科和实习工厂(店、场)。"其中还根据学校的规模设置机构："规模较大的(1000人以上)，可增设人事科；规模较小的(300以下)，设学校办公室、教务科、总务科和实习工厂；生产财务工作量大的，可单设财务科。学校党、团、工会组织，按照党章和有关规定设置，日常工作由政治工作科负责办理。"[②]《广东省中等职业技术学校机构编制标准暂行规定》中指出："学校可根据实际在校学生数，在规定限额内合理设置内部管理机构。"《安徽省中等职业学校机构编制管理暂行办法》中规定中职学校按在校学生数确定内设机构数。《福建省中等职业学校编制标准等问题的暂行意见》中指出："中等职业学校内设机构实行限额管理，数量为6～8个。"该意见考虑到学校等级对内设机构数的影响，规定"国家级重点可设8个，省级重点可设7个，其他中等职业学校可设6个。内设机构的具体名称由其行政主管部门商学校确定"[③]。《意见》中不仅考虑到学校规模对内设机构数的影响，还考虑到学校的等级，国家级和省级重点学校可以比普通学校多设1～2个机构。《湖南省中等职业学校机构编制标准(试行)》也是按在校学生数确定内设机构数。《标准》指出："中等职业学校内设机构包括党政管理机构和教育教学组织机构。"《河南省中等职业学校教职工编制标准(试行)》同样是按在校学生数确定内设机构数。

---

① 劳动人事部印发的《技工学校机构设置和人员编制标准暂行规定》，劳人培1986年9号。

② 山东省劳动局印发的《山东省技工学校机构设置和人员编制标准暂行规定(草案)》，鲁劳培1984年122号。

③ 福建省委机构编制委员会办公室、福建省教育厅、福建省劳动和社会保障厅、福建省财政厅印发的《福建省中等职业学校编制标准等问题的暂行意见》，闽委编办2007年210号。

十一、校领导职数

校级领导职数指校级领导的职责与数量,是学校机构设置的重要组成部分。

从历史上看,国家在对学校人员编制核定标准时,会把校级领导职数作为重要的参照指标。1985 年由劳动人事部、国家教委制定的《全日制普通中等专业学校人员编制标准(试行)》对中职学校的领导班子数量标准做了统一规定:“中等专业学校各级领导班子的人数,可根据学校规模分别确定:校长、副校长 2～3 人,包括党委(总支部)正、副书记在内共 3～5 人;每个科、室的科长、主任 1 人,特殊情况可配备副职 1 人。”[①]1986 年由劳动人事部、国家教委颁布的《技工学校工作条例》对技工学校校领导的职责做出规定:“技工学校可以试行校长负责制。校长是学校的行政领导人,全面负责学校的教学、生产等各项工作。”[②]1986 年由劳动人事部、国家教委制定的《技工学校机构设置和人员编制标准暂行规定》中指出:“技工学校各级领导班子的人数,可根据学校规模,确定校长 1 人、副校长 1～2 人,包括党委(总支、支部)专职正、副书记在内共3～5人。每个科、室一般设正、副职 1～2 人,任务较重的科、室可增设副职 1 人。”[③]

部分省(市)对中职学校定编时,考虑“校级领导职数”的有《安徽省中等职业学校机构编制管理暂行办法》中根据在校学生数确定校级领导职数(见表 1-8)。《湖南省中等职业学校机构编制标准(试行)》中规定中职学校按在校学生数确定校领导数(详见表 1-9)。《福建省中等职业学校编制标准等问题的暂行意见》中详细规定中职学校校级领导职数,同时考虑到国家级和省级重点,规定他们可以适度增加校领导数。“中等职业学校校级领导职数一般为 4 名(正职 1 名、副职 3 名),国家级和省级重点中等职业学校可分别增加副职 2 名和 1 名。学校党组织领导由校行政领导兼任。内设机构领导职数,按该校内设机构限额数的 2 倍核定。”[④]等等。

---

① 国家教委,劳动人事部印发的《全日制普通中等专业学校人员编制标准(试行)》,教职 1985 年 8 号。

② 劳动人事部、国家教育委员会印发的《技工学校工作条例》,劳人培 1986 年 22 号。

③ 劳动人事部印发的《技工学校机构设置和人员编制标准暂行规定》,劳人培 1986 年 9 号。

④ 福建省委机构编制委员会办公室、福建省教育厅、福建省劳动和社会保障厅、福建省财政厅印发的《福建省中等职业学校编制标准等问题的暂行意见》,闽委编办 2007 年 210 号。

十二、兼职教师

中等职业教育的实践性要求其教师队伍中需有大量的具有较高专业技能和丰富实践经验的教师。多渠道从社会上聘请专业技术人员担任专业课或实习实训教师，可以充实职业学校教学队伍，提高教学质量和效益。

从历史上看，国家在对学校人员编制核定标准时，有时会考虑兼职教师的影响。2001 年教育部在印发《关于“十五”期间加强中等职业学校教师队伍建设的意见》的通知中指出兼职教师比例一般应不少于 10%。2005 年国务院发布的《国务院关于大力发展职业教育的决定》提出：“制定和完善职业教育兼职教师聘用政策，支持职业院校面向社会聘用工程技术人员、高技能人才担任专业课教师或实习指导教师。”①2007 年职成教司颁布的《中等职业学校紧缺专业特聘兼职教师资助项目实施办法》中规定了兼职教师的任课时间，“特聘兼职教师的聘期可根据教学需要由学校自行确定，但原则上不少于一学期”②。2010 年由教育部教职成司制定的《中等职业学校设置标准》中对兼职教师的比例做出规定：“中等职业学校应当具有与学校办学规模相适应的专任教师队伍，兼职教师比例适当。聘请有实践经验的兼职教师应占本校专任教师总数的 20%左右。”③

在国家宏观兼职政策环境下，各地方政府也结合本地实际制定了相关政策文件，支持科研院所、事业单位专业技术人员兼职。如浙江省《关于进一步加强中等职业学校教师队伍建设的若干意见》中对兼职教师所占编制比例、聘任时间等做出相关规定：“特聘兼职教师人数原则上应不超过核定专任教师编制数的 15%；特聘兼职教师应保持相对稳定，原则上实行一学年一聘。”④又如《湖南省中等职业学校机构编制标准(试行)》中指出，“用于聘用校外有技术专长的兼职教师编制数控制在学校编制总数的 15%～30%之间，兼职教师列入教师编制序列。”⑤

---

① 《国务院关于大力发展职业教育的决定》，国发 2005 年 35 号。

② 教育部印发的《中等职业学校紧缺专业特聘兼职教师资助项目实施办法》，教职成 2007 年 6 号。

③ 教育部印发的《中等职业学校设置标准》，教职成 2010 年 12 号。

④ 浙江省教育厅印发的《关于进一步加强中等职业学校教师队伍建设的若干意见》，浙教职成 2008 年 241 号。

⑤ 湖南省委机构编制委员会、湖南省教育厅、湖南省财政厅印发的《湖南省中等职业学校机构编制标准(试行)》，湘编办 2009 年 22 号。

第二节　影响编制制定的可能性因素论证

针对12个影响因素,结合我国实际情况,我们自编了《中等职业学校人员编制标准研究问卷》,对有关的教育行政部门和部分中等职业学校进行调研。通过对所得结果的统计分析,检验各因素的影响力。

一、研究设计与实施

(一)研究对象

本研究以有关中职学校人员编制的行政部门,部分中等职业学校为研究对象,发放问卷400份,实回收356份,回收率为89%。其中有效问卷332份,有效率为93.26%。在有效问卷中,包括21个省(自治区、直辖市)教育行政部门的36份问卷和27个省的中等职业学校296份问卷。其中东部地区128份,中部地区115份,西部地区89份;国家级重点中职123份,省级重点中职121份,普通中职88份。问卷具有一定的代表性。

(二)研究工具

本研究采用自制《中等职业学校人员编制标准研究问卷》对拟影响因素的基本数据进行收集。考虑到教育行政部门和中等职业学校的差异性,分别编写了《中等职业学校人员编制标准研究问卷(行政部门)》和《中等职业学校人员编制标准研究问卷(中等职业学校)》。

《中等职业学校人员编制标准研究问卷(行政部门)》分为三部分:第一部分是对问卷中的相关概念进行界定,包括教职员工和专业分类。第二部分是对各地区基本数据的收集,包括各地区班额(区分专业)、生员比(区分专业和学校等级)、生师比(区分专业、学校等级)、人员工作量(区分人员类别)等。第三部分是访谈,包括兼职教师的情况和补充说明。详见附录1。

《中等职业学校人员编制标准研究问卷(中等职业学校)》分为四部分:第一部分是对问卷中的相关概念进行界定,包括教职员工和专业分类。第二部分是对所调研学校基本情况收集,包括学校地区分布、学校等级等。第三部分是对各学校基本数据的收集,包括各学校的学校规模、班额(区分专业)、生员比(区分专业和学校等级)、生师比(区分专业、学校等级)、内设机构、校级领导职数、人员工作量(区分人员类别)等。第四部分是访谈,包括兼职教师的情况和补充说明。详见附录2。

(三)研究方法

文献法。本研究广泛收集新中国成立后与中等职业学校人员编制制定标准相关的政策文件、分析中职学校人员编制标准的历史沿革及其社会背景,把握基本规律,形成基本结论。

调查法。根据文献综述和访谈结果,编制《中等职业学校人员编制影响因素调查问卷》,对有关行政部门和部分中等职业学校进行问卷调查,收集数据。

(四)资料处理

本研究的调查问卷经回收整理,剔出无效问卷,对问卷进行编码与输入,根据资料的性质及研究分析的项目,选择适当的统计方法,用SPSS13.0统计软件对资料进行处理。

运用频数分布分析和描述统计分析等方法统计各影响因素的基本情况。

运用因子分析,提取影响中等职业学校人员编制标准的因素。

运用方差分析、独立样本检验等方法检验某些影响因素的差异性。

二、统计结果与分析

根据问卷所得数据,作者对所得的顺序数据进行了频数分布分析和因子分析,得出中等职业学校人员编制标准的核心衡量因素。然后在专业类别、学校等级、地域差异等维度上对核心衡量因素进行差异性检验,得出其对编制标准的影响。兼职教师是一个比较特殊的影响因素,其影响力主要是通过访谈得出,在数据统计时可以不显示这一影响因素。

(一)频数分布分析与描述统计分析

利用一维频数分布表可以对数据按组进行分类整理,形成各变量不同水平的频数分布表,以便对各变量的数据特征和观测量分布情况有概括的认识(见表5-2)。

表 5-2　数据频数分布统计

影响因素 参数	学校规模（人）	生师比	生员比	班额（人）	工作量（专任）（节/周）	工作量（教辅）（小时/周）	工作量（管理）（小时/周）	工作量（后勤）（小时/周）	校领导数（个）	内设机构（个）
N	331	330	324	327	325	327	320	325	322	328
M_{max}	15000	71.81	53.86	84	20	48	52	55	10	14
M_{min}	44	2.73	1.05	11	4	26	28	30	3	7
差值	14956	69.09	52.81	73	16	22	24	25	7	7
算术平均数	3682.58	20.23	14.08	42.99	12.87	40.23	41.24	42.36	5.65	9.76
中位数	3000	18.46	12.68	43	12	40	40	40	5	10
众数	3000(a)	20	10	45(a)	12	40	40	40	4	9
SE	0.330	0.333	0.354	0.343	0.350	0.345	0.352	0.337	0.340	0.342
Skewness	2.568	2.199	2.138	0.148	0.131	0.158	0.213	0.188	0.647	0.601

1. 学校规模

有效数据 331 个；最大学校规模 15000 人，最小学校规模 44 人，相差 14956 人；统计数据中，学校规模的算术平均数是 3682.58，中位数和众数都是 3000，中位数与众数相等，说明观测量中不存在异常值；Skewness 值为 2.568，说明数据的分布左偏，具有一个较长的右尾，此值大于其标准误差（*SE*＝0.33）的两倍，说明数据不是正态分布。

2. 生师比

有效数据 330 个；最大生师比 71.81，最小生师比 2.73，相差 69.09；统计数据中，生师比的算术平均数是 20.2343，中位数是 18.46，众数是 20，中位数与众数相差不大，说明观测量中不存在异常值；Skewness 值为 2.199，说明数据的分布左偏，具有一个较长的右尾，此值大于其标准误差（*SE*＝0.333）的两倍，说明数据不是正态分布。

3. 生员比

有效数据 324 个；最大生员比 53.86，最小生员比 1.05，相差 52.81；统计数据中，生员比的算术平均数是 14.08，中位数是 12.68，众数是 10，中位数与众数相差不大，说明观测量中不存在异常值；Skewness 值为 2.138，说明数据的分布左偏，具有一个较长的右尾，此值大于其标准误差（*SE*＝0.354）的两倍，说明数据不是正态分布。

4. 班额

有效数据327个；最大班额84人，最小班额11人，相差73人/班；统计数据中，班额的算术平均数是42.99，中位数是43，众数是45，中位数与众数相差不大，说明观测量中不存在异常值；Skewness值为0.148，说明数据的分布稍微左偏，此值大于其标准误差（*SE*＝0.343）的两倍，说明数据是正态分布。

5. 专任教师的工作量

有效数据325个；最大工作量20节/周，最小工作量4节/周，相差16节/周；统计数据中，专任教师工作量的算术平均数是12.87，中位数是12，众数是12，中位数与众数相等，说明观测量中不存在异常值；Skewness值为0.131，说明数据的分布稍微左偏，此值大于其标准误差（*SE*＝0.350）的两倍，说明数据正态分布。

6. 教学辅助人员工作量

有效数据327个；最大工作量48小时/周，最小工作量26小时/周，相差22小时/周；统计数据中，教学辅助人员工作量的算术平均数是40.23，中位数是40，众数是40，中位数与众数相等，说明观测量中不存在异常值；Skewness值为0.158，说明数据的分布稍微左偏，此值大于其标准误差（*SE*＝0.345）的两倍，说明数据正态分布。

7. 行政管理人员工作量

有效数据320个；最大工作量52小时/周，最小工作量28小时/周，相差24小时/周；统计数据中，行政管理人员工作量的算术平均数是41.24，中位数是40，众数是40，中位数与众数相等，说明观测量中不存在异常值；Skewness值为0.213，说明数据的分布稍微左偏，此值大于其标准误差（*SE*＝0.352）的两倍，说明数据正态分布。

8. 后勤服务人员工作量

有效数据325个；最大工作量55小时/周，最小工作量30小时/周，相差25小时/周；统计数据中，后勤服务人员工作量的算术平均数是42.36，中位数是40，众数是40，中位数与众数相等，说明观测量中不存在异常值；Skewness值为0.188，说明数据的分布稍微左偏，此值大于其标准误差（*SE*＝0.337）的两倍，说明数据正态分布。

9. 校级领导职数

有效数据 322 个;最多校级领导职数 10 个,最少校级领导职数 3 个,相差 7 个;统计数据中,校级领导职数的算术平均数是 5.65,中位数是 5,众数是 4,中位数与众数相差不大,说明观测量中不存在异常值;Skewness 值为 0.647,说明数据的分布稍微左偏,此值大于其标准误差($SE=0.340$)的两倍,说明数据不是正态分布。

10. 内设机构数

有效数据 328 个;最大内设机构数 14 个,最小内设机构数 7 个,相差 7 个;统计数据中,内设机构数的算术平均数是 9.76,中位数是 10,众数是 9,中位数与众数相差不大,说明观测量中不存在异常值;Skewness 值为 0.601,说明数据的分布稍微左偏,此值大于其标准误差($SE=0.342$)的两倍,说明数据不是正态分布。

(二)因子分析

因子分析的主要目的是浓缩数据,通过对各变量之间的相关性分析,寻求起决定作用的少数几个因子,从而反映原有变量的大部分信息。

1. KMO 样本测度和 Bartlett's 球形检验

在因子分析之前,首先需要对问卷各指标间的相关性进行 KMO 样本测度和 Bartlett's 球形检验,以确定问卷的数据是否适合因子分析。通过分析得出,问卷 KMO 统计量是 0. 826,大于 0.7, Bartlett 球体检验 P 值为 0.000,小于显著性水平 0.01,这说明相关系数矩阵不是单位矩阵,原始变量存在相关关系,适宜进行因子分析。

2. 主成分分析

在对原始变量进行线性转换后,得到如表 5-3 所示的主成分分析的总方差解释表,分别列出了主成分的特征值和方差贡献率。由表 5-3 可以看出,第一主成分特征值为 2.827,第二主成分特征值为 1.745,第三主成分特征值为 1.153,依据特征值大于 1 的原则,提取了 3 个公因子。其累积方差贡献率达 76.559%,即前三个因子解释原始 10 个变量的 76.559%的变异。

表 5-3 因子方差分析

因子	特征值	方差贡献率	累计方差贡献率
1	2.827	35.335	35.335
2	1.745	23.815	59.150
3	1.153	17.409	76.559

3. 因子分析

为了发现其中每一个因子的实际含义，对因子进行正交旋转，所得结果如表 5-4 所示。

表 5-4 第二次因子载荷阵

因子	组合因子		
	1	2	3
生员比	0.928	−0.057	0.016
生师比	0.918	−0.099	0.112
班额	0.700	0.329	0.020
学校规模	0.627	0.109	0.480
工作量(专任)	−0.038	0.910	0.253
工作量(教辅)	−0.052	0.892	0.332
工作量(管理)	−0.066	0.788	0.196
工作量(后勤)	−0.079	0.723	0.217
校级领导职数	0.021	−0.085	0.783
内设机构数	0.074	0.147	0.638

表 5-4 给出了旋转后的因子与原始变量的相关矩阵，通过旋转，最终形成 3 个组合因子。对于每一组合因子，选取其中对因子呈现较强相关(相关系数大于 0.5)的陈述，按系数由大到小排列。可以看出，第一个主成分与生员比、生师比、班额和学校规模有绝对值较大的相关系数，这些因素与学校人员数量和相关人员比值相关，可以命名为人员因子(在本研究中，第一个主成分即指人员因子)；第二个主成分与专任教师工作量、教学辅助人员工作量、行政管理人员工作量和后勤服务人员工作量有绝对值较大的相关系数，这一因素反映的是教职员工的工作量的情况，可以命名为工作量因子(在本研究中，第二个

主成分即指工作量因子);第三个主成分与校级领导职数和内设机构数有绝对值较大的相关系数,反映的是学校机构设置中的问题,可以概括为机构设置因子(在本研究中,第三个主成分即指机构设置因子)。

(三)差异性检验

1. 班额

(1)班额与专业类别

本研究将专业分为三大类(分类原因见第四部分专业类别的讨论),第一类是理工农信医类专业,第二类是财旅教司管类专业,第三类是艺体类专业。由上文可以知道,调研数据中班额是正态分布,要考查不同专业班额的差异性可以运用方差分析。方差分析是检验多个样本均数间差异是否具有统计学意义的一种常用的方法,结果如表 5-5 所示。

表 5-5 不同专业班额方差分析

变异来源	平方和	自由度	均方	F
组间效应	322063.67	2	161031.835	6.735*
组内效应	912702.20	1078	591.936	
总变异	1234765.87	1080		

通过 ANOVA 方差分析发现:专业分类的主效应显著,$F(2,1078)=6.735$,$P<0.05$,三类专业对班额的影响显著。

(2)班额与课程类别

本研究将课程分为三大类:第一类是文化课,第二类是专业课,第三类是实习课。由上文可以知道,调研数据中班额是正态分布,要考查不同课程班额的差异性可以运用方差分析。结果如表 5-6 所示。

表 5-6 不同课程班额方差分析

变异来源	平方和	自由度	均方	F
组间效应	242675.20	2	121337.60	7.782*
组内效应	1012702.20	1078	939.427	
总变异	1255377.40	1080		

通过 ANOVA 方差分析发现:专业分类的主效应显著,$F(2,1078)=7.782$,$P<0.05$,三类课程对班额的影响显著。

2. 生员比

(1)生员比与专业类别

本研究将专业分为三大类:第一类是理工农信医类专业,第二类是财旅教司管类专业,第三类是艺体类专业。由上文可以知道,调研数据中生员比不是正态分布,要考查不同专业生员比的差异性不能运用方差分析,可以用独立样本检验来分析其差异性。所得结果如表 5-7 所示。

表 5-7 不同专业的生员比检验结果

检验项目	生员比
Chi-Square	7.283
df	2
Asymp. Sig.	0.021

通过独立样本检验可以发现:计算的 P 值等于 0.021,小于 0.05,故可以认为三类不同的专业对生员比的影响显著。

(2)生员比与学校等级

本研究将学校等级分为三大类:第一类是国家级重点中等职业学校,第二类是省级重点中等职业学校,第三类是普通中等职业学校。由上文可以知道,调研数据中生员比不是正态分布,要考查不同等级学校与生员比的差异性不能运用方差分析,可以用独立样本检验来分析其差异性。所得结果如表 5-8 所示。

表 5-8 不同等级学校的生员比检验结果

检验项目	生员比
Chi-Square	5.218
df	2
Asymp. Sig.	0.074

通过独立样本检验可以发现:计算的 P 值等于 0.074,大于 0.05,故可以认为三类不同等级的学校对生员比的影响不显著。

(3)生员比与地域差异

本研究将地区分为三大类:第一类是东部地区,第二类是中部地区,第三类是西部地区。由上文可以知道,调研数据中生员比不是正态分布,要考查不同地区生员比的差异性不能运用方差分析,可以用独立样本检验来分析其差异性。所得结果如表 5-9 所示。

表 5-9　不同地区的生员比检验结果

检验项目	生员比
Chi-Square	4.526
df	2
Asymp. Sig.	0.129

通过独立样本检验可以发现:计算的 P 值等于 0.129,大于 0.05,故可以认为三类不同的专业对生员比的影响不显著。

(4)生员比与学校规模

为研究生员比与学校规模的关系,笔者对生员比和学校规模的 320 对数据进行 Spearman 相关分析,得出 $r=0.680$,相关系数的显著性概率水平为 0.01。这说明生员比与学校规模存在一定程度的相关。

综上所述,专业类别对中等职业学校人员编制标准核心衡量因素的影响显著,可作为人员编制标准的一类影响因素。这样中等职业学校人员编制标准的影响因素就可以概括为四类:专业类别、人员数量关系、工作量和机构设置。

第三节　影响因素分析

用统计方法提取出中等职业学校人员编制标准的四类影响因素,对每类影响因素进行分析讨论,以对中等职业学校人员编制标准的制定提出建议。

一、专业类别

在制定中等职业学校人员编制标准时,考虑到专业类别确定生员比和班额,不仅顺应了基层的呼声,而且适应课程改革需要,使编制标准更加科学化、标准化。如果能够编制出按照专业定编的标准,对于中职教师定编的可操作性会更强。

(一)"专业类别"因素确定依据

1. 政策依据

综观历年文件可以看出,近几年,国家和部分省(市)在制定中等职业学校人员编制标准时会考虑专业类别对编制的影响，根据专业确定班额、确定生员比和班额标准。

2. 调研统计依据

在上文的统计分析中可以看出，不同专业类别的班额和生员比存在差异，专业类别是影响中等职业学校人员编制的一个因素。

(二)中等职业学校人员编制标准制定时，关于“专业类别”的建议

既然专业类别对编制标准制定存在影响，在制定新的编制标准时应考虑到专业类别的影响。如何划分专业类别是首先要考虑的问题。在调研过程中，我们发现，虽然很多部门都提到了按照专业设置进行教师定编，但是每个学校所提到的“专业”内涵不一致。有的部门按教育学科分类，把专业大类分为人文科学、社会科学、教育学、家政学、农学、理学、医学、艺术、体育等 10 种；有的部门按产业分类，把专业分为第一产业，包括农业、林业、渔业、畜牧业，第二产业，包括制造业、采掘业、建筑业，第三产业，包括服务业；还有的部门依据教育部 2010 年修订的《中等职业学校专业目录》，把专业分为农林类、资源与环境类、能源与新能源类、土木水利工程类、加工制造类、石油化工类、轻纺食品类、交通运输类、信息技术类、医药卫生类、休闲保健类、财经商贸类、旅游服务类、文化艺术类 、体育与健身类、教育类、司法服务类、公共管理与服务类和其他类别。

到底应该怎样划分呢？若按照产业分类或者教育学科分类则太笼统，与《中等职业学校专业目录》划分的原则不一致，不能体现职业教育的特点；若按照专业分，则太细、计划性太强，各个学校专业基础、区域发展对专业的要求也不同，几乎是不可能的。《中等职业学校专业目录》在制定过程中就考虑到中等职业教育的特殊性，体现了中职教育的特点，应按照《中等职业学校专业目录》来划分专业类别。

但是，教育部 2010 年修订的《中等职业学校专业目录》涉及 19 个专业类别、321 个专业，不同的专业之间生员比和班额存在差异，在制定中职人员编制时，要在国家层面把 19 类专业的生员比和班额做相应的统一规定显然不太可能，也没这个必要。根据不同专业学生技能形成过程的不同及实际操作的需要，建议将不同专业类别归为三大类：第一类是理工农信医类专业，包括：农林类、资源与环境类、能源与新能源类、土木水利工程类、加工制造类、石油化工类、轻纺食品类、交通运输类、信息技术类、医药卫生类；第二类是财旅教司

管类专业，包括：财经商贸类、旅游服务类、教育类、司法服务类、公共管理与服务类；第三类是艺体类专业，包括：休闲保健类、文化艺术类 、体育与健身类。

二、人员数量关系

（一）学校规模

1.“学校规模”因素确定依据

（1）政策依据

综观历年文件可以看出，近几年，国家和部分省（市）在制定中等职业学校人员编制标准时会考虑学校规模对编制的影响。

（2）调研统计依据

在因子分析中可以看出，学校规模与第一主成分（人员因子）有绝对值较大的相关，是影响中等职业学校人员编制的一个因素。

2.中等职业学校人员编制标准制定时，关于“学校规模”的建议

学校规模是中等职业学校人员编制的影响因素。考虑到学校规模制定中职学校人员编制标准是学校规模效益的体现。学校的规模效益是指学校各类成本以及资源利用效率如何随着学校规模的增加或减少而发生变动。各类成本包括生均成本、生均教学人员成本、生均管理人员成本、生均公务费等。资源利用的效率包括生均占有专业教师的数量、生均占有管理人员数量、生均占有教辅人员数量、生均占有工勤人员数量等。由于长期以来我国中等职业学校学校中面临着资金紧张的现状，对现有资源的使用潜力又挖掘不够，因此在对学校规模效益的研究中，关心的焦点始终是学校规模对学校各种成本和资源使用效率的影响，即在学校的实际运作中，是否生均占用的教育经费会随着学校规模扩大而降低，以及各类资源的使用效率会随着学校规模的扩大而得到提高。

从上述的分析中可以看出，考虑到学校规模来制定中职学校人员编制标准有一定合理性。可以防止资源浪费，提高单位规模下的管理效率，提高规模效益，有利于人力资源最大化。因此，在核定中等职业学校人员编制标准时，要考虑学校的特殊性，在遵循规模效益规律的基础上灵活地考虑学校规模在设置生员比、生师比、内设机构数、校级领导职数时的影响和权重，从而制定合理的中等职业学校人员编制标准。

(二)生员比

1."生员比"因素确定依据

(1)政策依据

综观历年文件,在有关中等职业学校人员编制的政策法规中,通常是将生员比作为核定师资编制的关键指标。生师比则较少使用,仅有1990年国家教委制定的《省级重点职业高级中学的标准》和2010年教育部职成教司制定的《中等职业学校设置标准》中明确规定生师比。

(2)调研统计依据

在因子分析中可以看出,生员比与生师比都与第一主成分(人员因子)有绝对值较大的相关,是影响中等职业学校人员编制的因素。生员比是第一主成分的首要影响因素。通过对调研数据生员比与生师比进行相关分析,$P=0.896$,说明生员比与生师比具有很大程度的相关。

2.中等职业学校人员编制标准制定时,关于"生员比"的建议

从生员比与生师比的计算公式中,生员比=生/人员=生/(专任教师+教学辅助人员+行政管理人员+后勤服务人员)。生师比=生/专任教师。由此,我们可以把生师比理解为生员比的一部分,生员比能在很大程度上反映生师比。在核定中等职业学校人员编制时,宜采用生员比作为核心衡量指标。由上文的分析可以得出,生员比是中等职业学校人员编制的影响因素。在确定生员比时,要综合考虑以下四个问题。

(1)厘清学生数量和学校教职员工的内涵

确定生员比首先要弄清学生数量和学校教职员工的内涵。学生数量即学校规模,指学校近三年在读人数的平均值。学校教职员工的内涵我们在前文也讨论过,包括专任教师、教学辅助人员、行政管理人员和后勤服务人员。

(2)厘清课程类别和教师类别的内涵

在"人员"概念界定时,我们分析了专任教师分类的依据,是按照课程类别来划分的。从某种意义上来说,在制定中等职业学校人员编制标准时,考虑课程类别、教师类别,归根到底是在确定生员比的内涵。建议在制定《编制》标准时,对课程类别和教师类别内涵加以考虑。

(3)根据学校规模确定生员比

由上文的统计分析可以得出,学校规模与生员比正相关,因此,在制定中等职业学校人员编制标准时,要考虑到学校规模对生员比的影响,体现规模效益,依据学校规模确定生员比。

(4)根据专业类别确定生员比

由上文的统计分析可以得出,不同的专业,生员比存在差异,因此,在制定中等职业学校人员编制标准时,要考虑到专业类别对生员比的影响,确定生员比时区分三类专业。

(三)班额

1."班额"因素确定依据

(1)政策依据

综观历年文件可以看出,近几年,国家和部分省(市)在制定中等职业学校人员编制标准时会考虑班额对编制的影响。

(2)调研统计依据

在因子分析中可以看出,班额与第一主成分(人员因子)有绝对值较大的相关,是影响中等职业学校人员编制的一个因素。

2.中等职业学校人员编制标准制定时,关于"班额"的建议

班额是中等职业学校人员编制的影响因素。在确定班额时,要综合考虑以下两个因素。

(1)班额与专业类别

由于中等职业教育的特殊性,在制定中等职业学校人员编制标准时要考虑区分专业类别。专业类别与班额具有紧密的联系,要依据专业类别来确定班额标准。第一,不同专业学生技能形成的过程是不同的,相比较而言,第一类专业学生技能习得比第二类专业学生技能习得花的时间更多;第二,在进行实际操作能力训练时,所需的实习实训条件和方式也不相同,基于技能形成的有效性,第一类专业往往需要小班额。一般认为第一类专业在进行实训实习时,除了主讲的专业课教师,还需要配备1～2名实习指导教师;第三,出于现场生产、人员安全的考虑,第一类专业往往需要小班额;第四,第三类专业由于自身的专业特点,在进行教学时往往需要师生一对一或小班化教学,所以它们的班额又有自己的特殊性。

(2)班额与课程类别

中等职业学校的课程包括公共基础课和专业技能课。公共基础课是为专业知识的学习和职业技能的培养奠定基础,满足学生职业生涯发展的需要,促进其终身发展的课程。在教学过程中,不需要教师对学生进行一对一或小班化教学。为了实现效益最大化,可以采用稍大班额,必要情况下,可以考虑两班合一班。专业技能课可以分为专业技能理论课和实习实训。在教授专业技

能理论课时，需区分专业，按已确定的班额上课。实习实训是专业技能课程教学另一个重要内容，是培养学生良好的职业道德，强化学生实践能力，提高综合职业能力的重要环节。它可以分为校内实习实训、校外现场指导实习实训、校外实习实训、顶岗实习等，在教学过程中需按专业类别区别对待，必要时采用小班化教学或一对一指导。

三、工作量

（一）专任教师工作量

1.“教师工作量”因素确定依据

（1）政策依据

综观历年文件可以看出，近几年，国家和部分省（市）在制定中等职业学校人员编制标准时会依据专任教师工作量来确定生师比，教师工作量是影响中等职业学校人员编制标准的重要因素。

（2）调研统计依据

在因子分析中可以看出，专任教师工作量与第二主成分（工作量因子）有绝对值较大的相关，是影响中等职业学校人员编制的一个因素。

2. 中等职业学校人员编制标准制定时，关于“专任教师工作量”的建议

在各种人员中，专任教师工作量的计算最复杂。需对专任教师的工作任务进行深入全面的定性分析，在定性分析的基础上做量的分析，揭示专任教师工作量的内涵。

（1）中职学校专任教师工作量的定性分析

中职教师的职业特征决定了中职专任教师工作量具有的两个基本要素：工作时间和工作任务。

第一，工作时间。专任教师工作时间客观上受国家法定工作时间和学校教育教学规律制约。工作时间是教师工作量的外化要素。2009 年《教育部关于制定中等职业学校教学计划的原则意见》中规定：“每学年为 52 周，其中教学时间 40 周（含复习考试），假期 12 周。周学时一般为 28。顶岗实习一般按每周 30 小时（1 小时折 1 学时）安排。三年总学时数约为 3000～3300。”[①]

第二，工作任务。从工作任务来看，教师工作量可以分为教学工作量和教

① 教育部印发的《教育部关于制定中等职业学校教学计划的原则意见》，教职成 2009 年 2 号。

学延伸工作量。教学工作量主要包括备课、讲授理论课、指导实验课、批改作业、批改实验报告、课外辅导、指导课程实习、指导毕业实习、班主任工作等,是显性工作量。教学延伸工作量分为四种形式:通过各种非教学的教育活动形式组织起来的活动,如班级活动、文体活动;要求教师集体或个体参加的活动,如职务工作量、教师集体活动、政治学习等;关系到教师发展的活动,如参加培训;教师学术方面的活动,如编写教材、发表论文等,是隐性工作量。工作任务是教师工作量的内在要素。教学任务是教师工作量的载体,没有教学任务就没有教师工作量可言。

(2)中职学校专任教师工作量的定量分析

要量化专任教师工作量,首先要选择衡量工作量的依据,建议以法定劳动时间作为教师工作量定额的依据,便于统一管理,具有说服力。其次要选用合适的计算单位。"小时"定义明确,易于核定,同时便于引用法定劳动时间、社会必要劳动时间等涉及劳动量的概念和规定,是计算专任教师工作量的最理想单位。根据 2008 年劳动与社会保障部《关于职工全年月平均工作时间和工资折算问题的通知》,"年工作日:365 天－104 天(休息日)－11 天(法定节假日)＝250 天",结合中职学校的教学计划"教学时间 40 周,假期 12 周",因此,中职教师年法定工作时间 T 应计算为:

$$T=8\times5\times40-8\times11+8\times4=1544\text{(小时)}$$

该公式表明:教师每天工作 8 小时乘以每周工作 5 天再乘以每学年 40 周的教学时间减掉 11 天法定节假日的休息时间加上假期中多减的节假日所得的 1544 小时就是中职专任教师的年法定劳动时间。

中职学校的专任教师分为文化课教师、专业课教师和实习指导教师,各类教师工作的内容不相同,在计算专任教师工作量时要区别对待。

第一,文化课教师工作量计算办法。文化课教师的工作量包括备课、上课、课外辅导、批改作业、班级活动、教师集体活动和教师培训等。

$$M_{\text{文}}=\text{备课}+\text{上课}+\text{课外辅导}+\text{批改作业}+\text{班级活动}+\text{教师集体活动}+\text{教师培训}=1544\text{(小时)}$$

在计算过程中,要考虑到班额大小、专业类别、教师职称、新开课和重复课的影响,适度增减工作量系数。

第二,专业课教师工作量计算办法。专业课教师的工作量包括备课、上课、指导实习实训、批改实验报告、班级活动、教师集体活动和教师培训等。

$$M_{\text{专}}=\text{备课}+\text{上课}+\text{指导实习实训}+\text{批改实验报告}+\text{班级活动}+\text{教师集体活动}+\text{教师培训}=1544\text{(小时)}$$

在计算过程中，要考虑到班额大小、专业类别、教师职称、新开课和重复课的影响，适度增减工作量系数。

第三，实习指导课教师工作量计算办法。实习指导教师的工作量包括选题、指导书编写，指导、巡察、管理考核，批改实习实训报告，教师集体活动和教师培训等。

$M_{实}$＝选题＋指导书编写＋指导＋巡察＋管理考核＋批改实习实训报告＋教师集体活动＋教师培训＝1544（小时）

在计算过程中，要考虑到班额大小、专业类别、教师职称、新技术和已会技术的影响，适度增减工作量系数。

（二）教学辅助人员工作量

教学辅助人员工作量的计算比专任教师简单，每周 40 小时，年工作时数 1544 小时。若有任课，所上课程按文化课或专业课的工作量计算。

（三）行政管理人员工作量

行政管理人员工作量也是每周 40 小时，年工作时数 1544 小时。若有任课，所上课程按文化课或专业课的工作量计算。

（四）后勤服务人员工作量

在我国中等职业学校中，后勤社会化是发展趋势，后勤服务人员最终将不包括在中等职业学校人员编制之内。但现阶段，由于历史的原因，在中职学校中有相当一部分的后勤编制，这批人还未退休。因此，编制应包括后勤服务人员。后勤服务人员工作量也是每周 40 小时，年工作时数 1544 小时。

四、机构设置

（一）内设机构

1.“内设机构”因子确定依据

（1）政策依据

综观历年文件可以看出，近几年，国家和部分省（市）在制定中等职业学校人员编制标准时会考虑内设机构对编制的影响，根据学校规模确定内设机构数，有时也会考虑到学校等级，适度增加国家级或省级重点中职学校的内设机构数。

（2）调研统计依据

在因子分析中可以看出，内设机构与第三主成分（机构设置因子）有绝对值较大的相关，是影响中等职业学校人员编制的一个因素。

2. 中等职业学校人员编制标准制定时，关于“内设机构”的建议

现代学校管理的主要手段之一是设置合理有效的机构，只有这样才能更好地适应学校工作的客观要求，有效地组织协调全体成员的活动，从而实现学校的管理目标。职业教育因其实践性、专业性和学生的特殊性，实现学校的教育教学和管理目标相对普通教育而言更加复杂和困难，职业学校的职能也更加宽泛。很多被调研学校反映：职业学校在学生管理、招生、实训、顶岗实习、就业等方面具有特殊性，对教师数量的需求量比普通中小学大，需要有明确的组织部门和人员去进行实际工作，因而学校内部的组织机构不能简单地移植普通中小学的标准。应允许学校设置如招生就业、学生管理、实训实践等管理机构，以体现职业教育的特点。针对目前中职学校组织机构设置中普遍存在的问题，借鉴某些省市、职业学校在中职学校机构编制方面的成功经验，提出如下建议：

(1)体现职业教育特点

除普通中小学都有的学校党支部、学校办公室、总务科、教务科、学生科、校团委、安全保卫科等机构，为了突出职业教育的特殊性，中职学校组织机构系统应在教学管理机构的基础上增设对外联系的部门、学生实习实训的部门及学生就业的部门。因此需酌情增设对外联系机构、招生就业办公室等。

对外联系部门是为社会提供职业技能培训、技能鉴定等服务的组织管理机构。它主要职责有三个：第一，依托各类培训基地，协调政府部门和行业关系，联系落实各种类型的培训项目。第二，组织开展培训市场调研，申报开发新的培训基地和培训项目，拓宽培训渠道，扩大培训规模。第三，负责校内学历教育学生及短期培训学员职业技能鉴定工作，同时面向社会积极开展各类从业人员的职业技能鉴定工作等。

招生就业指导办公室是校长领导下的负责招生与就业的组织管理机构。它主要的职责有四个：第一，负责学校有关招生工作，为学校设计良好形象。第二，调查和宣传学校的品牌专业。第三，建立与有关生源学校和对口高等院校、企业的信息网络联系。第四，研究并参与学生的职业指导和毕业生的就业指导、推荐以及毕业生信息反馈资料的收集整理等工作。

(2)根据学校规模确定内设机构数

中等职业学校的内设机构不是越多越好，对中职学校内设机构应实行限额管理，禁止擅自增减内设机构和编制，内设机构的具体名称由其行政主管部门商量学校确定。根据规模效益理论，在制定中等职业学校人员编制标准时，应根据学校规模确定学校内设机构数。详见表5-10。

表 5-10 学校规模与内设机构关系

学校规模(人)	内设机构数(个)
1000 及以下	5
1001～3000	6
3001～5000	7
5001～8000	9
8001 及以上	11

(3)适度增加国家级和省级重点中等职业学校内设机构数

为了体现国家级和省级重点中等职业学校示范作用，推动地区职业教育发展，建议在定编时考虑到国家级、省级重点中职同普通中职的差异性，适度增加国家级和省级重点中职的校级领导职数。

(二)校级领导职数

1."校级领导职数"因子确定依据

(1)政策依据

综观历年文件可以看出，近几年，国家和部分省(市)在制定中等职业学校人员编制标准时会考虑校级领导职数对编制的影响，根据学校规模确定校级领导职数。

(2)调研统计依据

在因子分析中可以看出，校级领导职数与第三主成分(机构设置因子)有绝对值较大的相关，是影响中等职业学校人员编制的一个因素。

2.中等职业学校人员编制标准制定时，关于"校领导职数"的建议

针对目前中职学校组织机构设置中普遍存在的问题，借鉴某些省市、职业学校在中职学校机构编制方面的成功经验，提出如下建议：

(1)根据学校规模确定校级领导职数

中职学校内设机构领导职数，可根据学校规模，确定校长 1 人、副校长 1～2(包括党委专职正、副书记在内共 3～5 人)。学校行政管理和党群组织负责人及工作人员，可实行一人多岗、专兼结合、相互兼职，提高人员的利用率。详见表 5-11。

表 5-11　学校规模与校级领导职数关系

学校规模(人)	校级领导职数(人)
1000 及以下	3
1001～3000	4
3001～5000	5
5001～8000	6
8001 及以上	7

(2)适度增加国家级和省级重点中等职业学校校级领导职数

为了体现国家级和省级重点中等职业学校示范作用,推动地区职业教育发展,建议在定编时考虑到国家级、省级重点中职同普通中职的差异性,适度增加国家级和省级重点中职的校能领导职数。

五、兼职教师

兼职教师这一因素比较特殊,不便于在问卷中用数据直接进行讨论,是采取访谈的形式收集资料。因此,在统计结果分析部分中未对其进行分析,而是在对访谈结果进行综合后,针对这一因素提出建议。

中等职业教育是按社会职业的划分与归类而进行的职业知识、能力与态度的教育,其目的是培养一批动手能力与岗位适应能力强的初中级技术人才。这就要求中职教育必须与实际职业岗位中所需的知识和技能接轨,因此其教师队伍中需有大量的具有丰富实践经验和专业技能的教师。多渠道从社会上聘请高技能人才担任专业课或实习实训指导教学,可以充实教师队伍,提高教学质量。

(一)兼职教师聘任过程中存在的问题

在调研过程中我们发现,在中职学校中,虽然兼职教师的规模日益扩大,地位逐渐提高,但还存在不少问题。

1.兼职教师聘任量不能满足实际教学需要

随着我国中等职业教育的发展,各学校聘任的兼职教师日益增多,占专任教师的比例逐渐增多,解决了部分专业课教师不足等问题。但随着各类中等职业学校的扩招,各校的生师比越来越大,使专任教师不能满足实际教学的需要,需增加兼职教师的数量。根据 2012 年教育部的《统计年鉴》可以看出,2011 年我国中职学校中,共有专任教师 689363 人,兼职教师 102321 人,兼职教师占专任教师的14.8%。少于2010年由教育部教职成司制定的《中等职业学校设置标准》中规定的“聘请有实践经验的兼职教师应占本校专任教师总数的20%左右”[①]。可见，中等职业学校中，兼职教师的数量远远不能满足学校实际教学的需要。

2.学校聘任的兼职教师稳定性差

从学校方面来讲，学校在经费充足、办学形势好的条件下会考虑多聘用兼职教师。但中职学校专业的设置是与社会需要挂钩的，专业设置变动性较大。在经费不充裕、办学形势不好或专业变动的情况下就会削减兼职教师数量，这种变动往往具有随意性，导致兼职教师队伍稳定性差。从兼职教师本身来讲，由于工作的变动，有些兼职教师会离开学校；由于思想上不重视，兼职教师在面对工作时随意性较大，往往不能长期待在同一学校教授同一门课程。

3.兼职教师在聘任过程中缺乏有力的制度保障

兼职教师队伍要发展，需依靠相应的制度建设来进行规范和完善，应创造有利于兼职教师队伍发展的制度环境，建立起一系列具有指导性和规范性的特聘兼职教师管理制度，如兼职教师的经费使用制度、聘用制度、评估和考核制度、评优奖励制度等。

（二）中等职业学校人员编制标准制定时，关于“兼职教师”的建议

针对以上存在的问题，结合调研结果和编制标准制定的实际情况，中等职业学校人员编制标准制定时，关于“兼职教师”的建议是在编制标准中体现对“兼职教师”量的规定。在调研过程中，很多学校的领导认为“兼职教师占本校专任教师总数的20%左右”的规定是合理的。但是只有少数学校可以达到这一比例。在制定编制标准时，可以明确这一要求，以专任教师为编制核定依据，学校留有20%的机动编制用于招聘兼职教师，在经费等方面保障兼职教师的利益。同时对兼职教师的工作时间和工作量提出要求：工作时间不低于一学期，工作量要保证每周不低于两节课。这样即保障了学校兼职教师的数量，又维持了兼职教师的稳定性。同时建议国家制定专门的关于兼职教师的制度，将兼职教师的经费使用、聘用、评估和考核、评优奖励等问题规范化。

---

① 教育部印发的《中等职业学校设置标准》，教职成2010年12号。

六、其他

（一）学校等级

综观历年文件可以看出，近几年，很多地方在制定中等职业学校人员编制时会考虑学校等级这一因素，在确定国家级或省级重点中等职业学校的内设机构数、校级领导职数、生员比和生师比时，会适度增加编制。为了研究这一因素对中等职业学校人员编制标准的影响，作者将中职人员编制标准的核心衡量指标生员比和三类中职学校进行独立样本检验，考查三类中职学校的生员比是否存在差异。结果显示，三类中职学校的生员比不存在差异。

由此可见，学校等级不是影响中等职业学校人员编制的主要因素，国家在制定中等职业学校人员编制标准时可以不考虑学校等级的影响，但如果为体现国家级和省级重点中等职业学校的示范性，可以适度增加国家级和省级重点中等职业学校的编制。

（二）地域差异

综观历年文件可以看出，近几年，有些地区在制定中等职业学校人员编制时会考虑地域差异这一因素，会适度增加西部地区中职学校的编制。为了研究这一因素对中等职业学校人员编制标准的影响，笔者将中职人员编制标准的核心衡量指标生员比和三个地区的中职学校进行独立样本检验，考查东中西部中职学校的生员比是否存在差异。结果显示，三个地区的中职学校的生员比不存在差异。由此可见，地域不是影响中等职业学校人员编制的主要因素，国家在制定中等职业学校人员编制标准时可以不考虑地域的影响。

根据对研究结果的分析与讨论，得出如下结论：一是专业类别关系到班额和生员比的确定，是影响中等职业学校人员编制标准的因素，是编制标准核定的前提；二是人员数量关系因子包括生员比、学校规模、班额、课程类别，这些因素从不同的侧面影响着编制核定，是影响中等职业学校人员编制标准的最主要因素。其中，生员比是中职学校定编的核心衡量标准；三是工作量因子包括专任教师工作量、教辅人员工作量、行政管理人员工作量和后勤服务人员工作量。这四个影响因素与生员比有着直接的关系，是影响中等职业学校人员编制标准的重要因素；四是机构设置因子包括内设机构数和校级领导职数，这两个因素关系到生员比的大小，是影响中等职业学校人员编制标准的因素；五是兼职教师是比较特殊的影响因素，需单列。兼职教师承担了一部分专任教师工作量，也影响到中等职业学校人员编制标准。

第六章

运用验证:中等职业学校人员编制核定

第一节 专业类别的设计

在已出台编制标准的省份中,制定教职工编制标准的时候,广东依据在校学生数及分段生员比,并参考学校类别、学校等级、财力调节系数;安徽依据学校类别、办学规模;福建依据城市、县镇差异,并参考教学班数、在校学生数;广西依据学校类型、学校等级、标准学生数;湖南依据分专业生员比;河南依据在校学生数。可以看出,在校学生数、学校类型是各省制定教职工编制标准最基本、最普遍的依据。但是,通过大量分析发现:

一、依据在校学生数制定教职工编制标准比较意义不大

根据2001年7月2日,教育部印发的《中等职业学校设置标准(试行)》(教职成〔2001〕8号),对中等职业学校在校学生有一个基本的规模要求。标准规定,"设置中等职业学校,要有基本的办学规模。学校学历教育在校生数,校址在城市的学校(以下简称城市学校)960人以上,校址在县镇及农村的学校(以下简称农村学校)600人以上。"根据《2013年全国教育事业发展统计公报》,2013年,全国普通中等专业学校3577所,在校生772.18万人,平均每所学校在校学生数2159人;职业高中4267所,在校生534.22万人,平均每所学校在校生1252人;技工学校2882所,在校生386.59万人,平均每所学校在校生1341人;成人中等专业学校1536所,在校生229.98万人,平均每所学校在校生1497人。各类中等职业学校1.23万所,在校生1922.97万人,平均每所

学校在校生 1563 人。当前，许多中等职业学校在校生在 3000 人左右，1 万人左右的中等职业学校也为数不少，特别是横向比较来看，各省学校平均在校学生数相差不大。所以，以在校学生数制定教职工编制标准其比较意义不大。

二、依据学校类型制定教职工编制标准可行性不大

职业教育是专业教育，不同专业的学生技能形成的过程不同，理论教学与实践教学的比例不同，所需的实习实训条件和方式不同，学校类型肯定会影响学校编制。是故，广东(2004)将学校类别分为艺术体育类学校、工农林水医类学校、综合类学校、财经政法管理类学校；安徽(2007)将学校类别分为理工农医类、综合类、文科类、艺体类；广西(2009)将学校类别分为艺术体育类、工农医学类、综合类、文科类；湖南将学校类别分为农工医卫类、商贸财经类、文化艺术与体育类。

但是，其一，很长一段时间，中等职业学校是部门办学，学校的专业性质比较明显。20 世纪 90 年代以后，随着专业设置和招生自主权的下放，尤其是工业化和城镇化进程的加快，许多中等职业学校都有了综合化趋势，如很多学校都设有加工制造类、信息技术类、旅游商贸类等热门专业。其二，学校类型的确定有难度。在已出台教职工编制标准的 6 个省份中，除广西提出“根据分类专业学生数占在校学生数比例(比例须超过 70%)确定学校类型”外，其他省份没有提出如何确定学校类型。事实上，即使是按照“专业学生数占在校学生数比例超过 70%”来确定学校类型，在实际操作过程中，也有相当的复杂性。因为各校专业综合化趋势，特别是热门专业的开设，很有可能使得诸多个热门专业其专业学生数占在校学生数的比例都很接近 70%。所以，按专业确定中等职业学校类型越来越困难，也越来越不现实。既然学校类型的确定要归依为对学校专业的厘析，而学校类型本身难以定性，不如依据学校的专业类型制定学校教职工编制标准。

三、编制标准不宜适用城乡差异

当前，除安徽、广西、湖南、河南、湖北等省份实行城乡一体化编制标准外，其余省份基本上依据城市、县镇、农村实行城乡差异化编制标准(广东分省级及经济发达地区、经济欠发达地区，福建分城市、县镇设定编制标准)。强调城乡差异一定程度上适应了城乡地区在办学条件、师资力量等方面的差距，具有历史意义。然而，当前，一方面，在中等职业学校办学实践中，基本上在县级以上城市(少数在条件较好的镇)办学，而且城市、县镇和农村学校的生师比实际

相差不大，所以，城乡差异化标准现实意义不大。另一方面，《纲要》指出，全社会要共同促进教育公平。教育公平的关键是机会公平，根本措施是合理配置教育资源，向农村地区、边远贫困地区和民族地区倾斜，加快缩小教育差距。所以，在促进教育公平、推进城乡教育均衡发展，在大力发展职业教育，加快发展面向农村的职业教育的时代背景下，应给予城乡职业教育发展的公平机会，在编制标准上不宜体现城乡差别。

四、专业类别的划分

根据2010年3月8日发布的《教育部关于印发〈中等职业学校专业目录(2010年修订)〉的通知》(教职成〔2010〕4号)，我国中等职业学校专业类19个，专业数321个，专业(技能)方向920个。对于核编来说，这种分类太细，操作性不强。由于中等职业学校的专业目录是“参考《国民经济行业分类(2002)》、《三次产业划分规定(2002)》、《全国人才市场供求信息分类标准(2000)》、《中华人民共和国职业分类大典》”等产业、行业、职业的分类标准，所以，根据产业、行业、职业的类属，参照WTO服务贸易的分类方法，可以将19个专业目录整合为三个大类制定编制标准：第一类为农工医类，包括：01农林牧渔类、02资源环境类、03能源与新能源类、04土木水利类、05加工制造类、06石油化工类、07轻纺食品类、08交通运输类、09信息技术类、10医药卫生类。第二类服务贸易类，包括12财经商贸类、13旅游服务类、16教育类、17司法服务类、18公共管理与服务类、19其他。第三类为艺体类，包括11休闲保健类、14文化艺术类、15体育与健身类(见表6-1)。

表6-1 中等职业学校专业类别

专业大类	专业目录
农工医类	01农林牧渔类、02资源环境类、03能源与新能源类、04土木水利类、05加工制造类、06石油化工类、07轻纺食品类、08交通运输类、09信息技术类、10医药卫生类
服务贸易类	12财经商贸类、13旅游服务类、16教育类、17司法服务类、18公共管理与服务类、19其他
艺体类	11休闲保健类、14文化艺术类、15体育与健身类

因为各专业类别下的专业目录间(学科)属性有交叉，所以，核编时，可以按照就高不就低的原则，具体考量各校专业大类。如，某一中等职业学校，在农林牧渔(01)这一专业类别下兴办了“森林资源保护与管理”(011400)专业，

而“森林资源保护与管理”专业其办学规律更靠近公共管理与服务贸易类(18)专业，在核编时，可以将“森林资源保护与管理”专业归为服务贸易类专业核定生师比。

第二节　生师比的计算

一、班师比的计算

(一)课程类型的划分

中等职业教育是高中阶段教育的重要组成部分。根据教育部《关于制定中等职业学校教学计划的原则意见》(2009 年)(教职成〔2009〕2 号)规定，中等职业学校课程设置分为公共基础课程和专业技能课程两类。公共基础课程学时一般占总学时的 1/3，累计总学时约为一学年。允许不同地区、不同学校、不同专业根据人才培养的实际需要在规定的范围内适当调整，上下浮动，但必须保证学生修完公共基础课程的必修内容和学时。专业技能课程学时一般占总学时的 2/3，其中顶岗实习累计总学时约为一学年。

(二)顶岗实习的界定

实习实训是专业技能课程教学的重要内容，是培养学生良好的职业道德，强化学生实践能力和职业技能，提高综合职业能力的重要环节。2005 年国务院《关于大力发展职业教育的决定》中明确指出：大力推行工学结合、校企合作的培养模式。中等职业学校在校学生最后一年要到企业等用人单位顶岗实习。2007 年，教育部、财政部印发的《中等职业学校学生实习管理办法》(教职成〔2007〕4 号)指出：在确保学生实习总量的前提下，学校可根据实际需要，集中或分阶段安排实习时间；学校应当建立健全学生实习管理制度，要有专门的实习管理机构，要加强实习指导教师队伍建设，要建立学生实习管理档案，定期检查实习情况，处理实习中出现的有关问题，确保学生实习工作的正常秩序。2008 年教育部《关于进一步深化中等职业教育教学改革的若干意见》(教职成〔2008〕8 号)指出，专业技能课程包含顶岗实习。从文件的规定来看，顶岗实习是中等职业学校的一个教学环节，应纳入教学工作量的计算范畴。[①]

---

① 宋晶、郭凤侠：《管理学原理》，东北财经大学出版社 2004 年版，第 6 页。

(三)当量学时的核算

中等职业学校教师工作包括教学工作(课堂教学、实训实习)、班主任工作、顶岗实习管理与指导、教学改革、自身专业学习与到企业实践等。

教师年均教学时数。参照国家有关规定,普通高中一般每个教师每周教学时数为12~14学时。中等职业学校取周教学12学时,每学期按20周计算,一般每个教师一学年教学时数为480学时。根据《中小学教师继续教育规定》(中华人民共和国教育部令第7号)(1999年9月13日)之规定,"为教师适应岗位要求而设置的培训,培训时间每五年累计不少于240学时。"即每位教师平均每年应参加培训学时为48学时。因此,一般一个教师一学年的实际教学时数为432学时。

每教学班三年教学时数。2009年,教育部《关于制定中等职业学校教学计划的原则意见》规定:"每学年为52周,其中教学时间40周(含复习考试),假期12周。周学时一般为28。顶岗实习一般按每周30小时(1小时折1学时)安排。三年总学时数约为3000~3300。"按照三年总学时数3300学时计算,其中,顶岗实习1200学时,教学时数为2100学时。经换算,每班学生三年当量学时为3800学时。由此,班师比(3年)=3800/432(当量学时/教师教学时数)=8.8,班师比(1年)=2.93。

二、班额的核定

班额指一个教学班中的学生数量,也是一名任课教师在教学时间内所面对的学生数量。班额越小,表明教师可能为每个学生提供的教育服务越多,每个学生可能获得的教育机会和指导越多,教师的相对工作量越小。班额的大小直接影响生师比的高低,也影响教学质量与水平。班额的确定需考虑两个方面:一是中等职业学校的班额多大为合适,二是不同类型专业班额是否存在差异。中等职业学校教学班,既要考虑办学效益,也要考虑教学质量的要求。

20世纪90年代后,小班化教学成为西方国家的主要教学形式。目前,美国、英国、德国中学的班额平均20~25人,加拿大25~30人,日本35~40人。2002年,《教育部关于贯彻国务院办公厅转发中央行政办、教育部、财政部〈关于制定中小学教职工编制标准意见的通知〉的实施意见》(教人〔2002〕8号)规定:"中小学根据教育教学规律和教学要求安排班额,并根据班额组织教学班级。原则上普通中学每班学生45~50人,城市小学40~45人,农村小学酌减,具体标准由各省(区、市)根据实际情况确定。"参照小班化教学的国际趋势及教育部关于普通高中班额的规定,根据中等职业学校的设置标准、办学标准与办学传统，结合调研学校的实际呼声，农工医类专业班额应不超过 40 人，服务贸易类专业班额应不超过 45 人，艺体类专业班额应不超过 30 人。教师占学校人员比例不低于 82％。

《关于制定中小学教职工编制标准的意见》(2001 年)规定，普通高中的职员、教学辅助人员和工勤人员占教职工的比例一般不超过 16％，也就意味着，普通高中，专任教师占学校人员编制比例应不低于 84％。在各省关于中等职业学校编制标准规定中，湖北(2001 年)规定，教师一般不低于 85％；江苏(2002 年)规定，教师不低于 82％；浙江(2004 年)规定，教师不低于 86％；广东(2004 年)规定，教师和教辅人员不低于 82％；安徽(2007 年)规定，教学人员编制不低于 75％；福建(2007 年)规定，教师和教辅人员不低于 75％；广西(2009 年)规定，教师不低于 80％；湖南(2009 年)规定，教师不低于 85％；河南(2010 年)规定，专业技术人员不低于 85％。当前，中等职业学校办学实践中，一是技能教学环节比重较大，学校安全管理任务繁重；二是学生管理难度大，职员、教辅人员的管理责任与压力大；三是很多学校有寄宿制学生，增加了人力资源管理成本。所以，中等职业学校人员中，教辅人员和职员的比例应有所提高，以 18％为宜，也就是说，专任教师占学校人员的比例不低于 82％。

三、生师比、生员比的核算

生师比、生员比的核算过程与结果如表 6-2 所示。

表 6-2　生师比、生员比的核算过程与结果

项目	公共基础课	专业技能课		顶岗实习(一学年)
学时	1100	1000①		1200
		500(理论)	500(实训)②	
学时比率	33％	15.2％	15.2％	36.6％
需要教师数(人)	3.3	1.52	1.52×2＝3.04③	3.66

① 按照《教育部关于制定中等职业学校教学计划的原则意见》(2009 年)规定，中等职业学校每班三年总学时数为 3000～3300 学时(取 3300 学时)。按照其规定“公共基础课程学时一般占总学时的三分之一，专业技能课程学时一般占总学时的三分之二，其中顶岗实习累计总学时约为一学年”，“每学年为 52 周，其中教学时间 40 周(含复习考试)，假期 12 周。周学时一般为 28。顶岗实习一般按每周 30 小时(1 小时折 1 学时)安排。”计算，公共基础课教学时数为 1100 学时，顶岗实习 1200 学时，专业技能课教学时数为 1000 学时。

② 设定专业技能课教学中，理论教学与校内实训、实验等各占 50％。

③ 设定校内实训、实验等教学活动时每节课需配 2 名教师。

续表

项目	公共基础课	专业技能课		顶岗实习(一学年)
当量学时	1100	500	1000	1200
当量学时合计	3800			
班师比	班师比(3 年)=3800/432=8.8,班师比(1 年)=2.93			
农工医类专业	生师比=班额/班师比=40/2.93=13.65(取值 13.5) 生员比=13.65×0.80①=10.92(取值 11.0)			
服务贸易类专业	生师比=班额/班师比=45/2.93=15.36(取值 15.0) 生员比=15.36×0.80=12.28②(取值 12.5)			
艺体类专业	生师比=班额/班师比=30/2.93=10.23(取值 10.0) 生员比=10.23×0.80=8.18(取值 8.0)			

第三节　中等职业学校人员编制管理

一、编制结构由实名编制和非实名编制构成

《纲要》指出,要扩大中等职业学校在办学模式、育人方式、资源配置、人事管理、合作办学、服务社区等方面的自主权。根据职业教育的规律与特点,中等职业学校教师要接受继续教育,开展企业实践,学校要随着就业市场灵活设置专业,开展短期社会培训,聘请兼职教师,特别是要解决兼职教师聘用问题,这些因素都直接影响教职工编制标准的制定。在已出台的各地教职工编制标准中,政府监管与学校自主管理相结合是人员编制管理的重要原则,但自主管理机制体现不够。安徽(2007 年)以预留不超过编制总额 5%的"浮动编制",广西(2009 年)以编制总额 25%～35%的"非实名制编制",湖南(2009 年)以"编制总数的 15%～30%为兼职教师编制"(兼职教师列入教师编制序列),体现与解决兼职教师聘请问题。

---

① 教师占教职工的比例为 80%。

② 《关于制定中小学教职工编制标准的意见》(国办发〔2001〕74 号)规定,普通高中生员比城市为 12.5∶1,县镇为 13∶1。中等职业学校服务贸易类生员比与城市普通高中生员比基本相当。

所以，制定教职工编制标准时要赋予中等职业学校一定的自主权，留给中等职业学校一定的用人空间。中等职业学校教职工编制由“实名编制”（全额拨款编制，管理到人，办理入编）和“非实名编制”（为临时性聘用人员，只管数量，不明确到人，不办理入编）组成。实名编制主要用于配备学校办学长期需要的教职工；非实名编制主要用于聘请兼职教师和满足学校灵活办学需要的人员。根据中等职业学校的普遍呼声，在核定编制内留出不超过20%的编制为“非实名编制”。其主要依据在于：

（一）满足教师继续教育的需要

继续教育是终身学习体系的重要组成部分。2007年教育部《关于“十一五”期间加强中等职业学校教师队伍建设的意见》（〔2007〕2号）指出，要加大培训力度，提高教师队伍整体素质，包括实施“中等职业学校教师素质提高计划”，进一步加强骨干教师培训；加快教师学历达标步伐，提升专业课教师学历层次；大力推进教师到企业实践工作，提高教师实践教学能力；积极开展校本培训等。《纲要》强调，要建立健全继续教育体制机制，鼓励个人多种形式接受继续教育，支持用人单位为从业人员接受继续教育提供条件。当前，中等职业学校教师大多满负荷教学，既无暇顾及教育科研，更难有时间接受继续教育，这既不利于各级教师培训项目的推进，也不利于教师素质的提高。

（二）满足学校开展短期培训对编制的需要

短期培训越来越成为中等职业学校教学工作的重要内容。《纲要》强调，支持各级各类学校积极参与培养有文化、懂技术、会经营的新型农民，开展进城务工人员、农村劳动力转移培训。逐步实施农村新成长劳动力免费劳动预备制培训。今后，中等职业学校开展短期培训项目会越来越多，范围会越来越广，任务会越来越重。短期培训大量是实用技能培训，对教师要求高；短期培训的时间跨度也很大，几天、几个月、甚至1年都有，占用大量的优质教学人员和教学资源。所以，必须把短期培训占用的教学人员或时间纳入教学编制。

（三）解决学校聘请兼职教师的“瓶颈”问题

为加强包括兼职教师在内的师资队伍建设，2006年，教育部、财政部印发了《关于实施中等职业学校教师素质提高计划的意见》（教职成〔2006〕13号），2007年印发了《中等职业学校紧缺专业特聘兼职教师资助项目实施办法》（教职成〔2007〕6号）；2007年4月19日，教育部印发了《关于“十一五”期间加强中等职业学校教师队伍建设的意见》(教职成〔2007〕2号),指出:“中等职业学校教师队伍的补充机制不断完善,到2010年,全国中等职业学校教师规模达到130万人,其中兼职教师占教师队伍总量的比例达到30%,生师比逐步达到16:1左右。”

中等职业学校培养高素质劳动者和技能型人才的办学目标决定了中等职业教育必须接轨实际职业岗位所应具有的知识和技能。所以,要从教育教学的实际需要出发,本着“不求所有,但求所用”的原则,多渠道从社会上特别是企事业单位聘请在职、离职待岗或退休的专业技术人员、高技能人才,充实到职业学校教学一线,承担专业课或实习指导教学任务。对于在相关领域具有丰富实践经验和特殊技能的能工巧匠也可经过必要的认定聘请到学校兼职任教。

二、人员编制核定的动态调整

目前,各地对中等职业学校的编制核定,有提出两年核定一次编制的,如江苏、浙江;有提出三年核定一次编制的,如湖北;有提出五年核定一次编制的,如广西。很多省份没有专门规定核编时限,只是提出了诸如“实行动态管理”、“适时调整”、“总量控制,动态管理”等原则性意见,如广东、安徽、河南省等。

编制核定工作具有整体性、关联性、动态平衡性等特征,是一项系统工程。一方面,它要充分考虑职业教育诸多内部因素,如学校规模、班额、专业类别、教师类别、内设机构数、领导职数等;另一方面,作为社会公共管理的一部分,它又受到职业教育诸多外部因素的制约,如经济发展水平、公共财政制度、国家或地方工作重心等等。所以,编制核定工作,必须连贯而系统,机构编制部门依据职业教育发展规划、学校布局、在校学生数的变化等情况,对中等职业学校实名编制每3年核定一次,非实名编制每年核定一次,并将编制核定与教师聘用、教学改革等学校管理制度相配套,优化配置,精简高效,加强职业学校基础能力建设,增强职业教育吸引力,以服务为宗旨,以就业为导向,以能力为本位,以学生为主体,培养高素质劳动者和技能型人才。

三、测算实例

依据我们所研究的中等职业学校人员编制标准,我们选择了15个省、自治区、直辖市的50余所学校进行了预测试。预测试后进行了微调,形成了最终人员编制标准(见表6-3)。最后选择了浙江、江苏、广东、河北、宁夏等省、区的8所不同类型、不同等级的代表性职业学校进行了人员标准测算。根据对所测学校的跟踪调查和访谈,测算结果基本符合中等职业学校的现实情况和对人员核编的诉求。

表6-3　中等职业学校人员编制标准

专业类别	专业目录	生员比①	班额(个)
农工医类	01农林牧渔类、02资源环境类、03能源与新能源类、04土木水利类、05加工制造类、06石油化工类、07轻纺食品类、08交通运输类、09信息技术类、10医药卫生类	11.0∶1	40
服务贸易类	12财经商贸类、13旅游服务类、16教育类、17司法服务类、18公共管理与服务类、19其他	12.5∶1	45
艺体类	11休闲保健类、14文化艺术类、15体育与健身类	8.0∶1	30

注:从事特殊教育的中等职业学校,参照艺体类专业标准执行。

(一)浙江信息工程学校

浙江信息工程学校是一所国家级重点中等职业学校。现有在校学生5000余人。专业教师中双师型教师达100%,其中技师、工程师、高级技师达70人,高级工以上占96%。有机电、理工、信息技术、商贸、大专五个专业部和湖州信息工程自考学院。有省级示范专业四个:计算机及运用、精细化工、电子电器运用与维修、烹饪,有市级示范专业机电一体化等六个。该校在"面向市场、贴近市场、服务市场、创造市场"办学理念指导下,实施了"以文化为核心、以基地为载体、以服务为宗旨、以就业为导向"的技能型人才培养培训战略,全面推进"一四五四工程"。毕业生质量得到社会的充分肯定和好评,取得了很好的社会声誉②(见表6-4)。

---

①　注:教职工编制标准的确定按照生员比;生师比以中等职业学校教师占教职工比例80%计算。

②　参见http://www.zjxxgc.com

表 6-4　浙江信息工程学校人员编制

教职工数(人)					在校生数(人)					理论编制(人)	生员比	生师比	超缺编制(人)
分类				总计	总计	2011级	2010级	2009级	2008级				
在编教职工数	职工	合计	31	220	5209					541	23.7	27.6	－321
		职员	3	3									
		教辅人员	14	14									
		工勤人员	14	14									
	专任教师	合 计	189	189									
		文化基础课	68	68									
		专业课	121	121									
		农工医类	小计	72	3230					293.6	31.4	44.86	－191
			农林牧渔类	0									
			资源环境类	0									
			能源与新能源类	0	97	61	36	0					
			土木水利类	9	736	278	210	168	80				
			加工制造类	39	1656	581	478	370	227				
			石油化工类	4	153	56	50	47	0				
			轻纺食品类	0									
			交通运输类	0									
			信息技术类	20	588	258	147	95	88				
			医药卫生类	0									
		艺体类	小计	17	131					16.4	2.7	7.7	＋31.6
			休闲保健类	0									
			文化艺术类	8	131	53	34	44	0				
			体育与健身类	9									
		服务贸易类	小计	32	1848					231	29.3	57.75	－168
			财经商贸类	26	1517	508	555	400	54				
			旅游服务类	6	331	108	141	82	0				
			教育类	0									
			司法服务类	0									
			公共管理与服务类	0									
			其他	0									
	职员、教辅工勤人员								1				

(“＋”表示人员超编，“－”表示人员缺编)

（二）杭州市开元商贸职业学校

杭州市开元商贸职业学校创建于1912年，现有教职员工185人，全日制在校学生2300多名，主要开设商品经营、国际商务、电子商务三大专业，是杭州市教育局直属的国家级重点职业学校，浙江省改革发展示范校，杭州开元商贸职业教育集团龙头学校。该校商品经营专业是浙江省示范专业、国际商务专业是杭州市示范专业，该校是浙江省现代服务业实训基地、浙江省第二批中等职业教育专业课程改革基地学校。该校有电子商务客户服务实训室、外贸口语实训室、国际贸易综合实训室、商品陈列室、收银机实训室、商贸形体礼仪实训室、商贸专业模拟沙盘等31个实验实训室，承担杭州市电子商务师、收银员、阿里巴巴技能鉴定考证，为在校学生和社会人员提供技能培训及资格鉴定[①]（见表6-5）。

表6-5 杭州市开元商贸职业学校人员编制

教职工数（人）					在校生数（人）				理论编制（人）	生员比	生师比	超缺编制（人）
分类				总计	总计	2011级	2010级	2009级				
在编教职工数	职工	合计		176	7663	2475	2522	2666	613	43.5	50.75	−437
		职员		5								
		教辅人员		18								
		工勤人员		2								
		合计		151								
		文化基础课		98								
		专业课		53								
		农工医类	小计									
			农林牧渔类									
			资源环境类									
			能源与新能源类									
			土木水利类									
			加工制造类									
			石油化工类									
			轻纺食品类									
			交通运输类									
			信息技术类									
			医药卫生类									

① 参见 http://www.hzkysm.com/index.asp

续表

教职工数(人)					在校生数(人)				理论编制(人)	生员比	生师比	超缺编制(人)
分类				总计	总计	2011级	2010级	2009级				
在编教职工数		艺体类	小计									
			休闲保健类									
			文化艺术类									
			体育与健身类									
		服务贸易类	小计									
			财经商贸类	151								
			旅游服务类									
			教育类									
			司法服务类									
			公共管理与服务类									
			其他									
外聘人员	专任教师	文化基础课										
		专业课										
	职员、教辅工勤人员											

(“+”表示人员超编,“—”表示人员缺编)

(三)杭州市人民职业学校

该校是杭州市教育局直属省级重点职业学校,现拥有浙江省省级示范专业学前教育专业、文秘专业,杭州市市级示范专业会展服务与管理专业、公关礼仪专业。该校现有 36 个班级,1489 名学生。有教职工 124 人,其中专任教师 107 人,高级职称 45 人,研究生学历(位)25 人。该校拥有六大基地:中央财政支持学前教育实训基地;浙江省会展实训基地;浙江省课程改革基地学校;浙江省中职教育德育工作实验基地;杭州市幼儿园园长培训基地(中心);杭州市学前教育示范实训基地。该校以“一体两翼”为学生培养模式和专业发展模式,多年来取得了良好的社会办学效益[①](见表 6-6)。

① 参见 http://www.rmzx.com/components/com_contents/? category=101

表 6-6　杭州市人民职业学校人员编制

教职工数（人）					在校生数（人）				理论编制（人）	生员比	生师比	超缺编制（人）
分类				总计	总计	2011级	2010级	2009级				
在编教职工数	职工	合计	43	123	1612	523	534	555	144.3	13.1	20.15	−21.3
		职员	15	15								
		教辅人员	10	10								
		工勤人员	8	8								
	专任教师	合计	80	80								
		文化基础课	44	44								
		专业课	36	36								
		农工医类	小计									
			农林牧渔类									
			资源环境类									
			能源与新能源类									
			土木水利类									
			加工制造类									
			石油化工类									
			轻纺食品类									
			交通运输类									
			信息技术类									
		艺体类	小计	9	340	117	122	101	42.5	6.54	33.78	+9.5
			休闲保健类									
			文化艺术类	9	340	117	122	101				
			体育与健身类									
		服务贸易类	小计	27	1272	406	412	454	101.8	18.2	47.1	−30.8
			财经商贸类									
			旅游服务类									
			教育类	17	711	227	230	254				
			司法服务类									
			公共管理与服务类	10	561	179	182	200				
			其他									
外聘人员	专任教师	文化基础课										
		专业课							5			
	职员、教辅工勤人员											

（“＋”表示人员超编，“－”表示人员缺编）

(四)浙江科技工程学校·嘉兴市高级技工学校

浙江科技工程学校·嘉兴市高级技工学校是一所经浙江省人民政府批准设立、由嘉兴市人民政府举办的,融学制教育、技能培训、社会服务为一体,以高技能人才培养培训为特色的全日制高等技工院校。全日制在校生6800人。教职工375人,其中专任教师236人,专业课教师188人,“双师型”教师达90%以上。现有机械制造类、电气工程类、信息技术类、财经管理类、旅游服务类五大专业集群17个专业22个专业方向,相应设置了五个专业系。该校办学三十多年来,学院实现了规模、内涵、品牌的快速发展,为服务嘉兴经济的转型升级和产业结构调整,提供了一大批高素质劳动者和技能型人才[①](见表6-7)。

表6-7 浙江科技工程学校·嘉兴市高级技工学校人员编制

教职工数(人)					在校生数(人)				理论编制(人)	生员比	生师比	超缺编制(人)
分类				总计	总计	2011级	2010级	2009级				
在编教职工数	职工	合计	96	365	6343	2013	2340	1900	533.2	17.4	23.56	−168.2
		职员	50	50								
		教辅人员	20	20								
		工勤人员	26	26								
		合计	269	269								
		文化基础课	108	108								
		专业课	161	162								
		农工医类	小计	111	2361	841	787	733	214.6	11.4	21.27	−7.6
			农林牧渔类									
			资源环境类									
			能源与新能源类									
			土木水利类									
			加工制造类									
			石油化工类									
			轻纺食品类									
			交通运输类									
			信息技术类									

① 参见 http://www.zjkjx.com.cn/? list-1150.html

续表

<table>
<tr><th colspan="5">教职工数(人)</th><th colspan="4">在校生数(人)</th><th rowspan="2">理论编制(人)</th><th rowspan="2">生员比</th><th rowspan="2">生师比</th><th rowspan="2">超缺编制(人)</th></tr>
<tr><th colspan="4">分类</th><th>总计</th><th>总计</th><th>2011级</th><th>2010级</th><th>2009级</th></tr>
<tr><td rowspan="11">在编教职工数</td><td rowspan="11"></td><td rowspan="4">艺体类</td><td>小计</td><td></td><td></td><td></td><td></td><td></td><td></td><td></td><td></td><td></td></tr>
<tr><td>休闲保健类</td><td></td><td></td><td></td><td></td><td></td><td></td><td></td><td></td><td></td></tr>
<tr><td>文化艺术类</td><td></td><td></td><td></td><td></td><td></td><td></td><td></td><td></td><td></td></tr>
<tr><td>体育与健身类</td><td></td><td></td><td></td><td></td><td></td><td></td><td></td><td></td><td></td></tr>
<tr><td rowspan="7">服务贸易类</td><td>小计</td><td>158</td><td>3982</td><td>1262</td><td>1553</td><td>1167</td><td>318.6</td><td>15.7</td><td>25.2</td><td>−64.6</td></tr>
<tr><td>财经商贸类</td><td></td><td></td><td></td><td></td><td></td><td></td><td></td><td></td><td></td></tr>
<tr><td>旅游服务类</td><td></td><td></td><td></td><td></td><td></td><td></td><td></td><td></td><td></td></tr>
<tr><td>教育类</td><td></td><td></td><td></td><td></td><td></td><td></td><td></td><td></td><td></td></tr>
<tr><td>司法服务类</td><td></td><td></td><td></td><td></td><td></td><td></td><td></td><td></td><td></td></tr>
<tr><td>公共管理与服务类</td><td></td><td></td><td></td><td></td><td></td><td></td><td></td><td></td><td></td></tr>
<tr><td>其他</td><td></td><td></td><td></td><td></td><td></td><td></td><td></td><td></td><td></td></tr>
<tr><td rowspan="2">外聘人员</td><td rowspan="2">专任教师</td><td>文化基础课</td><td></td><td></td><td colspan="8"></td></tr>
<tr><td>专业课</td><td></td><td></td><td colspan="8"></td></tr>
</table>

(“+”表示人员超编,“−”表示人员缺编)

(五)江苏省宿迁卫生中等专业学校

江苏省宿迁卫生学校始建于1958年,是经江苏省教育厅、卫生厅批准成立的公办中等专业学校,学校坐落在风景秀丽的宿迁湖滨新城职教园区。原按大学6000人标准设计,目前在校生近5000人。在专业建设上,把医学相关专业,即护理、药学、检验、助产等专业作为自己的主导专业,以此来创造自己的优势,形成自己的特色。学校围绕稳定规模、强化特色、保证质量、提升规格的办学指导思想,把服务于经济建设和人民生活水平提高奉为办学宗旨,把专业技能教育和实用型人才培养作为办学的主要目标,不断扩大办学规模,增强办学实力,并形成了自己的办学优势和特色,树立了良好的办学形象①(见表6-8)。

① 参见 http://www.jssqwx.com/swjj.asp

表 6-8　江苏省宿迁卫生学校人员编制

<table>
<tr><th colspan="5">教职工数(人)</th><th colspan="4">在校生数(人)</th><th rowspan="2">理论编制(人)</th><th rowspan="2">生员比</th><th rowspan="2">生师比</th><th rowspan="2">超缺编制(人)</th></tr>
<tr><th colspan="4">分类</th><th>总计</th><th>总计</th><th>2011级</th><th>2010级</th><th>2009级</th></tr>
<tr><td rowspan="26">在编教职工数</td><td rowspan="4">职工</td><td colspan="2">合计</td><td>160</td><td>3666</td><td>1208</td><td>1434</td><td>1024</td><td>333.3</td><td>22.9</td><td>31.6</td><td>−173.27</td></tr>
<tr><td colspan="2">职员</td><td>12</td><td></td><td></td><td></td><td></td><td></td><td></td><td></td><td></td></tr>
<tr><td colspan="2">教辅人员</td><td>8</td><td></td><td></td><td></td><td></td><td></td><td></td><td></td><td></td></tr>
<tr><td colspan="2">工勤人员</td><td>24</td><td></td><td></td><td></td><td></td><td></td><td></td><td></td><td></td></tr>
<tr><td rowspan="22">专任教师</td><td colspan="2">合计</td><td>116</td><td></td><td></td><td></td><td></td><td></td><td></td><td></td><td></td></tr>
<tr><td colspan="2">文化基础课</td><td>42</td><td></td><td></td><td></td><td></td><td></td><td></td><td></td><td></td></tr>
<tr><td colspan="2">专业课</td><td>74</td><td></td><td></td><td></td><td></td><td></td><td></td><td></td><td></td></tr>
<tr><td rowspan="10">理工农业类</td><td>农林牧渔类</td><td></td><td></td><td></td><td></td><td></td><td></td><td></td><td></td><td></td></tr>
<tr><td>资源环境类</td><td></td><td></td><td></td><td></td><td></td><td></td><td></td><td></td><td></td></tr>
<tr><td>能源与新能源类</td><td></td><td></td><td></td><td></td><td></td><td></td><td></td><td></td><td></td></tr>
<tr><td>土木水利类</td><td></td><td></td><td></td><td></td><td></td><td></td><td></td><td></td><td></td></tr>
<tr><td>加工制造类</td><td></td><td></td><td></td><td></td><td></td><td></td><td></td><td></td><td></td></tr>
<tr><td>石油化工类</td><td></td><td></td><td></td><td></td><td></td><td></td><td></td><td></td><td></td></tr>
<tr><td>轻纺食品类</td><td></td><td></td><td></td><td></td><td></td><td></td><td></td><td></td><td></td></tr>
<tr><td>交通运输类</td><td></td><td></td><td></td><td></td><td></td><td></td><td></td><td></td><td></td></tr>
<tr><td>信息技术类</td><td></td><td></td><td></td><td></td><td></td><td></td><td></td><td></td><td></td></tr>
<tr><td>医药卫生类</td><td></td><td></td><td></td><td></td><td></td><td></td><td></td><td></td><td></td></tr>
<tr><td rowspan="5">服务贸易类</td><td>休闲保健类</td><td></td><td></td><td></td><td></td><td></td><td></td><td></td><td></td><td></td></tr>
<tr><td>文化艺术类</td><td></td><td></td><td></td><td></td><td></td><td></td><td></td><td></td><td></td></tr>
<tr><td>体育与健身类</td><td></td><td></td><td></td><td></td><td></td><td></td><td></td><td></td><td></td></tr>
<tr><td>财经商贸类</td><td></td><td></td><td></td><td></td><td></td><td></td><td></td><td></td><td></td></tr>
<tr><td>旅游服务类</td><td></td><td></td><td></td><td></td><td></td><td></td><td></td><td></td><td></td></tr>
<tr><td rowspan="4">艺体类</td><td>教育类</td><td></td><td></td><td></td><td></td><td></td><td></td><td></td><td></td><td></td></tr>
<tr><td>司法服务类类</td><td>9</td><td>340</td><td>117</td><td>122</td><td>101</td><td></td><td></td><td></td><td></td></tr>
<tr><td>公共管理与服务类</td><td>10</td><td>561</td><td>179</td><td>182</td><td>200</td><td></td><td></td><td></td><td></td></tr>
<tr><td>其他</td><td></td><td></td><td></td><td></td><td></td><td></td><td></td><td></td><td></td></tr>
<tr><td rowspan="3">外聘人员</td><td rowspan="2">专任教师</td><td>文化基础课</td><td></td><td></td><td colspan="8"></td></tr>
<tr><td>专业课</td><td></td><td></td><td colspan="8">5</td></tr>
<tr><td colspan="2">职员、教辅工勤人员</td><td></td><td colspan="9"></td></tr>
</table>

(“+”表示人员超编,“−”表示人员缺编)

（六）广东省陶瓷职业技术学校

广东省陶瓷职业技术学校是广东省教育厅直属的一所全日制中等职业学校，是全省陶瓷、轻工美术设计的专业技术和技能人才的培训基地，是陶瓷职业技能鉴定中心。开设专业有：陶瓷造型设计、陶瓷装饰设计、装潢设计、工艺雕塑、工艺绘画、室内设计技术、电脑美术设计、陶瓷商务英语等专业。该校办学环境优越，师资力量雄厚，教学设备先进齐全。教学实践资源丰富，学校注重学生基础实操技能培养，各专业以熟练掌握实践技能为培养目标，以强化训练为手段，使学生动手能力得到大幅提高。学校强化育人工作，优化育人环境，组织参加省、市的各种技能竞赛，提高学生综合素质，以独具特色的职业教育方式，取得了办学良好的效益[①]（见表 6-9）。

表 6-9 广东省陶瓷职业技术学校人员编制

<table>
<tr><th colspan="5">教职工数（人）</th><th colspan="4">在校生数（人）</th><th rowspan="2">理论编制（人）</th><th rowspan="2">生员比</th><th rowspan="2">生师比</th><th rowspan="2">超缺编制（人）</th></tr>
<tr><th colspan="4">分类</th><th>总计</th><th>总计</th><th>2011级</th><th>2010级</th><th>2009级</th></tr>
<tr><td rowspan="17">在编教职工数</td><td rowspan="4">职工</td><td>合计</td><td>115</td><td>115</td><td>859</td><td>280</td><td>273</td><td>306</td><td>78.1</td><td>7.47</td><td>11.01</td><td>+36.9</td></tr>
<tr><td>职员</td><td>15</td><td>15</td><td></td><td></td><td></td><td></td><td></td><td></td><td></td><td></td></tr>
<tr><td>教辅人员</td><td>8</td><td>8</td><td></td><td></td><td></td><td></td><td></td><td></td><td></td><td></td></tr>
<tr><td>工勤人员</td><td>14</td><td>14</td><td></td><td></td><td></td><td></td><td></td><td></td><td></td><td></td></tr>
<tr><td rowspan="13">专任教师</td><td>合计</td><td>78</td><td>78</td><td></td><td></td><td></td><td></td><td></td><td></td><td></td><td></td></tr>
<tr><td>文化基础课</td><td>20</td><td>20</td><td></td><td></td><td></td><td></td><td></td><td></td><td></td><td></td></tr>
<tr><td>专业课</td><td>58</td><td>58</td><td></td><td></td><td></td><td></td><td></td><td></td><td></td><td></td></tr>
<tr><td rowspan="10">理工农医类</td><td>农林牧渔类</td><td></td><td></td><td></td><td></td><td></td><td></td><td></td><td></td><td></td></tr>
<tr><td>资源环境类</td><td></td><td></td><td></td><td></td><td></td><td></td><td></td><td></td><td></td></tr>
<tr><td>能源与新能源类</td><td></td><td></td><td></td><td></td><td></td><td></td><td></td><td></td><td></td></tr>
<tr><td>土木水利类</td><td></td><td></td><td></td><td></td><td></td><td></td><td></td><td></td><td></td></tr>
<tr><td>加工制造类</td><td></td><td></td><td></td><td></td><td></td><td></td><td></td><td></td><td></td></tr>
<tr><td>石油化工类</td><td></td><td></td><td></td><td></td><td></td><td></td><td></td><td></td><td></td></tr>
<tr><td>轻纺食品类</td><td></td><td></td><td></td><td></td><td></td><td></td><td></td><td></td><td></td></tr>
<tr><td>交通运输类</td><td></td><td></td><td></td><td></td><td></td><td></td><td></td><td></td><td></td></tr>
<tr><td>信息技术类</td><td></td><td></td><td></td><td></td><td></td><td></td><td></td><td></td><td></td></tr>
<tr><td>医药卫生类</td><td></td><td></td><td></td><td></td><td></td><td></td><td></td><td></td><td></td></tr>
</table>

① 参见 http://www.gdtcxx.com/xxgk.asp? category=1

续表

教职工数(人)					在校生数(人)				理论编制(人)	生员比	生师比	超缺编制(人)
分类				总计	总计	2011级	2010级	2009级				
在编教职工数		服务贸易类	休闲保健类									
			文化艺术类	58								
			体育与健身类									
			财经商贸类									
			旅游服务类									
		艺体类	教育类									
			司法服务类									
			公共管理与服务类									
			其他									
外聘人员	专任教师	文化基础课										
		专业课										
	职员、教辅工勤人员											

(“+”表示人员超编,“-”表示人员缺编)

(七)石家庄工程技术学校

石家庄工程技术学校(原石家庄煤炭工业学校),建于1952年,隶属河北省人民政府国有资产监督管理委员会,是首批“国家中等职业教育改革发展示范学校”,国办省属国家级重点中等职业学校,全国职业学校就业指导先进单位。有副教授级(高级讲师、高级工程师)及以上教师110人,讲师(工程师)93人。开设采矿、机电、机械、计算机、会计等普通中专20个专业、高职专科7个专业。校本部在校生达6000人,办学规模突破8000人,其中专科以上2400人。坚持“厚德行远、强能立身”和“以服务为宗旨、以育人为中心、以就业为导向”的办学理念,积累了丰富的教学管理经验,教学成绩优异,深受社会好评[①](见表6-10)。

① 参见 http://www.hebedu.cn/xxjj.asp

表 6-10 石家庄工程技术学校人员编制

教职工数(人)					在校生数(人)				理论编制(人)	生员比	生师比	超缺编制(人)
分类				总计	总计	2011级	2010级	2009级				
在编教职工数	职工	合计		330	382	1420	1129	1283	348.4	11.6	21.5	−18.4
		职员		72								
		教辅人员		34								
		工勤人员		46								
	专任教师	合计		178								
		文化基础课		40								
		专业课		138								
		农工医类	小计	102								
			农林牧渔类									
			资源环境类	26								
			能源与新能源类									
			土木水利类	10								
			加工制造类	42								
			石油化工类									
			轻纺食品类									
			交通运输类	3								
			信息技术类	21								
			医药卫生类									
		艺体类	小计	15								
			休闲保健类									
			文化艺术类	4								
			体育与健身类	11								
		服务贸易类	小计	21								
			财经商贸类									
			旅游服务类									
			教育类									
			司法服务类									
			公共管理与服务类	10	561	179	182	200				
			其他									
外聘人员	专任教师	文化基础课		0								
	职员、教辅工勤人员	3										

(“+”表示人员超编,“−”表示人员缺编)

(八)宁夏艺术学校

宁夏艺术学校是宁夏回族自治区唯一一所国办的全日制中等专业艺术学校,是专门培养从事音乐、舞蹈、美术、动漫等文化艺术专业人才的艺术学校。该校坚持以服务为宗旨,以就业为导向,走产学研发展的道路。以市场需求选择和调整专业、改革课程结构,形成了严格技能训练、注重实践教学、“宽基础、强技能、活方向”的办学风格。办学三十多年来,为区内外培养了数千名优秀的艺术人才。现已成为全国各知名艺术学院的优质生源基地和文化艺术单位的优秀人才培养基地[①](见表 6-11)。

表 6-11 宁夏艺术学校人员编制

教职工数(人)					在校生数(人)				理论编制(人)	生员比	生师比	超缺编制(人)
分类				总计	总计	2011级	2010级	2009级				
在编教职工数	职工	合计		92	432	146	168	118	54	4.7	6.35	+38
		职员		8								
		教辅人员		4								
		工勤人员		12								
		合计		68								
		文化基础课		16								
		专业课		52								
		农工医类	小计									
			农林牧渔类									
			资源环境类									
			能源与新能源类									
			土木水利类									
			加工制造类									
			石油化工类									
			轻纺食品类									
			交通运输类									
			信息技术类									
			医药卫生类									

① 参见 http://www.nxyx.cn/? action-viewnews-itemid-82

续表

教职工数(人)					在校生数(人)				理论编制(人)	生员比	生师比	超缺编制(人)
分类				总计	总计	2011级	2010级	2009级				
在编教职工数		艺体类	小计									
在编教职工数		艺体类	休闲保健类									
在编教职工数		艺体类	文化艺术类		432	146	168	118				
在编教职工数		艺体类	体育与健身类									
在编教职工数		服务贸易类	小计									
在编教职工数		服务贸易类	财经商贸类									
在编教职工数		服务贸易类	旅游服务类									
在编教职工数		服务贸易类	教育类									
在编教职工数		服务贸易类	司法服务类									
在编教职工数		服务贸易类	公共管理与服务类									
在编教职工数		服务贸易类	其他									
外聘人员	专任教师	文化基础课										
外聘人员	专任教师	专业课										
外聘人员	职员、教辅工勤人员											

(“+”表示人员超编，“—”表示人员缺编)

参考文献

著作类：

[1] 马克思恩格斯全集(23) [M]. 北京：人民出版社，1972

[2] 毛泽东书信选集[M]. 北京：人民出版社，1983

[3] 周恩来文选[M]. 北京：教育科学出版社，1984

[4] 李秀林，王于，李淮春：辩证唯物主义和历史唯物主义原理[M]. 北京：中国人民大学出版社，2004.

[5] 中国教育年鉴(1949—1981) [M]. 北京：中国大百科全书出版社，1984

[6] 叶澜. 教育概论[M]. 北京. 人民教育出版社. 1991

[7] 任凯，白燕. 教育生态学[M]. 沈阳. 辽宁教育出版社，1992

[8] 梁忠义. 战后日本教育研究[M]. 南昌：江西教育出版社，1993

[9] 李蔺田. 中国职业技术教育史[M]. 北京：高等教育出版社，1994

[10] 王智新. 当代日本教育管理[M]. 太原：山西教育出版社，1995

[11] 沈学初. 当代日本职业教育[M]. 太原：山西教育出版社，1996

[12] 纪秩尚，郭齐家，余博编. 中华人民共和国职业教育法实务全书[M]. 北京：北京广播学院出版社，1996

[13] [美]斯蒂芬·罗宾斯，黄卫伟等译. 管理学(第四版) [M]. 北京：中国人民大学出版社，1997

[14] 顾明远. 教育大辞典(增订合编本) [M]. 上海：上海教育出版社，1998

[15] 王道俊，王汉澜. 教育学(新编本) [M]. 北京：人民教育出版社，1998

[16] 范先佐. 教育经济学[M]. 北京：人民教育出版社，1999

[17] 吴志宏. 教育行政学[M]. 北京：人民教育出版社，2000

[18] 郑金洲. 教育通论[M]. 上海：华东师范大学出版社，2000

[19] 石伟平. 比较职业技术教育[M]. 上海：华东师范大学出版社，2001

[20] 袁振国. 教育政策学[M]. 南京：江苏教育出版社，2001
[21] 杨河清，王守志. 劳动经济学（第三版）[M]. 北京：中国人民大学出版社，2002
[22] 范国睿. 学校管理的理论与实务[M]. 上海：华东师范大学出版社，2003
[23] 马介威. 工作分析方法及应用[M]. 北京：北方交通大学，2004
[24] 宋晶，郭凤侠. 管理学原理[M]. 大连：东北财经大学出版社，2004
[25] 卢纹岱. SPSS for Windows 统计分析（第三版）[M]. 北京：电子工业出版社，2006
[26] 申继亮. 教师人力资源开发与管理——教师发展之源[M]. 北京：教育科学出版社，2006
[27] 王利平. 管理学原理[M]. 北京：中国人民大学出版社，2006
[28] 刘良华. 教育研究方法专题与案例[M]. 上海：华东师范大学出版社，2007
[29] 姚裕群. 职业生涯规划与发展[M]. 北京：首都经济贸易大学出版社，2007
[30] 彼得·罗希，马克·李普希，霍华德·弗里曼著，邱泽奇，王旭辉，刘月等译. 评估：方法与技术[M]. 重庆：重庆大学出版社，2007
[31] 潘懋元，王伟晨. 高等教育学[M]. 福州：福建教育出版社，2007
[32] 单凤儒. 管理学基础[M]. 北京：高等教育出版社，2008
[33] 教育系统人力资源配置与学校编制研究课题组. 教育系统人力资源配置与学校编制管理研究[M]. 北京：北师大出版集团，2008
[34] 李文玲，张厚粲，舒华. 教育与心理定量研究方法与统计分析—SPSS 实用指导[M]. 北京：北京师范大学出版社，2008
[35] 教育系统人力资源配置与学校编制管理课题组. 教育系统人力资源配置与学校编制管理研究（上、下）[M]. 北京：北京师范大学出版社，2009
[36] 谭光鼎，王丽云. 教育社会学：人物与思想[M]. 上海：华东师范大学出版社，2009
[37] 孙培青，杜成宪. 中国教育史[M]. 上海：华东师范大学出版社，2009
[38] 申素平. 教育法学：原理、规范与应用[M]. 北京：教育科学出版社，2009
[39] 劳凯生. 中国教育改革 30 年（政策法律卷）[M]. 北京：北京大学出版社，2009
[40] [加]梁鹤年著，丁进锋译. 政策规划与评估方法[M]. 北京：中国人民大学出版社，2009

[41] 周东兴,李淑敏,张迪.生态学研究方法及应用[M].哈尔滨:黑龙江人民出版社,2009
[42] 李延平.职业教育公平问题研究[M].北京:教育科学出版社,2009
[43] 于静.论教师的职业劳动特征[M].沈阳:沈阳师范大学,2010
[44] 阿巴斯·塔沙克里,查尔斯·特德莱,唐海华译.混合方法论:定性方法和定量方法的集合[M].重庆:重庆大学出版社,2010
[45] 袁振国.当代教育学[M].北京:教育科学出版社,2010
[46] 吴遵民.教育政策学入门[M].上海:上海教育出版社,2010
[47] 任佳佳.我国大学英语新手教师自主研究[M].太原:山西财经大学出版社,2011
[48] 武丽莎.专家—熟手—新手高中数学教师课堂教学比较[M].长春:东北师范大学出版社,2011
[49] 菲利普,葛洛曼.国际视野下的职业教育师资培养[M].北京:外语教学与研究出版社,2011
[50] 陆有铨.教育是合作的艺术[M].北京:北京大学出版社,2012
[51] 陆有铨.教育是农业式的活动[M].北京:北京大学出版社,2012

文件类:

[1] 教育部.中等技术学校暂行实施办法[Z]. 教职〔1952〕2 号
[2] 劳动部.关于技工学校暂行办法草案 [Z].劳人培〔1954〕8 号
[3] 劳动部.技工学校人员编制标准(草案)[Z].劳人培〔1961〕
[4] 教育部.关于进一步调整教育事业和精简学校职工的报告[Z].教〔1962〕
[5] 国家劳动总局.技工学校工作条例(试行)[Z].教职〔1979〕
[6] 教育部.中等师范学校规程(试行)[Z].教师〔1980〕4 号
[7] 教育部.关于中等师范学校和全日制中小学教职工编制标准的意见[Z].教计〔1984〕239 号
[8] 山东省劳动局.山东省技工学校机构设置和人员编制标准暂行规定(草案)[Z]. 鲁劳培〔1984〕122 号
[9] 国家教委、劳动人事部.全日制普通中等专业学校人员编制标准(试行)[Z].教职〔1985〕8 号
[10] 劳动人事部.关于技工学校改革的几点意见[Z].劳人培〔1985〕29 号
[11] 劳动人事部、国家教育委员会.技工学校工作条例[Z].劳人培〔1986〕22 号

[12] 劳动人事部.技工学校机构设置和人员编制标准暂行规定[Z].劳人培〔1986〕9号
[13] 国家教育委员会.关于制订成人中等专业学校教学计划的原则意见(试行)[Z].教成〔1990〕1号
[14] 国家教育委员会.省级重点职业高级中学的标准[Z].教职〔1990〕8号
[15] 教育部.中等职业学校设置标准(试行)[Z].教职成〔2001〕8号
[16] 国务院办公厅、国务院办公厅转发中央编办、教育部、财政部.关于制定中小学教职工编制标准意见的通知[Z].国办发〔2001〕74号
[17] 教育部.关于"十五"期间加强中等职业学校教师队伍建设的意见[Z].教职成〔2001〕10号
[18] 重庆市编办、市教委、市财政局.重庆市中小学教职工编制标准实施办法[Z].渝办发〔2002〕136号
[19] 广东省编办、省教育厅、省劳动保障厅、省财政厅.广东省中等职业技术学校机构编制标准暂行规定[Z].粤机编办〔2004〕446号
[20] 教育部.教育部办公厅公布新调整认定的首批国家级重点中等职业学校名单的通知[Z].教职成厅〔2004〕1号
[21] 教育部.国家级重点中等职业学校评估指标体系总表[Z].教职成〔2005〕
[22] 教育部.国家级重点中等职业学校条件[Z].教职成〔2005〕
[23] 教育部.关于印发《中等职业学校设置标准》的通知[Z].教职成〔2010〕12号
[24] 教育部.中等职业学校紧缺专业特聘兼职教师资助项目实施办法[Z].教职成〔2007〕6号
[25] 福建省委机构编制委员会办公室、福建省教育厅、福建省劳动和社会保障厅、福建省财政厅.福建省中等职业学校编制标准等问题的暂行意见[Z].闽委编办〔2007〕210号
[26] 教育部、财政部.中等职业学校重点专业师资培养培训方案、课程和教材开发项目实施办法[Z].教职成〔2007〕6号
[27] 浙江省教育厅.关于进一步加强中等职业学校教师队伍建设的若干意见[Z].浙教职成〔2008〕241号
[28] 中华人民共和国教育部发展规划司.中国教育统计年鉴2008[Z].北京:人民教育出版社,2009
[29] 湖南省委机构编制委员会、湖南省教育厅、湖南省财政厅.湖南省中等职业学校机构编制标准(试行)[Z].湘编办〔2009〕22号

[30] 教育部. 关于中等职业学校教学计划的原则意见[Z]. 教职成〔2009〕2 号
[31] 中国教育年鉴编辑部. 中国教育统计年鉴 2009[Z]. 北京：人民教育出版社，2010
[32] 教育部. 中等职业学校教学计划[Z]. 教职成〔2009〕2 号.
[33] 河南省编办、省教育厅、省财政厅、省人力资源和社会保障厅. 河南省中等职业学校教职工编制标准（试行）[Z]. 豫政〔2010〕
[34] 教育部. 中等职业学校设置标准[Z]. 教职成〔2010〕第 12 号
[35] 河南省国民经济和社会发展第十二个五年规划纲要[Z]. 豫政〔2011〕38 号
[36] 广东省国民经济和社会发展第十二个五年规划纲要[Z]. 粤府〔2011〕47 号
[37] 重庆市人民政府.《重庆市国民经济和社会发展第十二个五年规划纲要》的通知[Z]. 渝府发〔2011〕13 号
[38] 广东省编办、省教育厅、省财政厅、省人力资源社会保障厅. 关于印发《广东省中等职业技术学校机构编制标准》的通知[Z]. 粤机编办〔2011〕321 号
[39] 重庆市人民政府.《重庆市职业技术教育改革发展规划（2012—2020年）》的通知[Z]. 渝府发〔2012〕106 号
[40] 重庆市中等职业技术学校教职工编制标准及管理办法（试行）[Z]. 渝编办〔2012〕35 号
[41] 河南省统计局课题组：2012—2013 年河南省经济形势分析与展望[Z]，河南省统计网〔2013〕
[34] 广东省统计局、国家统计局广东调查总队. 2012 年广东国民经济和社会发展统计公报[Z]. 广东省统计局网〔2013〕

附录一

中等职业学校人员编制标准基本文件

一、国家中小学教职工标准

关于制定中小学教职工编制标准的意见(2001年)

中央编办　教育部　财政部

(2001年10月8日)

根据《国务院关于基础教育改革与发展的决定》(国发〔2001〕21号,以下简称国发〔2001〕21号文件)的精神,为加强中小学编制管理和教职工队伍建设,提高教育教学质量和办学效益,现就制定中小学教职工编制标准等有关问题提出如下意见:

一、核定中小学教职工编制的原则

中小学教职工编制是我国事业编制的重要组成部分。制定科学的中小学教职工编制标准和实施办法,合理核定中小学教职工编制,直接关系到我国基础教育的健康发展。做好这项工作,应遵循以下原则:(1)保证基础教育发展的基本需要;(2)与经济发展水平和财政承受能力相适应;(3)力求精简和高效;(4)因地制宜,区别对待。

二、中小学教职工编制标准

中小学教职工包括教师、职员、教学辅助人员和工勤人员。教师是指学校中直接从事教育、教学工作的专业人员,职员是指从事学校管理工作的人员,教学辅助人员是指学校中主要从事教学实验、图书、电化教育以及卫生保健等教学辅助工作的人员,工勤人员是指学校后勤服务人员。

中小学教职工编制根据高中、初中、小学等不同教育层次和城市、县镇、农村等不同地域，按照学生数的一定比例核定（见附表）。

中小学校的管理工作尽可能由教师兼职，后勤服务工作应逐步实行社会化。确实需要配备职员、教学辅助人员和工勤人员的，其占教职工的比例，高中一般不超过16％、初中一般不超过15％、小学一般不超过9％。完全中学教职工编制分别按高中、初中编制标准核定。九年制学校分别按初中、小学编制标准核定。农村教学点的编制计算在乡镇中心小学内。特殊教育学校、职业中学小学附设幼儿班和工读学校教职工编制标准可参照中小学教职工编制标准，由各地根据实际情况具体确定。成人初、中等学校的编制由各地根据实际情况具体确定。

由于我国地区差异较大，各地经济发展水平不平衡，各省、自治区、直辖市在制定中小学教职工编制标准的实施办法时，可根据本地生源状况、经济和财政状况、交通状况、人口密度等，对附表中提出的标准进行上下调节。

各地在具体核定中小学教职工编制时，具有下列情况的，按照从严从紧的原则适当增加编制：内地民族班中小学，城镇普通中学举办民族班的学校和开设双语教学课程的班级，寄宿制中小学，乡镇中心小学，安排教师脱产进修，现代化教学设备达到一定规模的学校，承担示范和实验任务的学校，山区、湖区、海岛、牧区和教学点较多的地区。承担学生勤工俭学和实习任务的校办工厂（农场）按照企业管理，特殊情况的可核定少量后勤服务事业编制。

三、工作要求

根据《中共中央办公厅、国务院办公厅关于印发〈中央机构编制委员会关于事业单位机构改革若干问题的意见〉的通知》（中办发〔1996〕17号）和国发〔2001〕21号文件的规定，中央编办会同教育部、财政部统一制定全国中小学教职工编制标准。省级机构编制部门会同同级教育、财政部门按照此标准，结合当地实际情况制定具体实施办法，报当地党委和政府批准。市（地）级人民政府要加强统筹规划，搞好组织协调。县级教育行政部门根据教育事业发展规划，提出本地区中小学人员编制方案；机构编制部门按照附表中提出的编制标准和本省（自治区、直辖市）的实施办法，会同财政部门核定本地区中小学人员编制，报省级人民政府核准；教育部门在核定的编制总额内，按照班额、生源等情况具体分配各校人员编制，并报同级机构编制部门备案。各级财政部门依据编制主管部门核定的人员编制，核拨中小学人员经费。中小学机构编制实行集中统一管理，其他部门和社会组织不得进行任何形式的干预，下发文件和部署工作不得有涉及学校机构和人员编制方面的内容。

中小学在核定的人员编制范围内，按照职位分类、专兼结合、一人多岗的原则，合理配备教职工，严格按照教师资格确定专任教师。要清理各种形式占用的中小学人员编制，今后任何部门和单位一律不得以任何理由占用或变相占用中小学人员编制。省、市(地)、县应在核编过程中做好中小学教职工的总量控制和结构调整工作，引导教职工从城镇学校和超编学校向农村学校和缺编学校合理流动。要根据条件逐步进行中小学布局结构调整，精简压缩教师队伍，辞退代课教师和不合格教师，压缩非教学人员，清退临时工勤人员。

要稳妥地做好中小学人员分流工作，中小学教职工分流可参照机关工作人员的分流政策执行。

综合运用行政手段和经济手段，加强中小学人员编制管理，形成学校自律机制。各级机构编制主管部门和教育、财政部门要加强中小学编制工作的监督、检查。对违反编制管理规定的单位，应当责令其纠正，并视情节轻重对有关责任者给予处分。

附表　中小学教职工编制标准

学校类别		教职工与学生比
高　中	城市	1∶12.5
	县镇	1∶13
	农村	1∶13.5
初　中	城市	1∶13.5
	县镇	1∶16
	农村	1∶18
小　学	城市	1∶19
	县镇	1∶21
	农村	1∶23

注：1.“城市”指省辖市以上大中城市市区；2.“县镇”指县(市)政府所在地城区。

二、安徽省中等职业学校机构编制文件

安徽省中等职业学校机构编制管理暂行办法

第一条　为了规范中等职业学校机构编制管理，促进中等职业教育健康发展，根据《中华人民共和国职业教育法》和事业单位机构编制管理有关规定，结合本省实际，制定本办法。

第二条　本省行政区域内中等职业学校的机构编制管理，适用本办法。

第三条　本办法所称中等职业学校包括：

（一）由国家机关、事业单位举办，独立设置的全日制普通中等专业学校和技工学校；

（二）由社会团体、国有企业举办，已经列入事业单位管理序列，独立设置的全日制普通中等专业学校和技工学校。

第四条　审核确定中等职业学校的机构编制，应当满足学校基本教学与实习实训的需要，与经济社会发展水平和财政承受能力相适应，遵循精简、统一、效能的原则。

第五条　中等职业学校的机构编制工作，实行统一管理、分级负责的体制。

第六条　省机构编制管理部门主管全省中等职业学校的机构编制管理工作，负责审核省属中等职业学校的机构编制。

市、县机构编制管理部门主管本行政区域内中等职业学校的机构编制管理工作，负责审核本市（县）所属中等职业学校的机构编制。

第七条　依照本办法规定审核确定的机构编制，是中等职业学校录用、聘用、调配工作人员，配备领导成员的依据。

禁止擅自设置内设机构和增加编制。

第八条　中等职业学校的内设机构按照下列标准确定：

（一）在校学生 3000 人以下的，内设 5～6 个机构；

（二）在校学生 3001～5000 人的，内设 6～7 个机构；

（三）在校学生 5001～8000 人的，内设 7～8 个机构；

（四）在校学生 8001 以上的，内设机构不超过 9 个。

中等职业学校的工会和党团组织按有关法律和章程设立。

第九条　中等职业学校的人员编制（中等职业学校教职工编制标准附后）包括管理人员编制、教学人员编制和教学辅助人员编制。其编制总额按照学

校类别、办学规模以及本办法规定的教职工与学生数比例，适用超额累进的办法，经综合测算后核定。

第十条　管理人员编制主要用于配备从事行政管理、党务工作的人员和工勤人员，其编制数不得超过学校人员编制总额的15%。党务人员、行政管理人员和工勤人员分别按2.5∶6.5∶1的比例配备。

第十一条　教学人员编制主要用于配备专职从事教学和实习实训工作的人员，其编制数不得低于学校人员编制总额的75%。

第十二条　教学辅助人员编制主要用于配备从事实验实训设施的维护和管理、图书资料管理、电子信息化教育、卫生保健等教学辅助人员，其编制数不得超过学校人员编制总额的10%。

第十三条　机构编制管理部门在审核确定中等职业学校人员编制时，应当在学校人员编制总额中核定不超过编制总额的5%，预留作为浮动编制，专门用于配备教学人员。

中等职业学校根据在校学生数的变化、在职教师进修培训以及引进优秀教师等需要，可以在报经主管部门同意后，向机构编制管理部门申请使用浮动编制。

第十四条　中等职业学校的校领导职数按照以下标准核定：

（一）在校学生3000以下的，配备3～4名；

（二）在校学生3001～5000人的，配备4～5名；

（三）在校学生5001～8000人的，配备5～6名；

（四）在校学生8001人以上，配备6～7名。

第十五条　中等职业学校申请核定机构编制，由其主管部门向机构编制管理部门提交下列申请材料：

（一）机构编制申请书；

（二）学校设立批准文件；

（三）办学规模及在校学生数的证明材料；

（四）其他需要提交的材料。

第十六条　机构编制管理部门应当自受理核定机构编制的申请之日起3个月内对学校类别、办学规模、在校学生数等情况进行审查，并核定其内设机构、人员编制和校领导职数。

情况复杂的，经机构编制管理部门负责人批准，办理期限可以适当延长。

第十七条　中等职业学校的机构编制实行动态管理。机构编制管理部门根据办学体制、办学规模、布局调整等情况，对中等职业学校的机构编制适时予以调整。

中等职业学校撤销、合并或者办学规模变动需要调整机构编制的，应当向机构编制管理部门申请调整机构编制。机构编制管理部门应当自收到申请之日起3个月内进行审查，并重新核定或者核销。

第十八条　中等职业学校不得超限额设立内设机构，不得超职数、超规格配备领导成员或者超编制进人。

非机构编制管理部门不得以任何理由和方式干预中等职业学校机构编制管理工作。

第十九条　中等职业学校、中等职业学校的主管部门及其工作人员违反本办法规定，有下列行为之一的，由机构编制管理部门责令限期改正，并给予通报批评；情节严重的，对直接负责的主管人员和其他直接责任人员，由任免机关或者监察机关依法给予处分：

(一)超限额设置内设机构的；

(二)超职数、超规格配备校领导成员或者内设机构领导成员的；

(三)超编制进人或者改变编制使用范围的；

(四)违反规定使用浮动编制的；

(五)在申请机构编制时弄虚作假的。

第二十条　机构编制管理部门或者其他有关部门违反本办法规定，有下列行为之一的，由其上级机构编制管理部门或者本级人民政府责令限期改正；情节严重的，对直接负责的主管人员和其他直接责任人员，由任免机关或者监察机关依法给予处分：

(一)违反规定审批内设机构、人员编制或者校领导职数的；

(二)违反规定干预中等职业学校机构设置和编制管理工作的。

第二十一条　机构编制管理部门及其工作人员在机构编制管理工作中滥用职权、玩忽职守、徇私舞弊的，依法给予处分；构成犯罪的，依法追究刑事责任。

第二十二条　由国家机关、事业单位举办，已经列入事业单位管理序列，独立设置的成人中专学校的机构编制管理参照本办法执行。

第二十三条　本办法自印发之日起施行。

三、福建省中等职业学校人员编制文件

福建省中等职业学校编制标准等问题的暂行意见

根据《国务院关于大力推进职业教育改革与发展的决定》(国发〔2002〕16号)、《国务院关于大力发展职业教育的决定》(国发〔2005〕35号)和《福建省人民政府贯彻〈国务院关于大力推进职业教育改革和发展的决定〉的实施意见》(闽政文〔2002〕337号)精神，结合我省实际，现就我省中等职业学校编制标准等问题提出以下暂行意见。

一、适用范围

各级政府举办的中等职业学校(含原普通中专、职业中专、职业高中、成人中专、技工学校)。

二、内设机构

中等职业学校内设机构实行限额管理，数量为6～8个，其中，国家级重点中等职业学校可设8个，省级重点中等职业学校可设7个，其他中等职业学校可设6个。内设机构的具体名称由其行政主管部门商学校确定。

三、编制标准

中等职业学校事业编制，包括领导职数、专任教师、教学辅助人员、行政人员、工勤人员编制。领导职数指担任校级和内设机构的领导；专任教师指专职从事教育、教学工作和实习指导工作的人员；教学辅助人员指从事教学实训、实验、图书、电化教育以及卫生保健的人员；行政人员指党政工团专职人员及在各职能机构从事管理工作的专职人员；工勤人员指从事后勤工作的人员。

中等职业学校编制按员生比(指教职工与学生之比，下同)核定。其中，艺术、体育类中等职业学校按员生比1∶3比例核定；其他省属和设区市属中等职业学校按我省普通高中城市标准(即员生比1∶12.5)核定，每班再加0.3个编制；县(市、区)属中等职业学校按我省普通高中县镇标准(即员生比1∶13)核定，每班再加0.3个编制。

中等职业学校按上述定编办法核定的编制，如低于现有编制数的，其教职工只出不进，直至教职工数低于新核定的编制数为止。

四、人员结构

在核定的总编制中，行政和工勤人员不超过25%、专任教师和教学辅助人员不少于75%。现有结构比例与此不符的，应逐步调整到位。

五、领导职数

中等职业学校校级领导职数一般为4名(正职1名、副职3名)，国家级和省级重点中等职业学校可分别增加副职2名和1名。学校党组织领导由校行政领导兼任。内设机构领导职数，按该校内设机构限额数的2倍核定。

六、经费渠道

政府举办的中等职业学校经费由举办者同级财政核拨。

七、其他事项

(一)中等职业学校机构编制事宜，由学校行政主管部门按本暂行意见提出方案后，报同级机构编制部门按程序和权限审批。

(二)中等职业学校必须按省级教育或劳动保障部门有关规定设置，达不到设置条件的，学校主管部门按审批程序上报，由省级教育或劳动保障部门会同机构编制部门予以撤销、合并、调整，达到布局合理、减少重复办学、优化教育资源配置目的。

(三)中等职业学校学生数取近三年平均数(不包括职业培训、职业鉴定、成人教育等人数)。

(四)本暂行意见下发后，原省编委、省教委、省财政厅《关于颁发〈福建省全日制普通中等专业学校人员编制标准〉的通知》(闽编〔1992〕196号)和省劳动局、省编委、省财政厅《关于颁发〈福建省技工学校机构设置和人员编制标准暂行规定〉的通知》(闽编〔1990〕142号)同时废止。

(五)今后国家如有出台新的规定，按新的规定执行。

(六)本暂行意见由省委编办负责解释。

四、广西壮族自治区中等职业学校人员编制文件

广西壮族自治区中等职业学校机构编制管理暂行规定

桂编发〔2009〕3号

第一章 总 则

第一条 为适应我区中等职业教育改革与发展的需要,根据《中华人民共和国职业教育法》、《中华人民共和国劳动法》及国家和自治区有关职业教育改革和发展的精神,结合我区实际,制定本规定。

第二条 本规定适用范围为由国家机关、事业单位、社会团体、国有企业利用国有资产举办,独立设置并已列入事业单位管理序列的中等职业学校(含原普通中专学校、成人中专学校、职业高中和技工学校)。

第二章 管理体制

第三条 机构编制部门是中等职业学校机构编制的主管部门,负责中等职业学校机构编制方案的审批和机构编制的监督管理。其他部门和单位不得以任何理由和方式直接干预中等职业学校机构编制工作。

第四条 中等职业学校的机构编制工作,实行统一管理、分级负责的管理体制。自治区机构编制管理部门主管全区中等职业学校的机构编制管理工作,负责审批自治区属中等职业学校的机构编制;市、县机构编制管理部门主管本级所属中等职业学校的机构编制管理工作,负责审批本市(县)所属中等职业学校的机构编制。

第五条 按照规范、合理、精简、高效的要求,中等职业学校机构编制管理实行政府监管和学校自主管理相结合的体制。

第六条 中等职业学校的机构编制,既要满足学校基本教学与实习实训需要,促进学校发展,又要与当地经济社会发展水平和财政承受能力相适应。

第七条 中等职业教育管理体制应遵循归口管理和属地管理的原则,逐步予以完善。中等职业教育实行自治区、市、县三级办学管理体制。

第八条 中等职业教育要进一步优化资源配置。各级人民政府要对办学规模较小、办学效益较差的学校进行撤销、合并、调整,进一步提高中等职业教育规模办学效益。

第三章 机构设置

第九条 各类中等职业学校一般以地域名、行业分类等冠名，如“××县(市)职业技术学校”、“广西(或××市)机电(农业、卫生、经贸等)学校(或技工学校)”等。

第十条 中等职业学校的设立按照有关规定及程序报批，其机构编制由同级机构编制部门审核确定。

第十一条 自治区属中等职业学校机构规格一般为相当正处级，规模较小的定为相当副处级；市属中等职业学校机构规格一般为相当副处级，规模较小的定为相当正科级；县(市)属中等职业学校机构规格一般为相当正科级，规模较小的定为相当副科级。

第十二条 中等职业学校内设机构包括管理机构和教学教辅机构。中等职业学校内设机构在统筹规划、职能分解的基础上，本着精简、高效的原则设置。

第十三条 中等职业学校内设管理机构要尽可能综合设置，职能相近的要进行合并。管理机构根据办学规模在以下规定限额内确定：

(一)在校生 3000 人以下的，不超过 6 个；

(二)在校生 3001～6000 人的，不超过 8 个；

(三)在校生 6000 人以上的，不超过 9 个。

中等职业学校的工会和党团组织按有关法律和章程规定设立。

第十四条 中等职业学校内设教学教辅机构的设置及调整由学校提出方案，经本级教育行政主管部门(或劳动保障部门)同意后，报其行政主管部门审批。

第四章 人员编制管理

第十五条 中等职业学校工作人员按岗位职责分为专任教师、教学辅助人员、管理人员和后勤服务人员四类。

第十六条 专任教师指从事文化基础课、专业理论课、专业实训课、顶岗实习课等课程教学和从事学生辅导教育工作的人员。教学辅助人员指从事教学实验实训设备的维护和管理、图书资料管理及卫生保健等教学辅助工作的人员。管理人员指专职从事党务、行政、群团和后勤服务管理等工作的人员。后勤服务人员指从事后勤服务具体工作的人员。

第十七条 人员编制标准。

（一）人员编制数额确定的因素包括学校类型、学校等级、标准学生数。

（二）中等职业学校类型分为艺术体育类学校、工农医类学校、综合类学校、文科类学校等四类；学校等级分为国家重点学校、省级重点学校和普通学校等三类。根据分类专业学生数占在校学生数比例（比例须超过 70%）确定学校类型。

（三）标准学生数是指近 5 年全日制在校生平均数。

（四）专任教师编制计算公式见附件。教学辅助人员编制数、管理人员编制数、后勤服务聘用人员控制数根据第二十五条规定的人员结构比例确定。

第十八条　中等职业学校人员编制由实名编制（全额拨款事业编制，管理到人，办理入编，简称"实名编制"）、非实名编制（为临时性的聘用人员使用，只管数量，不明确到人，不办理入编，简称"非实名编制"）和后勤服务聘用人员控制数三部分组成。实名编制用于配备学校办学长期需要的骨干专任教师、教学辅助人员和管理人员。非实名编制用于聘用满足学校灵活办学需要的专任教师、教学辅助人员和管理人员。后勤服务聘用人员控制数用于聘用学校食堂、修缮队、车队、绿化、保洁等后勤服务人员。

第十九条　实名编制、非实名编制和后勤服务聘用人员控制数占学校人员编制的比例分别为 60%～70%、25%～35%、5%。实名编制和非实名编制的具体比例应在各学校的机构编制方案中予以明确。

第二十条　中等职业学校校级领导职数按学校标准学生数在限额内由机构编制部门核定，学校党组织领导由学校行政领导兼任。校级领导职数限额为：

（一）标准学生数 6000 人以下的，3～4 名；

（二）标准学生数 6000 人以上的，4～5 名。

第二十一条　中等职业学校应当制订机构编制方案，按程序报机构编制部门审批下达。中等职业学校机构编制方案应当明确学校的机构规格、编制数额、领导职数、内设机构设置及学校隶属关系等。

第二十二条　中等职业学校的编制数额，如因财力所限或其他原因无法承受过大增编压力的，可分期分批下达，逐步达到标准数。少数中等职业学校现有编制大于应核定编制的，应根据招生规模变化趋势及教职工人员的分流情况逐步核减。

第二十三条　机构编制部门审批中等职业学校编制时，须征求财政部门和业务主管部门的意见。财政部门根据机构编制部门核定的编制情况按中等职业学校部门预算的有关规定核拨经费；业务主管部门负责提出中等职业学校发展规划方案；机构编制部门负责中等职业学校机构编制的监督管理。

第二十四条　中等职业学校的人员编制实行动态管理。机构编制部门依据标准学生数的变化情况，对各中等职业学校实名编制原则上每5年重新核定一次；非实名编制原则上每年核定一次；后勤聘用人员控制数随实名编制变化情况重新确定。

第五章　人员结构管理

第二十五条　中等职业学校专任教师、教学辅助人员、管理人员、后勤服务聘用人员须形成合理的结构比例。各类人员占编制总数的比例：专任教师不低于80％、教学辅助人员不超过5％、管理人员不超过10％、后勤服务聘用人员不超过5％。

第二十六条　机构编制部门对中等职业学校人员编制结构实行前置性审批管理。人事部门根据中等职业学校人员结构办理相关人员变动手续。

第六章　人员编制使用与财政预算管理

第二十七条　使用实名编制人员必须办理入编手续，人事部门办理增加人员计划和核定工资，财政部门按实有在编人员拨付工资。

第二十八条　使用非实名编制人员不办理入编手续，属聘用人员，由学校根据实际需要、在核定数额范围内自行聘用，报机构编制部门备案后，财政部门按核定的非实名编制数和相关标准拨付经费。非实名编制人员平均经费标准由财政部门商机构编制部门、人事部门确定。

第二十九条　后勤服务聘用人员控制数的管理、经费拨付标准和拨付方式按现行有关规定执行。

第七章　附　则

第三十条　在本规定下发前的中等职业学校在编工勤人员实行“老人老办法”，逐步消化。

第三十一条　聘用人员与用人单位因聘用合同的履行、解除、考核、工资待遇等发生争议的，应当协商解决；不愿协商或者协调不成的，可以向行政主管部门申请调解；不愿调解或调解不成的，可以在法定期限内向人事争议仲裁委员会申请仲裁。

第三十二条　本规定自发布之日起施行，之前发布的有关文件与本规定不相符的，以本规定为准。

第三十三条　本规定由自治区机构编制委员会办公室负责解释。

二〇〇九年十月二十六日

附件　中等职业学校教职工编制计算方法

一、中等职业学校专任教师编制计算公式

$$Z = A_1 A_2 \sum_{i=1}^{n} X_i Y_i$$

其中：Z 表示学校专任教师编制数

X_i 表示分段标准学生数

Y_i 表示分段师生比

A_1 表示学校类别系数：

艺术体育类学校　1.80

工农医学类学校　1.06

综合类学校　1.03

文科类学校　1.00

A_2 表示学校等级系数：

国家级重点学校　1.06

省级重点学校　1.03

普通学校　1.00

二、中等职业学校教职工编制计算公式

$B = Z \div 80\%$

$B_1 = B \times T_1$

$B_2 = B \times T_2$

$B_3 = B \times T_3$

其中：B 为学校教职工编制数，B_1 为实名编制数，B_2 为非实名编制数，B_3 为后勤服务聘用人员控制数。T_1 为实名编制占学校人员编制比例，T_2 为非实名编制占学校人员编制比例，T_3 为后勤服务聘用人员控制数占学校人员编制比例。

三、中等职业学校师生比明细表

分段(n)	标准学生人数(X_i)	师生比(Y_i)
1	1000 及以下	1∶17
2	1001～2000	1∶18
3	2001～3000	1∶19
4	3001～5000	1∶20
5	5001～8000	1∶21
6	8001 及以上	1∶22

五、湖南省中等职业学校人员编制文件

湖南省中等职业学校机构编制标准(试行)

湘编办〔2009〕22 号

各市(州)、县(市、区)编办、教育局、财政局,省直有关单位:

为进一步加强和规范中等职业学校的机构编制管理工作,促进我省中等职业教育健康发展,根据《中华人民共和国职业教育法》、《地方各级人民政府机构设置和编制管理条例》(国务院令第 486 号)和《中共中央办公厅 国务院办公厅关于进一步加强和完善机构编制管理严格控制机构编制的通知》(厅字〔2007〕2 号)精神,结合我省实际,制定本标准。

一、中等职业学校校级党政领导职数根据学生人数规模确定。学生人数取上年全日制在校学生数(下同)。学生人数在 3000 人以下的,校级党政领导职数不超过 5 名;学生人数在 3000 人以上的,校级党政领导职数不超过 7 名。

二、中等职业学校内设机构包括党政管理机构和教育教学组织机构。党政管理机构数量按以下标准控制:学生人数在 3000 人以下的不超过 6 个,3000～5000 人的不超过 7 个,5000～8000 人的不超过 8 个,8000 人以上的不超过 9 个。内设党政管理机构领导职数按 1～2 名配备。

中等职业学校所需设立的教育教学组织机构,由学校提出申请,经相关主管部门审查同意后,依照机构编制管理有关规定及管理权限,报机构编制部门审批设立。

中等职业学校基层党组织和群团机构按有关章程设立。

三、中等职业学校人员编制标准，以学生人数为基本参数，根据中等职业学校的各类专业教学要求，确定生员比（即学生人数与教职工人数之比）。

中等职业学校各类专业的生员比分别是：农工医卫类为11∶1，商贸财经类为14.5∶1，文化艺术与体育类为7∶1。从事特殊教育的中等职业学校，参照文化艺术与体育类专业标准执行。

四、中等职业学校人员编制总数等于学校各类专业学生人数除以各类专业生员比的数值之和。

五、获得国家级示范性中等职业学校建设单位资格的学校，人员编制数可在核定编制总数基础上上浮5%；获得省级示范性中等职业学校建设单位资格的学校，人员编制数可在核定编制总数基础上上浮3%。上浮编制的部分仅用于教师的引进。

六、中等职业学校人员编制包括教师编制、教学辅助人员编制、管理人员编制、后勤服务人员编制。

教师编制主要用于配备从事教育教学、实习实训等工作的人员。教学辅助人员编制主要用于配备从事实验实训设施的维护和管理、图书资料管理、电化教育等具有教学辅助功能工作的人员。管理人员编制主要用于配备从事行政管理、党务、群团工作的人员。后勤服务人员编制主要用于配备除教师、教学辅助人员和管理人员之外的，从事后勤保障服务工作的人员。

七、中等职业学校人员编制结构比例根据核定的编制总量和学校实际工作需要综合确定。其中，教师编制数不得低于学校编制总数的85%。用于聘用校外有技术专长的兼职教师编制数控制在学校编制总数的15%～30%之间，兼职教师列入教师编制序列。

八、中等职业学校机构编制核定，由学校提出申请，经相关主管部门审核同意后，依照机构编制管理有关规定及管理权限，报机构编制部门审批。

九、各级财政部门根据机构编制部门审批的机构编制核拨中等职业学校相关经费。

十、本标准适用于政府举办的独立设置的各级各类中等职业学校，包括普通中专学校、职业中专学校、成人中专学校、职业高中学校和中级技工学校。

十一、本标准自颁布之日起实施。过去颁发的此类标准停止执行。

十二、本标准由省机构编制部门负责解释。

湖南省机构编制委员会办公室　湖南省教育厅　湖南省财政厅

二〇〇九年三月二十五日

六、河南省中等职业学校人员编制文件

河南省机构编制委员会办公室 河南省教育厅 河南省财政厅 河南省人力资源和社会保障厅 关于印发《河南省中等职业学校教职工编制标准（试行）》的通知

豫编办〔2010〕211 号

各省辖市编办、教育局、财政局、人力资源和社会保障局：

现将《河南省中等职业学校教职工编制标准（试行）》印发给你们，请结合各地实际，认真贯彻执行。

河南省机构编制委员会办公室　河南省教育厅

河南省财政厅　河南省人力资源和社会保障厅

二〇一〇年八月三日

河南省中等职业学校教职工编制标准（试行）

根据《中华人民共和国职业教育法》、《中华人民共和国教师法》、《国务院关于大力发展职业教育的决定》（国发〔2005〕35 号）、《河南省人民政府关于实施职业教育攻坚计划的决定》（豫政〔2008〕64 号）、《河南省人民政府关于加快推进职业教育攻坚工作的若干意见》（豫政〔2010〕1 号）和机构编制管理有关规定，结合我省实际，制定本标准。

一、适用范围

各级政府举办的中等职业学校（包括普通中等专业学校、职业中等专业学校、成人中等专业学校、技工学校）。

二、基本原则

中等职业学校教职工编制核定，以在校生规模为依据，实行总量控制，动态管理；加强教职工队伍建设，促进中等职业教育健康发展。

三、编制类别

中等职业学校教职工编制包括管理人员编制、专业技术人员编制、工勤人员编制。

管理人员编制：主要用于行政管理、党务工作人员。

专业技术人员编制：主要用于专职文化理论课、专业课和生产实习指导课程的教学人员以及从事教学实验、图书资料管理、电子信息化教育等教学辅助工作的人员。

工勤人员编制：主要用于实施实训设施的维护、后勤保障等人员。

专业技术人员编制不低于85%，管理人员和工勤人员编制不超过15%。

四、内设机构

中等职业学校内设机构的数额按在校生人数确定。在校生人数2000人以下的设5个，2001～3000人的设6个，3001～5000人的设7个，5001～8000人以上的设8个。

五、编制标准

中等职业学校教职工编制按在校生人数确定。教职工与学生比为：在校生人数2000人以下为1∶14.5，2001～3000人为1∶15，3001～5000人为1∶15.5，5001～8000人以上为1∶16，艺术、体育类中等职业学校为1∶8～1∶10。非全日制在校生与全日制在校生的折算权数为3∶1。

六、校级领导职数

中等职业学校领导职数根据学校规模确定。全日制在校生2000人以下的，配备3～4名；2001～3000人的，配备4～5名；在校生3001～5000人的，配备5～6名；在校生5001～8000人的，配备6～7名；在校生8001人以上的，配备7～9名。为便于工作，学校行政领导和党务领导可交叉任职。

七、机构编制管理

机构编制部门会同教育、财政、人力资源社会保障部门制定中等职业学校机构编制管理办法，负责中等职业学校机构编制的宏观管理和监督检查工作。教育行政管理部门或省直有关部门负责审核普通中等专业学校、职业中等专业学校、成人中等专业学校提出的机构编制意见，省人力资源和社会保障部门负责审核技工院校提出的机构编制意见，报同级机构编制部门审定。

中等职业学校在核定的编制总额内，科学设置岗位，行政管理人员、党群组织负责人可一人多岗兼职担任，坚持以教学人员为主体，严格控制非教学人员岗位。中等职业学校的经费按在校生人数并结合毕业生就业率等因素核定安排经费预算，由同级财政按规定核拨。

中等职业学校教职工编制实行总量控制，动态管理。由机构编制部门统一管理，在编制总额以内，学校按照岗位管理的有关规定可聘用急需的高层次、高技能人才等作为特殊需要。机构编制部门根据在校生变化、教学任务需要等情况适时调整教职工编制。各地可根据财力状况、结合中职学校布局调整，对新增编制分步实施，逐步到位。部分学校超编人员，要借鉴事业单位改革人员分流办法，进行妥善安置。积极推进中等职业学校人事制度改革，实行聘用制度和岗位管理制度，实现由身份管理向岗位管理的转变，由固定用人向合同用人的转变。

八、有关规定

此前有关规定与本标准不一致的，按本标准执行。待国家新的中职学校教职工编制标准出台后，根据实际情况对本标准进行修改完善。

七、广东省中等职业学校人员编制文件

关于印发《广东省中等职业技术学校机构编制标准》的通知

粤机编办〔2011〕321号

各地级以上市及顺德区编办、教育局、财政(税)局(委)、人力资源社会保障局(人力资源局)，省直有关单位：

《广东省中等职业技术学校机构编制标准》已经省编委领导批准，现予印发，请遵照执行。

省编办　省教育厅　省财政厅　省人力资源社会保障厅

二〇一一年十一月二日

广东省中等职业技术学校机构编制标准

第一章　总　则

第一条　为加强和规范全省中等职业技术学校机构编制管理，优化教育人力资源配置，增强办学活力，提高办学水平和效益，根据《中华人民共和国职业教育法》和机构编制管理有关规定，制定本标准。

第二条　政府举办的各类中等职业技术学校（含原普通中等专业学校、技工学校、职业中学和成人中等专业学校），是培养中级、高级职业技能人才的教育事业单位。

第三条　各级机构编制部门是中等职业技术学校机构编制管理的主管部门。同级教育、财政、人力资源社会保障等有关部门协助做好中等职业技术学校机构编制管理工作。

第四条　中等职业技术学校的机构编制，按照精简、高效的原则，坚持政府监管和学校自主管理相结合，分级、分类管理，实行总量控制、动态调整，编制数随学生数的增减相应核增或核减。

第二章　机构设置

第五条　中等职业技术学校的设立按照有关规定及程序报批。

第六条　中等职业技术学校根据在校学生数，在规定限额内合理设置管理机构（详见附件 1），报本级机构编制部门备案。

第七条　中等职业技术学校根据实际需要，设置教育教学机构和教辅机构。

中等职业技术学校基层党组织和群团机构按有关法律和章程规定设立。

第三章　人员编制

第八条　中等职业技术学校的教职工包括教师、党政管理人员和教辅人员。教师，指直接从事教育教学（文化课、专业课、实训实验课等）工作的人员。党政管理人员，指专职从事党政管理工作的人员。教辅人员，指从事教学实训、实验、设备维护、图书资料管理及卫生保健等教学辅助工作的人员。

第九条　中等职业技术学校教职工编制总数，以近三年在校学生平均数为依据按标准核定（详见附件 2），由业务主管部门提出申请，同级机构编制部门专文下达。新设立的中等职业技术学校按标准分年度下达教职工编制数。

为适应我省职业教育改革发展的需要，省内经济较发达地区可视当地财力情况，经本级机构编制、教育和财政部门同意，并报地级以上市机构编制部门批准后，按标准上浮一定比例(最高不超过50%)核定中等职业技术学校教职工编制。

第十条　中等职业技术学校在核定的编制总数内，按照岗位设置配备教职工。教师和教辅人员占编制总数的比例应不低于82%。编制比例不符合要求的，暂缓审批新增编制申请。

第十一条　中等职业技术学校根据实际在校学生数，在规定限额内配备校领导职数(详见附件1)，报本级机构编制部门备案。

第四章　附　则

第十二条　中等职业技术学校后勤服务工作实行社会化，后勤服务人员不再占用学校教职工编制。原在编在职后勤服务人员实行实名制，按"老人老办法"管理，其占用的事业编制随自然减员逐步收回。

第十三条　本标准由省机构编制委员会办公室负责解释。

第十四条　本标准自印发之日起实行，粤机编办〔2004〕446号文同时废止。

附件：1. 校领导职数和内设管理机构限额表

2. 教职工编制总数计算办法

附件1　校领导职数和内设管理机构限额表

在校学生数(人)	校领导职数限额(名)	内设管理机构限额(个)
1000及以下	3	4～5
1001～3000	3～4	5～6
3001～5000	4～5	6～7
5001～8000	5～6	7～9
8001～12000	6～7	9～11
12001以上	7	11～12

注：1. 在校学生数指全日制在校学生数。

2. 实行多校区办学的学校可根据实际情况增核1～2个内设管理机构。

附件2：教职工编制总数计算办法

$$编制总数=K\times Q\times T$$

其中：K 表示近三年在校平均学生数

Q 表示员生比

艺术体育类　　1∶4

其他类　　1∶12.5

T 表示学校类别参数：

工农林水医艺体类 1

综合类　　0.7

财经政法管理类　0.6

注：1. 学生数指全日制学生数。

2. 学校类别按照该类在校学生数超过在校学生总数的 60%确定。

八、重庆市中等职业学校人员编制文件

重庆市中等职业技术学校教职工编制标准及管理办法（试行）

渝编办〔2012〕35 号

第一条　为加强中等职业技术学校编制管理和教职工队伍建设，提高教育教学质量和办学效益，根据市委、市政府《关于大力发展职业技术教育的决定》和机构编制管理有关规定，结合本市实际，制定本办法。

第二条　中等职业技术学校教职工编制标准和管理，应遵循以下原则：保证中等职业技术教育发展和学校教学与实训的基本需要；与经济发展水平和财政承受能力相适应；坚持精简、效能。

第三条　中等职业技术学校机构编制工作，在同级党委、政府领导下，实行统一管理、分级负责的体制，具体工作由机构编制管理部门负责。

第四条　中等职业技术学校内设机构应当综合设置，职能相近的机构，尽可能合并或实行合署办公。学校党组织、工会共青团等群众组织按照有关规定和章程设置。

第五条　中等职业技术学校教职工包括教师、职员、教学辅助人员和工勤人员。

第六条　中等职业技术学校教职工编制，按照学生数的一定比例核定。学生 3000 人以下的，教职工与学生比为 1∶15；学生 3000～6000 人的，教职工与学生比为 1∶16；学生 6000 人以上的，教职工与学生比为 1∶17。

第七条 中等职业技术学校具有下列情况的，在上述标准的基础上按照从严从紧的原则适当增加编制：国家示范学校或国家级重点学校；设置有支撑和

服务我市支柱产业和战略新兴产业相关专业的学校；设置有艺术、体育类专业的学校；有公共实训场所的学校；承担高技能人才培训任务的学校；承担其他教学、科研任务的学校。

第八条　中等职业技术学校的单位领导职数，按照以下标准核定：在校学生3000人以下的，可核定3～4名；在校学生3000～6000人的，可核定4～5名；在校学生6000人以上的，可核定5～6名。国家示范学校或国家级重点学校，可增配1名领导职数。

第九条　中等职业技术学校调整教职工编制，由学校根据教育教学的实际需要，依照本标准提出教职工编制的具体方案，报主管单位审查后，按程序报同级机构编制管理部门批准后实施。

第十条　机构编制管理部门按照总量控制、分步实施的原则，分期分批核定中等职业技术学校教职工编制。对现有编制余额超过20%的学校，原则上不核增编制。

第十一条　中等职业技术学校教职工编制核定后，根据经济社会发展需要和学校办学体制、办学前景、办学效益、办学规模和在校学生数等情况，实行有增有减的动态管理机制。对在校学生数严重萎缩的学校，逐步收回现有编制。

第十二条　根据分类推进事业单位改革的精神，创新中等职业技术学校编制管理，建立能进能出的人才引进机制。可实行定编不定人的管理方式，主要用于学校外聘教师，所需编制在按照标准核定的编制总量中另行单独明确，财政视同定编制教师给予经费保障。

第十三条　中等职业技术学校后勤服务工作逐步实行社会化，可通过服务外包或其他方式购买后勤服务，并相应核减工勤人员编制，所需费用按照必要的购买服务人数纳入财政保障。

第十四条　中等职业技术学校教职工编制一经按标准核定，必须严格执行。任何部门和单位不得以任何理由占用或变相占用学校编制。

第十五条　机构编制管理部门会同有关部门对中等职业技术学校机构编制执行情况进行监督检查。其他部门不得干预学校教职工编制管理工作。

第十六条　本办法适用于纳入事业单位序列的普通中等专业学校、技工学校、职业高中、成人中等专业学校。

第十七条　本办法由市机构编制委员会办公室负责解释。

第十八条　本办法自发布之日起施行。

九、云南省中等职业学校人员编制的相关文件

关于启动云南省中等职业学校“特聘教师”实施方案(试行)的通知

云南省教育厅　云南省财政厅　云南省劳动和社会保障厅

云教职〔2007〕14号

云南省教育厅　云南省财政厅　云南省劳动和社会保障厅关于启动云南省中等职业学校“特聘教师”实施方案(试行)的通知

各州、市教育局、财政局、劳动和社会保障局,省属中专学校:

为缓解中等职业学校师资数量不足和专业课程教师紧缺问题,经云南省人民政府决定,自2007年至2010年期间,设立云南省中等职业学校“特聘教师”岗位1000个,每年由省级财政安排1500万元专款,每个岗位每年按15000元标准发放津贴。中等职业学校“特聘教师”不占学校编制,由中等职业学校按程序向社会公开聘请专业技术人员和生产一线的有实践经验的能工巧匠到学校任教。根据省委、省政府的决定精神,云南省教育厅、省财政厅、省劳动和社会保障厅在多方征求意见基础上,形成了《云南省中等职业学校“特聘教师”实施方案(试行)》,现将启动“实施方案”的有关事宜通知如下:

一、《云南省中等职业学校“特聘教师”实施方案(试行)》自2007年8月启动。按照现行教育学制规律,以每年9月1日至次年8月31日为一个学年,今后几年以此类推。

二、请各州市教育局、财政局、省属中专学校及省劳动和社会保障厅按照本通知和“实施方案”要求,按分配名额组织本地区、本行业的学校报名、初审和申报工作,每年于7月底前将“特聘教师”汇总表、报名表和审批表,分别报送省教育厅和省财政厅审定。鉴于今年通知时间较晚,2007年的申报工作可以推迟到10月15日以前。

三、在实施本方案过程中有何问题和意见,请及时向省教育厅、省劳保厅和省财政厅反映,以便进一步修订和完善。

附件:云南省中等职业学校“特聘教师”实施方案(试行)

云南省教育厅　云南省财政厅　云南省劳动和社会保障厅

二〇〇七年九月十日

附件 云南省中等职业学校“特聘教师”实施方案(试行)

根据云南省人民政府2007年第49次常务会议决定精神，特制定《云南省中等职业学校“特聘教师”实施方案(试行)》。

一、中等职业学校“特聘教师”主要内涵

为适应云南中等职业教育改革发展需要，逐步解决中等职业学校教师数量不足和专业课程教师紧缺问题，云南省人民政府决定，2007年至2010年四年期间，设立云南省中等职业学校“特聘教师”岗位1000个，即每年总量在1000个年岗位以内。每年由省级财政安排专款1500万元，每个岗位每年按15000元标准发放津贴。中等职业学校“特聘教师”不占学校编制，由中等职业学校按照有关程序向社会公开聘请专业技术人员和能工巧匠到职业学校任教。

二、设立中等职业学校“特聘教师”岗位的意义

设立云南省中等职业学校“特聘教师”岗位，是云南省委、省政府大力发展职业教育所采取的一项重大举措，是充实中等职业学校教师数量和缓解专业课程教师紧缺的一个有效途径，有利于职业学校依据市场需求及变化设置专业和改造专业；有利于职业学校强化实践技能教学和培养学生实际动手能力；有利于职业学校增强办学实力和提高教学质量；有利于促进校企结合，培养适应经济建设需要的专门技术人才；有利于职业学校人事制度改革与创新。

三、中等职业学校“特聘教师”范围界定

(一)聘请学校范围：云南中等职业学校特指现行举办的中等职业学历教育学校，包括公办和民办普通中专学校、成人中专学校、职业高中学校和技工学校，其他教育机构和非学历教育机构不属于本方案聘请范围。

(二)聘请人员范围：聘请“特聘教师”原则上在全省范围内聘请，特殊专业确实需要跨省聘请的可以提出申请，报省教育厅、劳保厅审批，但总量不超过聘请名额的10%。聘请“特聘教师”可以从各行业在职人员中聘请；也可以从生产一线的技术骨干、高中级技术人员、技师、技工等能工巧匠中聘请；还可以从社会各界退休的科技人员、教师等相关人员中聘请。聘请人员由学校根据需要自行确定。

（三）聘请专业范围：本方案“特聘教师”限定在中等职业学校紧缺的专业技术课程范围，特别是国家和云南省紧缺人才相关专业课程教师，包括专业实习、实训指导教师。根据目前学校专业教学需求实际和“特聘教师”岗位限量，文化课程（含外语类）教师不列为聘请专业范围。

四、中等职业学校“特聘教师”任职条件及时限计算

“特聘教师”的基本条件是：热爱教育事业，奉公守法，为人师表；学识丰富，技能精湛，具有高级或中级技术职称，或具有高级工以上职业资格证；身体健康，能胜任教学。

“特聘教师”岗位时限按下列方法计算：一个岗位等于一个年岗位，每个年岗位时限为一学年，每学年为两个学期。聘请教师具体时限由聘请学校根据专业教学需要确定聘期，一般以完成一门课程教学任务为宜。聘期可以是一学年或者是一学期。

每个年岗位可以由一人承担，也可以由几人同时承担或分段承担，几人承担一个年岗位的时限不得超一个年岗位总时限。聘期满后还需要继续聘请的，再按程序重新办理聘请手续。

五、中等职业学校“特聘教师”名额分配

根据全省中等职业学校办学规模和“特聘教师”名额总量，云南省中等职业学校“特聘教师”名额分配按照在校生规模比例和办学实际分配到各州市教育局、省属中专学校和省劳动和社会保障厅。

2007—2008学年名额分配见附表。今后根据办学情况每年调整一次名额分配。其中，各州市县“特聘教师”岗位名额，由各州市教育局根据岗位名额和办学实际再次分配到所辖中职学校；省属中专学校岗位名额由省教育厅分配到学校；技工学校“特聘教师”岗位名额由省劳保厅分配到技工学校。

六、中等职业学校“特聘教师”聘请程序

聘请“特聘教师”程序按公告、报名、申请、初审、评审、认定、签约、聘请八个程序进行，具体方式如下：

（一）公告。云南省教育厅、省财政厅和省劳保厅向全省各地发出云南省中等职业学校“特聘教师”通知。各州市教育局、财政局、云南省劳动和社会保障厅根据通知向所辖中职学校转发通知。

（二）报名。云南省中等职业学校“特聘教师”按下列两种形式报名：一是

学校推荐，本人同意，填写《云南省中等职业学校“特聘教师”报名表》；二是本人自荐，由本人到当地或异地中等职业学校填写《云南省中等职业学校“特聘教师”报名表》。

（三）申请。由中等职业学校根据“特聘教师”名额分配数量，在对报名人员进行筛选后，向初审部门提出拟聘请人员申请，同时提交《云南省中等职业学校“特聘教师”申请审批表》和《云南省中等职业学校“特聘教师”报名表》（几人承担一个年岗位的需作说明，并一人一表）。其中：州市县普通中专学校和职业高中学校向州市教育局提出申请；省属中专学校向省教育厅提出申请；技工学校向省劳动和社会保障厅提出申请（或按省劳动和社会保障厅的规定提出申请）。

（四）初审。由学校主管部门对学校的申请进行初审。其中：州市教育局对所辖地区普通中专学校和职业高中学校的申请进行初审；省教育厅职成教处对省属普通中专学校的申请进行初审；省劳动和社会保障厅培训就业处对技工学校的申请进行初审。初审通过后，由初审部门将本地区、本行业的拟聘请人员填写《云南省中等职业学校“特聘教师”汇总表》，连同《云南省中等职业学校“特聘教师”申请审批表》和《云南省中等职业学校“特聘教师”报名表》报送省教育厅汇总，其中《云南省中等职业学校“特聘教师”汇总表》同时报省财政厅。

（五）审评。云南省教育厅按专业大类组织相关专家学者，对各地的申请和报名人员进行审评，签署专家意见。

（六）认定。云南省教育厅根据各地初审情况和专家意见进行终审认定。认定后通知各地正式聘请教师。

（七）签约。各中等职业学校根据省教育厅终审认定意见，与聘请人员签订聘请合同（合同格式及内容要求由学校自定）。

（八）聘请。各中等职业学校在与聘请人员签订合同后，正式聘请“特聘教师”到学校任教，并由聘请学校向“特聘教师”颁发聘书（格式及内容学校自定）。

七、中等职业学校“特聘教师”管理工作

中等职业学校“特聘教师”管理工作由云南省教育厅、省劳保厅和省财政厅统筹协调，具体事务由省教育厅职业教育与成人教育处负责。州市县普通中专学校和职业高中学校的聘请和管理工作，由各州市教育局、财政局负责；省属中专学校聘请和管理工作，由学校负责；技工学校的聘请和管理工作，由

省劳动和社会保障厅统筹协调，具体事务由省劳保厅培训就业处负责。“特聘教师”的日常事务由聘请学校负责。

八、中等职业学校“特聘教师”津贴发放

（一）津贴用途。云南省中等职业学校“特聘教师”津贴由省级财政安排专款，每个年岗位按15000元标准发放。每人每月津贴控制在1500元以内（含几人承担一个年岗位在内）。若按课时量发放津贴，由学校根据标准自行确定课时津贴。“特聘教师”津贴主要用于聘请教师教学津贴，突破岗位津贴标准的，由学校自行承担。

（二）拨款程序。省教育厅每年根据“特聘教师”审批情况向省财政厅提出经费需求报告，省财政厅每年根据教育厅“特聘教师”聘请情况报告及上年经费结转情况，与省教育厅联文下达经费。各州市县普通中专学校和职业高中学校的经费下拨到州市财政局，由州市财政局和教育局根据确认的聘用计划下达经费到学校。省属中专学校经费由省财政厅下拨到省教育厅，再分别下拨到学校；技工学校经费由省财政厅下达到云南省劳动和社会保障厅，再直接下达到有关技工学校。

（三）津贴发放。各聘请学校收到经费后，直接与“特聘教师”办理津贴发放手续，签收“云南省中等职业学校‘特聘教师’津贴收据”。各学校按财务规定造册报初审部门汇总，再由省教育厅统一汇总全省“特聘教师”津贴发放情况后，报省财政厅。

（四）经费管理。中等职业学校“特聘教师”经费管理由省财政厅、省教育厅和省劳保厅共同负责。各州市教育局、财政局、劳保局和省属中专学校要积极配合做好此项工作，每年向云南省教育厅提交一份中等职业学校“特聘教师”情况报告，全面报告本地区、本单位本学年“特聘教师”工作执行情况和经费使用情况。省财政厅根据省教育厅汇总的全省情况，委托相关部门或中介机构开展审计或专项资金检查，教育部门和劳保部门要做好资金的日常监管工作。“特聘教师”津贴当年未使用完的，结转下年使用。不得挪用和抵项，必须专款专用。

附表 1 云南省中等职业学校“特聘教师”岗位名额分配表(2007—2008 学年)

单位名称	岗位名额	经费分配	备注
合计	1000 人	1500 万元	
昆明市	90	135	
昭通市	70	105	
曲靖市	95	142.5	
楚雄彝族自治州	70	105	
玉溪市	65	97.5	
红河哈尼族彝族自治州	70	105	
文山壮族自治州	50	75	
普洱市	60	90	
版纳傣族州	15	22.5	
大理白族自治州	70	105	
保山市	30	45	
德宏傣族景颇族自治州	30	45	
丽江市	20	30	
怒江傈僳族自治州	10	15	
迪庆藏族自治州	10	15	
临沧市	55	82.5	
省属中专	90	135	
技工学校	100	150	

附表 2 云南省省属中专“特聘教师”岗位名额分配表(2007—2008 学年)

省属学校名称	岗位名额	经费分配	备注
合计	90 人	135 万	
云南省旅游学校	8	12	
云南省财经学校	8	12	
云南省贸经学校	6	9	
云南省水利水电学校	6	9	
云南艺院附属艺术学校	2	3	

续表

省属学校名称	岗位名额	经费分配	备注
云南工艺美术学校	4	6	
云南省轻工学校	4	6	
云南省广播电视学校	2	3	
云南省电力学校	2	3	
云南省化工学校	6	9	
云南商务信息工程学校	6	9	
省民族中专	6	9	
云南建设学校	6	9	
云南经贸管理学校	2	3	
云南省司法学校	3	4.5	
云南省华夏中专	3	4.5	
云南广播电视大学中专学校	4	6	
云南中医药中专学校	6	9	
云南省骨伤科中专学校	6	9	

十、辽宁省中等职业学校人员编制文件

辽宁省中等职业学校机构编制管理意见(征求意见稿)

为加强和规范全省中等职业学校机构编制管理,促进中等职业教育健康发展,根据《中华人民共和国职业教育法》和事业单位机构编制管理有关规定,结合我省实际,提出如下意见。

一、适用范围

本意见所适用的范围包括由国家机关、事业单位举办,独立设置的全日制普通中等专业学校、职业高级中学、职业教育中心和技工学校。

二、管理原则

中等职业学校机构编制的管理,应当从保障学校基本教学与实习实训需

要，与经济社会发展水平和财政承受能力相适应，遵循精简、统一、效能的原则。中等职业学校的机构编制工作，实行统一领导、分级负责的体制。

三、领导职数和工作机构

中等职业学校的领导职数和工作机构要根据其办学规模设置，保证学校教育教学管理工作的有效实施。

中等职业学校在校生规模在1000名以下的，其校级领导职数不超过3名；1001～3000名之间的，其校级领导职数不超过4名；超过3001名以上的，其校级领导职数不超过5名。中等职业学校实行校长负责制，可在所确定的领导职数限额内设专职党务干部职数（原则上不设专职党务干部职数）。

中等职业学校在校生规模在1000名以下的，其工作机构限额不超过5个；1001～3000名之间的，其工作机构限额不超过7名；3001～5000名之间的，其工作机构限额不超过9个；5001名以上的，其工作机构限额不超过12个。各工作机构领导职数不超过2名。

中等职业学校的工会和党团组织按有关法律和章程设立。

四、教职工编制

中等职业学校教职工编制包括教师编制、职员编制、教学辅助编制和工勤人员编制。

1.教师编制：指学校中直接从事文化理论课、专业课和生产实习指导课程的教育教学人员编制。

2.职员编制：指学校中从事领导和管理工作的人员编制。

3.教学辅助人员编制：指学校中从事教学实验、实习技术与设备的维护和管理、图书资料及卫生保健等教学辅助工作的人员编制。

4.工勤人员编制：指学校中从事后勤服务和安全保卫的人员编制。

学校行政管理人员、党群组织负责人和工作人员原则上按一人多岗兼职担任，严格控制职员在学校教职工中所占比例。教师和教学辅助人员编制总量占学校教职工人员编制的比例不低于82%。

中等职业学校教职工编制总额按基本编制和附加编制分别核定，其中基本编制按学校在校生数量划分相应的核定区间，并确定对应的教职工与学生数量比例核定（具体公式附后）。

遇有下列情况，可在基本编制基础上另行核定附加编制：

1.对于国家重点中等职业学校可增核教师编制总数10%的教师编制；

2.为便于教师脱产进修,可增核教师编制总数3%的教师编制;

3.有教学附属实习基地的学校,可增核定教师编制总量3%的教师编制。

4.有住宿生的学校,按住宿生总数1.5%的比例核定工勤人员编制,专项用于炊事人员、舍务管理和安全保卫人员;

中等职业学校的人员编制实行动态管理,原则上每三年核定一次。在每次核编的间隔期内各学校实行人员编制和经费总额包干管理办法。各级财政部门要根据中等专业学校教职工人员编制安排年度财政预算,实行教职工人员经费与编制包干。在包干期内,增人不增经费,减人不减经费。

五、监督管理

中等职业学校实行集中统一管理,其他部门和社会组织不得进行任何形式的干预,下发文件和部署工作不得有涉及学校和人员编制方面的内容。

任何部门和单位不得以任何理由占用或变相占用中等职业学校人员编制,占用学校编制而不在学校工作的人员要限期与学校脱离关系。

中等职业学校在核定人员编制范围内,按照职位分类、专兼结合、一人多岗的原则,精简压缩非教学人员,合理配备教职工。不得超编聘用人员。

各级机构编制部门会同教育、劳动社会保障、财政部门加强中等职业学校机构编制管理工作,对违反机构编制纪律的现象要及时纠正和查处。

经批准设立的中等职业学校依法办理事业单位登记,取得法人资格,独立承担民事责任。

本实施意见自下发之日起执行。省政府有关部门以前下发的此类文件即行废止。

二〇〇八年七月七日

附表　中等职业学校基本编制核定标准

类别	学校规模（在校生人数）	教职工编制	专任教师
		与学生比	与学生比
工农医类	960	1∶11	1∶16
	1600	1∶12	1∶17
	3000	1∶13	1∶18
	5000	1∶14	1∶19

续表

类别	学校规模（在校生人数）	教职工编制与学生比	专任教师与学生比
师范财经服务类	960	1∶12	1∶17
	1600	1∶13	1∶18
	3000	1∶14	1∶19
	5000	1∶15	1∶20

注：①工科类、财经类兼有的且两类专业在校生人数大体相当的学校，其人员编制数可分别计算。

②体育、艺术类学校的人员编制数在同等规模工科类学校人员编制标准的基础上增加60％编制数。

③残疾人中等职业学校等数量少且比较特殊的，可结合实际，参照有关标准单独确定。

附录二

中等职业学校人员编制标准调研问卷、访谈提纲

一、中等职业学校兼职教师调查问卷

尊敬的答卷人：

您好！

我们是浙江工业大学教育科学与技术学院，为全面了解我国中等职业学校师资编制的现状和存在的问题，我们安排了本次问卷调查。请您根据您的实际情况和真实想法回答问题。本次调查将花费您几分钟的时间，衷心感谢您对本次调查的大力支持！

浙江工业大学教育科学与技术学院

1. 兼职教师是通过什么途径了解到贵校应聘兼职教师的？
   A. 网络　B. 同事
   C. 所在企业或学校与职校有合作　D. 学校联系的
2. 兼职教师所在的单位或学校是否支持兼职教师在职校兼职任教？
   A. 支持　B. 一般　C. 不支持　D. 他们不知道
3. 聘任时是否提供职前培训？
   A. 是　B. 否
4. 聘书合同内容是否明确了兼职教师的权利和义务、地位和责任、资格和任用、培养和聘期待遇及违约责任等事项？
5. 学校是否为兼职教师提供培训机会，如果提供一般期限为多长时间？
6. 兼职教师曾参加过以下哪些方面的培训与学习？（可多选）
   A. 师德培训　B. 教学能力培训

C. 对学校政策、上级文件的学习　　D. 外语知识培训
E. 计算机知识培训　　F. 课程开发方法培训
G. 本学科、专业理论知识培训　　H. 管理知识培训
I. 技能培训

7. 兼职教师对参加过的培训学习内容实用性有什么看法？

8. 兼职教师对以往参加过的职业教育教师的培训加以评述？（可多选）
A. 过于随机，缺乏规划与系统性　　B. 还可以，内容比较适合我
C. 内容不适用　　D. 实践训练少
E. 内容单调，针对性差　　F. 缺少专业理论
G. 教师不能按需选择内容　　H. 培训师水平不高

9. 兼职教师认为以下哪些方面的培训是必需的？（可多选）
A. 师德的培训　　B. 教学方法的培训
C. 教育理论培训　　D. 外语知识培训
E. 计算机知识培训　　F. 课程开发方法培训
G. 本学科、专业理论知识培训　　H. 对学校政策、上级文件的学习
I. 职业发展与综合能力提升

10. 兼职教师希望通过培训提高哪些职业能力？（多选并将所选选项按照重要性从高到低进行排列）：____________________。
A. 课程开发能力　　B. 教学设计能力
C. 教学组织能力　　D. 教学评估能力
E. 管理能力　　F. 指导实践的能力
G. 现代教育技术能力　　H. 组织语言能力
I. 利用教育资源能力　　J. 科研能力

11. 学校是否开展关于提高兼职教师能力的各类讲座或是交流会？
A. 没有开展　　B. 经常开展　　C. 3 个月一次　　D. 半年一次
E. 一年一次

12. 学校是否提供机会鼓励兼职教师参加科研项目申报？
A. 是　　B. 否

13. 学校是否为有志于选择教师职业的兼职教师提供教师资格证书课程的培训和学习机会？
A. 是　　B. 否

14. 学校是否对兼职教师进行考核，一般期限为多久？
A. 没有　　B. 3 个月　　C. 半年　　D. 一年

15. 学校是否有专设的教学督导机构对兼职教师进行考核？

A. 是 B. 否

16. 学校对兼职教师的考核内容主要包括哪些方面？（可多选）

A. 教学水平 B. 教学态度 C 对教材的熟练和把握程度

D. 语言表达能力 E. 教学方法 F. 课堂效果 G. 更多

17. 学校结算兼职教师报酬主要采取哪种形式？________

18. 兼职教师的报酬由学校负担，还是教育行政部门拨款？拨款的依据是什么？

19. 兼职教师的月平均报酬水平（包括工资、奖金和津贴）是（单选题）

A. 1000 以下 B. 1000～3000 C. 3000～5000 D. 5000 以上

20. 学校是否为兼职教师在学校兼职提供服务保障（如帮助兼职教师协调兼职与工作关系，帮助解决交通问题，灵活安排上课等）？

A. 很多 B. 一般 C. 不提供

二、中等职业学校师资编制标准研究的访谈提纲

（一）中等职业学校师资编制标准研究的访谈提纲(1)

访谈对象：教育行政部门

地　　点：________

时　　间：________

访谈目的：通过访谈了解该市师资编制的历史、现状、核定依据（最好还应要书面文件）；在制定政策过程中存在什么问题和困难，原因在哪里，有哪些相应的建议。

访谈可能涉及的范围：师生比、教师比（如专业和基础，教师和职员，理论和实践）、学校地域、学校类型、专业类型、兼职教师等方面的现状、问题、建议。

(1)历史上和目前贵市职业学校教职员工编制核定依据的文件是什么？是统一的还是学校各自有核定办法？

(2)目前贵市职业学校的师资配置情况如何，能否满足要求？

①不同类型学校（四类）的编制标准是否不同？

②不同规模的学校定编标准是否一样？

③不同专业的定编标准是否一样？

④核定编制过程中是否会考虑职业学校的特殊性（如有别于普通学校的实习指导、专业课等）？有哪些？

⑤在实际执行过程中，地区（市）与县（区、市）级职业学校编制核定是否有区别？

(3)目前贵市职校的师生比(生员比)、教师比是多少、是否合理?

(4)兼职教师:政策怎样?学校执行情况如何?是否存在问题?

(5)您认为目前贵市在师资配置过程中存在哪些问题?

(6)学校对现行师资编制标准有什么看法?

(7)您的建议是什么?(您认为哪些方面应该改进?)

(8)其他

(二)中等职业学校师资编制标准研究的访谈提纲(2)

访谈对象:______中等职业学校______

地　　点:____________________

时　　间:____________________

访谈目的:主要是了解各学校在执行政策过程中碰到哪些问题?他们是如何解决的?

访谈可能涉及的范围:师生比、班额标准、上课模式、专业类型、教师工作量要求、内设机构、人员结构、兼职教师等方面的现状、问题、建议。

(1) 请贵校提供教职员工编制的实际测算方案。

(2)您认为目前贵校的师资配置能否满足要求?

(3)您认为目前贵市在师资配置过程中存在哪些问题?

(4)您的建议是什么?(您认为哪些方面应该改进?)

(5)目前贵校的师生比(生员比)是多少、是否合理?

(6)贵校在定编时,是否会考虑到专业的不同?在实际执行过程中遇到了什么问题,如何解决?

(7)贵校不同上课模式类型(文化课 、专业课、实习指导课)的师生比现状如何?在实际定编过程中有哪些问题?

(8)对不同性质类型教师的工作量要求是否一样?具体情况如何?您认为合理吗?为什么?

(9)贵校现有的班额标准是多少?是否合理?您认为较合理的标准应该是多少?针对不同性质的课,您认为班额标准是否应该有所区别?分别多少较为合理?

(10)请您针对贵校内设机构、人员结构(行政和工勤人员、专任教师和教学辅助人员)的实际情况,谈谈看法,认为合理吗?为什么?

(11)贵校兼职教师有没有?多少?是否必须?多少为宜?与专任教师相比,兼职教师有哪些优势与劣势?

(12)其他

索 引